KETCHUP IST GUT FÜRS HAAR

WISSEN ZUM STAUNEN

Claudia Wiegand

Compact via ist ein Imprint der Compact Verlag GmbH

© Compact Verlag GmbH
Baierbrunner Straße 27, 81379 München
Ausgabe 2012

Text: Claudia Wiegand
Chefredaktion: Dr. Matthias Feldbaum
Produktion: Johannes Buchmann
Abbildungen: siehe Bildnachweis S. 256
Titelabbildungen: iStockphoto.com/iatsun (Ketchupflasche),
naelnabil (andere Flaschen), pinkpig (Frau)
Gestaltung: h3a GmbH, München
Umschlaggestaltung: h3a GmbH, München

ISBN 978-3-8174-8897-1
381748897/1

www.compactverlag.de

Vorwort

Kennen Sie die Lebensdaten von
Ludwig XIV.? Wann fand der Dreißig-
jährige Krieg statt? Können Sie den
Absolutismus definieren?

Haben Sie es satt, immer wieder die
gleichen sachlichen und trockenen
Fragen zur Allgemeinbildung zu
beantworten? Die nächsten Seiten
bieten ein Sammelsurium an kuriosem,
erstaunlichem und spannendem Wissen, das Sie vor allem unterhalten will.
Egal, ob Sie allein darin schmökern,
mit Freunden ein Quiz veranstalten
oder auf Partys witzige Fakten in die
Unterhaltung einfließen lassen wollen, Sie werden auf jeden Fall fündig. Die
Informationen bieten zudem eine gute Möglichkeit ein interessantes Gespräch
in Gang zu halten, da bestimmt jeder Gesprächspartner etwas ähnlich Kurioses
irgendwo gelesen hat und zum Besten geben kann. Auch wenn die Hintergründe
nicht immer ganz eindeutig sein mögen, da es zahlreiche Quellen, Statistiken
und Untersuchungen gibt, bleibt der vorrangige Effekt erhalten: mit unterhalt-
samem Wissen zu verblüffen.

Lassen Sie die trockenen Bücher zur Allgemeinbildung links liegen und stürzen
Sie sich in die bunte Welt des skurrilen Wissens!

Inhalt

Mensch und Gesundheit

Laut einer Umfrage ist der sechsthäufigste Grund, zu spät zur Arbeit zu kommen, Sechs, äh, Sex.

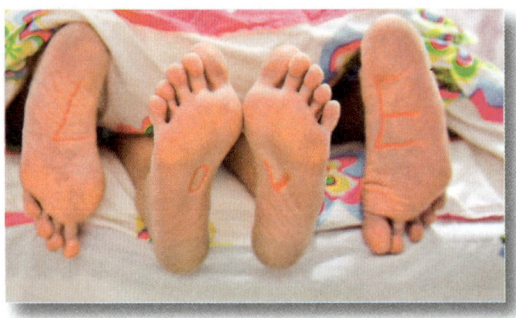

Wie viele Geschlechtsakte finden – laut Statistik – pro Sekunde weltweit statt?

a) 28   b) 280
c) 2800   d) 28 Millionen

Antwort: c)
Ohne Worte ...

Die berühmte Szene aus dem Film *Harry und Sally*

Ein vorgetäuschter Orgasmus verbrennt mehr Kalorien als ein echter.

Wann und wo wurde der erste Sexshop der Welt eröffnet?

a) 1515 in London
b) 1736 in Venedig
c) 1912 in New York
d) 1962 in Flensburg

Antwort: d)
Beate Uhse bescherte dem beschaulichen Flensburg diese damals noch verpönte Weltpremiere. Dabei hieß das Geschäft so freundlich „Fachgeschäft für Ehehygiene".

Eine skurrile Form der Geburtshilfe zeigt ein Garnbild der Huichol-Indianer: Der Vater hat während der Geburt ein Seil um seine Hoden, an dem die Frau ziehen darf, wenn der Wehenschmerz zu stark wird.

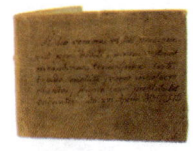

Kondom aus Tierdarm mit lateinischer Gebrauchsanleitung

Wann und wo wurde das Kondom erfunden?

a) 17. Jahrhundert in England
b) 18. Jahrhundert in Schweden
c) 1912 in Berlin
d) 1963 in Flensburg

Antwort: a)
Angeblich empfahl der Hofarzt Charles II., Dr. Condom, die Verhütung mit Schafsdärmen, die allerdings weniger flexibel waren als die 1855 erfundenen ersten Gummikondome.

> In Pennsylvania haben Wissenschaftler herausgefunden, dass regelmäßiger (aber nicht übermäßig häufiger) Sex das Immunsystem stärkt. Dabei wurde aufgezeigt, dass Menschen, die ein- bis zweimal pro Woche zur Sache kamen, ein Immunglobulin-Level hatten, das um 30 Prozent höher war als bei Leuten, die keinen oder auch mehr Sex hatten.

Hat Sperma Kalorien?

a) keine
b) 1 Kalorie
c) 5 Kalorien
d) 50 Kalorien

Antwort: c)
Die fünf Kalorien pro Spermaportion stammen von Proteinen inklusive Enzymen und Zucker, mit deren Hilfe die Spermien schneller schwimmen.

Wie viel Prozent der Asiaten vertragen keine Milch?

a) 10 %
b) 27 %
c) 49 %
d) 90 %

Antwort: d)
90 Prozent! Übrigens geht es vielen Afrikanern und Südamerikanern genauso. Der Grund ist, dass ihnen

ein Enzym fehlt, das sonst für Milchverträglichkeit sorgt: die Lactase. Eigentlich war Milch von der Natur nur für die Ernährung von Tierkindern vorgesehen, doch besonders Europäer entwickelten die Fähigkeit, den

Milchzucker abzubauen – mithilfe der Lactase. Übrigens kann das wertvolle Kalzium der Milch durch Vitamin D besser aufgenommen werden, welches der Körper mithilfe von Sonnenlicht gewinnt.

> Sex in der Ehe ist laut Paragraf 1353 des Bürgerlichen Gesetzbuches theoretisch Pflicht – genau wie Treue.

Was ist Formicophilie?

a) die sexuelle Befriedigung mit Kopiergeräten – besonders beliebt unter verruchten Bürokraten
b) Angst vor der nächsten Steuererklärung
c) das sexuelle Verlangen danach, kleine Insekten über die Genitalien kriechen zu lassen
d) Suchtzwang, Büroklammern auseinanderfalten zu wollen

Antwort: c)
Igitt – und ab ins Dschungelcamp!

In einigen traditionell muslimisch geprägten Ländern ist es immer noch üblich, dass das frisch vermählte Paar den Verwandten nach der Hochzeitsnacht ein blutbeflecktes Laken präsentieren muss.

F. Vassilijev, eine russische Bäuerin, hält seit dem 18. Jahrhundert den Rekord mit der größten Anzahl geborener Kinder. Wie viele Babys brachte sie zur Welt?

a) 15   b) 27
c) 35   d) 69

Antwort: d)
Zwischen 1725 und 1765 gebar die russische Bäuerin F. Vassilijev (um 1707–82) ihrem Mann Fyodor in dem kleinen Ort Shuya, 240 Kilometer von Moskau entfernt, sage und schreibe 69 Babys! Möglich wurde

dies durch viele Mehrfachgeburten: 16 Zwillinge, sieben Drillinge und vier Vierlinge, was 27 Geburten ergibt. Nur zwei der Babys überlebten das Säuglingsalter nicht. Bei Männern liegt der Rekord wahrscheinlich bei über 1000 gezeugten Kindern, ist aber weniger gut dokumentiert. Als Spitzenreiter gelten Herrscher wie Dschingis Khan (1162–1227) oder Mulai Ismail der Blutige (1647–1727), ein Sultan von Marokko. Zeitgenossen behaupten, dass er in seinem Harem mit 500 Frauen mindestens 888 Kinder zeugte.

Einer der vier Ringe im Audi-Logo steht für die Autofirma DKW aus dem sächsischen Zschopau. DKW stand für „Des Knaben Wunsch", denn unter diesem Namen wurde 1919 das erste Produkt des Unternehmens verkauft: ein kleiner Zweitaktmotor, der als Kinderspielzeug diente.

Haben Babys weniger Knochen als Erwachsene?

a) nein   b) ja

Antwort: a)
Obwohl sie so winzig sind, haben Babys tatsächlich mehr Knochen als Erwachsene! Und zwar über 300 Stück, während Erwachsene nur 206 Knochen besitzen. Der Grund dafür ist nicht Knochenschwund, sondern es liegt daran, dass einige Knochen noch zusammenwachsen.

Die meisten Erwachsenen öffnen beim Sprechen die rechte Mundhälfte einen Tick früher als die linke Hälfte. Bei Kleinkindern geschieht das noch gleichzeitig.

Die Tochter eines der Inhaber der Londoner Firma Lesney Products besuchte eine Schule, an der im Jahr 1953 verordnet wurde, dass die Schüler nur noch Spielzeug mit in die Schule nehmen durften, das in eine Streichholz-schachtel passt. Lesney baute ein Matchbox-auto – und landete einen Verkaufshit.

Wann entsteht eigentlich der individuelle Fingerabdruck eines Menschen?

a) bei der Zeugung
b) im 3. Monat der Schwangerschaft
c) im 8. Monat der Schwangerschaft
d) bei der Geburt

Antwort: b)
Das unverwechselbare Zeichen des Menschen, sein persönlicher Fingerabdruck, entsteht bereits im ersten Trimester der Schwangerschaft. Schon im dritten Schwangerschaftsmonat ist der Fötus somit eine unverwechselbare Person!

Pisa mal anders: Spielt der Zeugungszeitpunkt eine Rolle für die Intelligenz des Nachwuchses?

a) ja
b) nein
c) nur unter bestimmten Aspekten

Antwort: a)
Kinder, die während der kalten Jahreszeit gezeugt werden, schneiden bei Intelligenztests im Durchschnitt etwas besser ab als Kinder, die gezeugt werden, wenn es nicht nur im Bett, sondern auch draußen warm ist.

Die Wahrscheinlichkeit, einen Sohn zu bekommen, ist geringfügig größer als die für eine Tochter (etwa 107 : 100). Je mehr Kinder eine Frau aber schon zur Welt gebracht hat, desto wahrscheinlicher wird, dass sie als nächstes Kind eine Tochter bekommt. Deswegen hat es auch bei den Beckhams endlich mit einer Tochter geklappt ...

Neuere Studien haben belegt, dass Babys, die mit der Brust gestillt wurden, später eher schlanke Erwachsene werden als solche, die Flaschennahrung erhalten haben. Außerdem sind sie gesünder und intelligenter als Flaschenkinder.

Weltweit werden alle zwei Sekunden fünf Kinder geboren – eins davon in Indien. Jedes zweite Kind, das heute zur Welt kommt, hat eine Lebenserwartung von 100 Jahren.

Was gilt für Kleinkinder, die mit einem Hund aufwachsen?

a) Sie sind vor Asthma besser geschützt.
b) Sie werden zeitlebens keine Katzenfreunde mehr.
c) Sie neigen eher zum Schnarchen.
d) Sie beißen öfter als andere Kinder.

Antwort: a)
Eine neue Studie von Mikrobiologen der Uni San Francisco hat nachgewiesen, dass das Risiko einer Asthmaerkrankung für Kleinkinder geringer ist, wenn sie in einem Haushalt mit Hund auf-

wachsen. Offenbar mobilisiert der dort vorhandene Staub mit seinen Mikroben das Immunsystem gegen gefährliche Atemwegserkrankungen.

„Baby" ist eine Namensvariante des ägyptischen Gottes „Babi", der angeblich als Dämon in den menschlichen Eingeweiden lebte.

Wer sind die „Sieben Töchter Evas"?

a) eine christliche Girlgroup
b) die sieben „Urmütter"
c) ein Geheimbund von berühmten Schauspielerinnen in Hollywood, der sich für mehr Gagen und Rechte einsetzt
d) ein Film mit den „Big Brothers" Porno-Klaus und Sachsen-Paule

Antwort: b)
Der britische Humangenetikprofessor Brian Sykes von der Uni Oxford behauptete 2001 in seinem Buch *Die Sieben Töchter Evas*, dass alle Europäer von „Urmüttern" abstammen, die er Ursula (ca. 11 %), Xenia (ca. 6 %), Tara (ca. 9 %), Helena (ca. 47 %), Katrine (ca. 6 %), Velda (ca. 5 %) und Jasmin (ca. 17 %) nannte. Dies will der Genetiker mithilfe der Mitochondrien-DNA ermittelt haben, die von der Mutter an ihre Kinder weitergegeben wird.

Der texanische Boxweltmeister George Foreman (*1949) hat elf Kinder. Darunter fünf Söhne, die alle George heißen: George Jr., George III., George IV., George V. und George VI.

Das weibliche Geschlecht hat rund 500 Gene mehr als das männliche. Aus diesem Grund ist es unwahrscheinlicher, dass Frauen farbenblind werden oder die Bluterkrankheit bekommen.

Wann gab es den ersten Doktortitel für eine Frau in Deutschland?

a) 1754 für die Ärztin Dorothea Erxleben
b) 1847 für die Philosophin Juliane Sieger
c) 1905 für die Chemikerin Margarethe Stecher
d) 1912 für die Biologin Karlotta Knäfer

Antwort: a)
1754 erlangte Dorothea Erxleben die Doktorwürde, nachdem sie 1741 durch Friedrich II. die Promotionserlaubnis erhalten und ab 1747 als Ärztin praktiziert hatte. 1742 veröffentlichte sie die Anhandlung *Gründliche Untersuchung der Ursachen, die das Weibliche Geschlecht vom Studieren abhalten.*

Frauen haben mehr Schweißdrüsen als Männer, doch sind diese weniger aktiv als beim männlichen Geschlecht.

Welches Land hatte als erstes ein Frauenwahlrecht?

a) USA 1887
b) Neuseeland 1893
c) Australien 1902
d) Deutschland 1912

Antwort: b)
Nach Neuseeland wurde Australien 1902 das zweite Land der Welt mit einem Frauenwahlrecht. Allerdings mit zwei Einschränkungen: Frauen durften zwar wählen, aber nicht gewählt werden, und das Wahlrecht galt nur für weiße Frauen.

Die erste Parlamentswahl der Welt, bei der „Mann" auch Frauen wählen konnte, fand 1906 in Finnland statt. Eine der 19 neuen weiblichen Abgeordneten war die Sozialdemokratin Maria Paaso. Nur ein Jahr später wurde sie jedoch aus ihrer Fraktion ausgeschlossen, weil ihre elegante Kleidung sie „zu bürgerlich" erscheinen ließ.

Wie viel Prozent der Frauen haben asymmetrische Brüste?

a) 17 %   b) 50 %
c) 75 %   d) 90 %

Antwort: d)
Meist handelt es sich aber nur um eine geringfügige Abweichung.

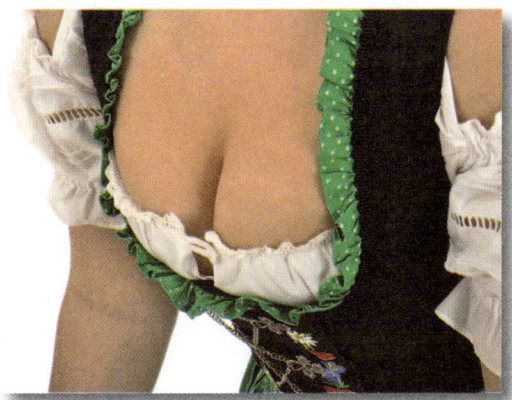

In Indien ist es Tradition, dass schwangere Frauen das Wasser trinken, in dem sich der Kindsvater zuvor seinen großen Zeh gewaschen hat. Angeblich soll auf diese Weise die Stärke des Vaters auf das Kind übergehen.

Bevor die russische Zarin Katharina die Große (1729–96) einen Mann in ihr Bett ließ, musste er ...

a) sich desinfizieren lassen.
b) sich alle Haare abrasieren lassen (an Kopf und Körper).
c) einen halbjährigen Sex-Test bei ihren Hofdamen überstehen.
d) sein Glied messen lassen. Bei der „Großen" hatten „kleine" nichts zu suchen!

Antwort: c)
Potenzielle Kandidaten mussten erst einen halbjährigen Sex-Test bei einem Komitee von sechs Hofdamen, den sogenannten Prüferinnen, bestehen. Dabei ging es jedoch weniger um Liebhaberqualitäten als um den Ausschluss von Geschlechtskrankheiten.

Boing! Auf einer ein Kilometer langen Joggingstrecke hüpft die weibliche Brust insgesamt 84 Meter hin und her – wenn man jede kleinste Bewegung zusammenzählt.

Allein schon durch das Öffnen eines BHs mit dem Mund verbrennt man 87 Kalorien.

Weinen Frauen öfter als Männer?

a) ja
b) nein
c) kommt auf ihr Alter an

Antwort: c)
Bis zum 13. Lebensjahr weinen Jungen und Mädchen etwa gleich oft. Später ändert sich das: Männer weinen sechs- bis 17-mal pro Jahr und Frauen 30- bis 64-mal. Männer lassen ihre Tränen im Durchschnitt zwei und Frauen sechs Minuten laufen. Bei 65 Prozent der Frauen geht das Weinen in Schluchzen über, aber nur bei sechs Prozent der Männer. Frauen weinen am ehesten, wenn sie sich unzulänglich fühlen oder vor Konflikten stehen bzw. wenn sie sich an negative Ereignisse erinnern oder sentimentale Filme sehen. Männer weinen mehr aus Mitgefühl, Trauer oder wenn die eigene Beziehung gescheitert ist.

Im Durchschnitt ejakuliert ein Mann 7200-mal im Laufe seines Lebens, was hochgerechnet über 43 Liter Sperma ergibt.

Welche Geschwindigkeit erreicht das Ejakulat beim Samenerguss?

a) eine Pferdestärke, wie beim Hengst
b) etwa 17 km/h
c) etwa 45 km/h
d) etwa 76 km/h

Antwort: b)
Es geht rasant zu – manchmal auch beim Akt selbst ...

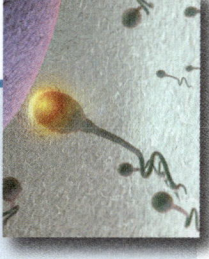

Jedes Spermium enthält etwa 750 Megabyte an DNA-Daten. Pro Ejakulation ergibt das 164,8 Millionen Gigabyte an Informationen.

Wie viele Jahre eines 60-jährigen Lebens verbringt ein Durchschnittsmann mit einer Erektion im Schlaf?

a) 0,6 Jahre   b) 1 Jahr
c) 5 Jahre   d) 6 Jahre

Antwort: b)
Hauptsache, sie tragen dabei Schlafmützen ...

Fremdgehen ist gefährlich! 85 Prozent der Männer, die beim Sex an einer Herzattacke sterben, tun dies in fremden Betten.

Welche unbekannte Nebenwirkung von Viagra könnte Frauen erfreuen?

a) Viagra hält Schnittblumen länger frisch.
b) Männer, die Viagra nehmen, schnarchen weniger.
c) Viagra lässt Schlagsahne besser steif werden.
d) Viagra macht Männer fruchtbarer.

Antwort: a)
Liebe verwelkt nicht.

Der längste jemals gemessene menschliche Penis war angeblich 48,3 Zentimeter, der kürzeste gerade einmal einen Zentimeter.

Was ist Ithyphallophobie?

a) die Kunst, ein Tattoo auf einer sehr empfindlichen Stelle zu platzieren
b) die Fachbezeichnung für Kondomsammler – es gibt auch Tauschbörsen
c) die Angst vor einer Erektion
d) die Angst vor einem Besuch beim Urologen

Antwort: c)
Als Ithyphallophobie bezeichnet man die Angst, in der Öffentlichkeit eine Erektion zu bekommen oder andere sexuell erregte Männer zu sehen.

Männer verbringen über fünf Monate ihres Lebens damit, auf ihre shoppende weibliche Begleitung zu warten.

Frauenversteher gesucht! Wer hat im Durchschnitt die meisten Frauen?

a) Franzosen   b) Österreicher
c) Spanier   d) Deutsche

Antwort: b)
Da sage noch einmal jemand etwas gegen Wiener Schmäh! Laut der britischen Tageszeitung *The Sun* vernascht ein Österreicher durchschnittlich 29,3 Frauen in seinem Leben und ist damit weltweit Spitzenreiter, was die Zahl an Sexualpartnern angeht.

Weltweite Studien belegen, dass Männer füllige Frauen schlanken vorziehen.

Wie viele Spermien produziert ein Mann täglich?

a) 1002   b) 103.000
c) 1,1 Millionen d) 104 Millionen

Antwort: d)
Von wegen unproduktiv: Ein Mann produziert täglich 104 Millionen Spermien, was etwa 1200 pro Sekunde entspricht. Ein Spermium hat eine Lebensdauer von 2,5 Monaten.

Männliche Schimpansen lassen sich durch Sex dazu verleiten, ihr Futter mit Weibchen zu teilen.

Wofür ist „Morbus Kobold" ein Fachbegriff?

a) Statisten in Fantasyfilmen
b) *World of Warcraft*-süchtige Onlinespieler
c) selbstmordgefährdete Hunde
d) Penisverletzungen, die beim Masturbieren mit Staubsaugern entstehen

Antwort: d)
Namensgeber war ein bestimmtes berüchtigtes Staubsaugermodell. Man spricht sonst auch von „autoerotischen Unfällen" ...

44 % der Männer mögen keine behaarten Frauenbeine, weshalb 63 % der Frauen ihre Beine rasieren. Ähnlich sieht es bei den Achselhaaren aus: 35 % der Männer finden sie abstoßend – 61 % der Frauen rasieren sich die Achseln. 49 % der Frauen mögen behaarte Männerrücken nicht: 5 % der Männer enthaaren sich den Rücken!

Wie viel Prozent der deutschen Frauenärzte sind Männer?

a) 26 %   b) 44 %
c) 51 %   d) 75 %

Antwort: d)
Anscheinend ein Traumberuf: drei von vier deutschen Frauenärzten sind männlich. Bei niedergelassenen Ärzten überhaupt sind auch nur 35 Prozent weiblich.

Der Daumen hat die gleiche Länge wie die Nase. Außerdem ist der Unterarm genauso lang wie der Fuß.

Frauen frieren leichter als Männer, weil ihre Oberhaut etwa 15 Prozent dünner ist.

Wie viele Bakterien werden bei einem Zungenkuss ausgetauscht?

a) 1
b) 250
c) 2500
d) 40.000

Antwort: b)
Bei einem Zungenkuss werden ungefähr 0,7 Gramm Proteine, 0,45 Gramm Fett, 0,19 Gramm andere organische Substanzen und bis zu 250 verschiedene Bakterien und 40.000 Parasiten ausgetauscht.

Die DNA jeder einzelnen Körperzelle wird etwa 10.000-mal am Tag durch „umherfliegende" Teilchen beschädigt. Aber genauso oft wird sie auch wieder repariert.

Nosferatu-Effekt: Wie lange wachsen Haare und Nägel nach dem Tod noch weiter?

a) gar nicht
b) 10 Minuten
c) 18 Stunden
d) 1 Tag

Antwort: a)
Entgegen anderslautender Gerüchte wachsen Haare und Nägel bei Toten nicht weiter. Aber weil in den ersten 18 Stunden nach dem Tod die Haut zusammenschrumpft, treten Haare und Nägel deutlicher hervor – es sieht also so aus, als seien sie gewachsen.

Stinkalarm! Im Durchschnitt pupst jeder Mensch 14-mal am Tag.

Menschen produzieren etwa zwei Liter Magensäure täglich, die einen Salzsäuregehalt von 0,5 Prozent aufweist. Diese Konzentration würde eine Rasierklinge auflösen.

Wodurch entstehen schrumpelige Hände und Füße beim Baden?

a) Wasser bringt das wahre Alter zutage: je oller, desto schrumpeliger.
b) Die Haut dehnt sich aus, indem sie Wasser aufnimmt.
c) Die Haut wird durch das Wasser aufgeweicht und verliert ihr Schutzschild.
d) Die Oberhaut zieht sich zurück und gibt einen Blick auf die unteren Schichten frei.

Antwort: b)
Besonders die Hornhaut der Hände erweitert sich, wodurch der Falteneffekt entsteht.

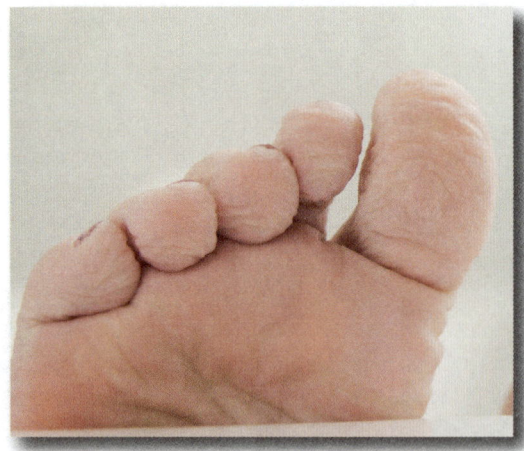

Die Erbinformation DNA befindet sich in jeder menschlichen Körperzelle und besteht aus mehr als drei Milliarden Basenpaaren, die entknäult einen Faden von bis zu einem Meter Länge bilden würden.

Wie viele Menschen sind bisher insgesamt gestorben?

a) 50 Milliarden   b) 60 Milliarden
c) 1 Billiarde   d) 10 Billiarden

Antwort: b)
Legt man die Schätzungen von Jean-Noel Biraben für die Entwicklung der Weltbevölkerung zugrunde, kommt man auf 60 Milliarden gestorbene Menschen in 40.000 Jahren.

Auch in sich nicht erneuernden Zellen findet ein beständiger Austausch der Zellbausteine statt, aus denen die Zelle gebildet wird. Deshalb ist kein einziges der Atome, aus denen ein Neugeborenes besteht, noch vorhanden, wenn es erwachsen wird.

Was wiegt mehr: Haut oder Knochen?

a) Haut
b) Knochen
c) beide gleich

Antwort: a)
Faustregel: Körpergewicht geteilt durch 16. Die Haut eines 80 Kilogramm schweren Erwachsenen ist mit fünf Kilogramm schwerer als sein Knochengerüst, das nur etwa 4,5 Kilogramm wiegt.

Wie viel DNA hat ein primitiver Lungenfisch im Vergleich zum Menschen pro Zelle?

a) 1-mal so viel
b) 3-mal so viel
c) 4-mal so viel
d) 40-mal so viel

Antwort: d)
Die Menge an DNA pro Zelle sagt wenig über den Entwicklungsgrad des betreffenden Lebewesens aus. Der eher primitive Lungenfisch hat pro Zelle 40-mal so viel DNA wie der Mensch; einige Farnarten haben sogar mehr als 600 Chromosomen – wir nur 46.

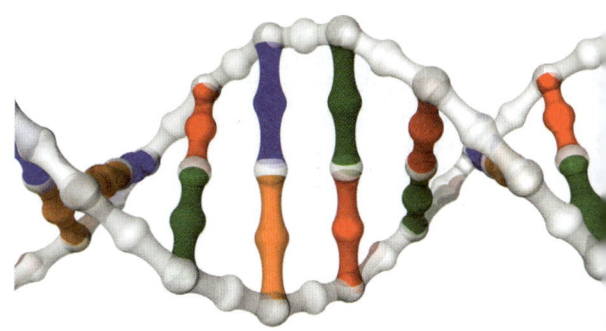

Der menschliche Körper besteht aus etwa 100 Billionen Zellen. Davon tun allein rund 20 Millionen Nervenzellen ihren anspruchsvollen Dienst im menschlichen Gehirn. Die größte menschliche Zelle ist übrigens mit ca. 0,1 Millimeter die weibliche Eizelle.

Könnte man einen normalgewichtigen Erwachsenen komplett in Energie verwandeln, bekäme man mit der Formel e = mc^2 ungefähr zwei Billionen Kilowattstunden. Das ist etwa so viel, wie ein Kernkraftwerk in 175 Jahren produziert.

Wie viel Prozent der aufgenommenen Nahrungsenergie nutzt der Mensch?

a) 10 %   b) 50 %
c) 85 %   d) 100 %

Antwort: c)
Von der Energie, die ein Mensch mit der Nahrung aufnimmt, nutzt sein Körper etwa 85 Prozent – der Rest wird in Form von Kot, Harn und Methan ausgeschieden. Bei Schweinen liegt dieses Verhältnis nur bei etwa 75 Prozent, bei Kühen sogar nur bei 60 Prozent. 30 Prozent der aufgenommenen Bruttonahrungsenergie bleibt im Kuhfladen stecken.

Hochgerechnet verbringt der Mensch etwa drei Jahre seines Lebens auf der Toilette. Dabei uriniert er 34.830 Liter, die ca. 315 lauwarmen Badewannenfüllungen entsprechen.

Um wie viele Jahre würde die Lebenserwartung in Deutschland steigen, wenn ein Universalheilmittel gegen Krebs entdeckt werden würde?

a) 1 Jahr
b) 3 Jahre
c) 5 Jahre
d) 10 Jahre

Antwort: b)

Ein Mensch verliert im Laufe seines Lebens so viele tote Hautzellen, dass damit ca. 20 Kilogrammpackungen Mehl gefüllt werden könnten.

Womit bekommen blonde Menschen den hässlichen Grünstich vom Chlorwasser am besten aus ihren Haaren heraus?

a) Butterschmalz
b) Kiwitonic
c) Pistazienpackung
d) Ketchup

Antwort: d)
Und so geht's: Vor der Haarwäsche das Ketchup gut auf den Haaren verteilen und einmassieren, ausspülen und danach gründlich mit Shampoo waschen. Rot ist die Komplementärfarbe von Grün, deswegen funktioniert es.

Was ist keine Bezeichnung für den Kopf?

a) Birne
b) Kürbis
c) Rübe
d) Tomate

Antwort: d)
Obwohl sie rund ist, kann die Tomate lediglich ihre Farbe beisteuern, wenn man „rot wie eine Tomate" wird.

Mit sämtlichen Bakterien, die sich in einem Menschen befinden, könnte man in etwa einen Kaffeebecher füllen.

Rapunzel lebt!
Würden die ca. 100.000 Kopfhaare eines Menschen zu einem Seil geflochten, so könnte es eine Last von zwölf Tonnen tragen.

Was hilft gegen Tränensäcke (Germany's-Next-Top-Model-Geheimtipp)?

a) Fußpilzcreme
b) Blähbauchsalbe
c) Lachgasspritzen
d) Hämorrhoidencreme

Antwort: d)
Unappetitlich, aber viele Models schwören darauf, und auch einige Mediziner in Norwegen haben bereits bestätigt, dass es wirklich hilft. Wichtig ist nur, darauf zu achten, dass die Salbe kein Cortison und verwandte Substanzen oder Lokalanästhetika wie Lidocain enthält, weil diese teils sogar gefährliche Nebenwirkungen auf der empfindlichen Haut unter dem Auge haben können.

Was übernimmt keine Funktion im menschlichen Gehirn?

a) Pons
b) Medulla
c) Ziliarmuskel
d) Zirbeldrüse

Antwort: c)
Während Pons und Medulla im Nachhirn grundlegende Lebensfunktionen wie die Blutzirkulation, den Herzschlag und die Lungenaktivität steuern und die Zirbeldrüse das sogenannte Schlafhormon Melatonin produziert, verändert der Ziliarmuskel im Auge durch Bewegung die Brechkraft der Linse.

Kopfschmerzen sind eine im Beipackzettel genannte Nebenwirkung von Aspirin.

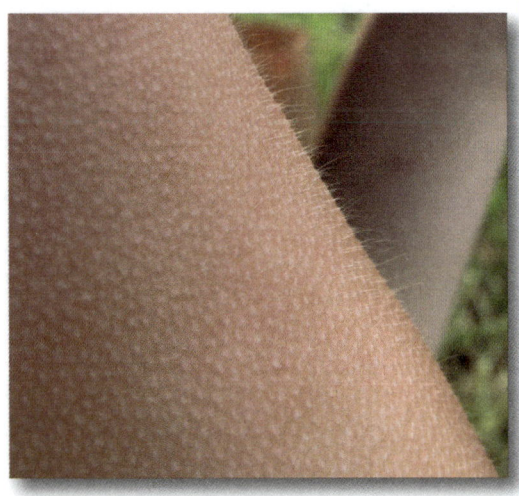

Warum bekommt man auf dem Kopf und im Gesicht keine Gänsehaut?

a) weil dort zu viel Botox gespritzt wurde
b) weil die Haare hier nicht von Muskelfasern umgeben sind
c) weil das Gehirn zu nah ist und durch die Gänsehaut in seiner Funktion gestört würde
d) weil die Haare hier länger und schwerer sind und deshalb nicht „aufstehen" können

Antwort: b)
Die für die Gänsehaut verantwortlichen *musculi arrectores pilorum* (Muskelfasern) pressen an anderen Körperstellen die Haarfollikel zum Aufrichten.

Vorsicht: In Albanien bedeutet das Nicken mit dem Kopf „Nein" und Kopfschütteln „Ja".

Das menschliche Gehirn verbraucht 20 bis 25 Prozent des Sauerstoffs, den der Mensch einatmet, obwohl es nur zwei Prozent der Körpermasse ausmacht. Es besteht zu 80 Prozent aus Wasser und weist mehr Nachrichtenverbindungen auf, als nötig wären, um jeden Menschen auf der Welt direkt mit jedem anderen zu verbinden.

Der Neandertaler hatte ...

a) ein schwereres Gehirn als der *Homo sapiens*.
b) ein leichteres Gehirn als der *Homo sapiens*.
c) ein Minigehirn.
d) noch gar kein Gehirn – guck ihn dir doch an!

Antwort: a)
Es ist tatsächlich so, dass die Neandertaler etwa 150 Gramm mehr Gehirnmasse hatten.

Unser Gehirn ist nach etwa 18 Jahren voll entwickelt, kann aber bis ins hohe Alter wachsen.

Früher wurde angenommen, dass das Gehirn im Alter an Leistungsfähigkeit verliert, doch inzwischen weiß man, dass vor allem zwei Bereiche leiden – welche?

a) der Umgang mit Zahlen und das Erinnerungsvermögen
b) der Umgang mit Zahlen und die Verarbeitungsgeschwindigkeit von Sinneseindrücken
c) das Erinnerungsvermögen und die Verarbeitungsgeschwindigkeit von Sinneseindrücken
d) das Erinnerungsvermögen und das Denkvermögen

Antwort: b)
Einige Fähigkeiten verbessern sich sogar, weil sie in andere Hirnbereiche übergehen, z. B. die Erinnerungen, die vom Hippocampus in den Scheitellappen wandern. Mit dem Alter steigen auch Urteilsvermögen und die Fähigkeit, Impulse zu kontrollieren. Altersweisheit ist also inzwischen auch wissenschaftlich belegt.

Das Auge wiegt 7,5 Gramm, ist hohl und kugelförmig. Beim Erwachsenen hat es einen mittleren Durchmesser von 2,3 Zentimeter (Kind 1,7 cm). Das Volumen beträgt 6,5 Kubikzentimeter.

Wie viel Prozent an Informationen der menschlichen Sinne werden visuell aufgenommen?

a) mehr als 23 %
b) mehr als 50 %
c) mehr als 70 %
d) mehr als 90 %

Antwort: c)
Das Auge ist mit Abstand das wichtigste Sinnesorgan.

Beim Einschlafen erwärmen sich die Augen um etwa ein Grad Celsius. Im Schlaf kühlen sie sich wieder auf Normaltemperatur ab.

Welche Farbe erkennt man am schnellsten?

a) rot
b) blau
c) gelb
d) grün

Antwort: c)
Gelb. Rot wird zwar als „Signalfarbe" bezeichnet, Gelb springt das menschliche Auge jedoch eher an – das ergab zumindest die Studie einer Uni in Chicago aus dem Jahr 1907. Vielleicht sind deswegen auch blonde Haare so beliebt. Auf jeden Fall nahm John Hertz (1879-1961) dies zum Anlass, seine Yellow Cab Company zu gründen und gelbe Taxis auf amerikanische Straßen zu schicken.

Damit Menschen nachts so gut sehen könnten wie Eulen, bräuchten sie Augäpfel in der Größe von Grapefruits.

Augen gibt es seit mindestens 538 Millionen Jahren.

Warum trugen Piraten Augen-klappen?

a) um ihre Opfer zu täuschen
b) weil sie so viel mit Stichwaffen kämpften
c) Das gehörte einfach zum echten Piratenoutfit, genau wie Holzbein und Papagei.
d) Viele von ihnen waren tatsächlich auf einem Auge blind; schuld war der so-genannte Jakobsstab.

Antwort: d)
Damals gab es natürlich noch keine Smart-phones mit Navi, sondern Breiten-grade wurden durch den direkten Blick eines Auges in die Sonne mit einem Jakobsstab ermittelt. Da dies längere Zeit am Tag gemacht wurde, erblindeten viele Seefahrer auf diesem einen Auge, bis Ende des 19. Jahrhunderts der Sextant eingeführt wurde.

Piraten glaubten, dass sich die Sehstärke durch das Tragen von Edelmetallen wie Gold und Silber im Ohr verbessern lässt.

Wie viele Muskeln bewegen die Augen?

a) 2
b) 6
c) 79
d) 100

Antwort: b)
Nur sechs Muskeln bewegen die Augen und leisten dabei Schwerstarbeit, da täglich Hunderttausende von Bewegungen ausgeführt werden müssen. Fällt nur einer dieser Muskeln aus, kommt es zum Schie-len. Bildschirmarbeit stellt übrigens eine Extrabe-lastung dar, deswegen werden regelmäßige Pausen empfohlen.

Beim Anblick einer Person, zu der man sich hingezogen fühlt, weiten sich die Pupillen.

Wie oft blinzelt man im Jahr?

a) 100.000-mal
b) 2 Millionen Mal
c) 10 Millionen Mal
d) 100 Millionen Mal

Antwort: c)
Basierend auf Hochrechnungen, denn man blinzelt etwa alle fünf Sekunden. Ansonsten: viel Spaß beim Zählen! Blinzeln schützt das Auge vorm Austrock-nen, indem es die Hornhaut mit Tränenwasser benetzt. Außerdem werden ähnlich wie beim Schei-benwischer durch den Lidschlag feine Fremdkörper beseitigt. Übrigens: Frauen blinzeln häufiger als Männer (19 : 11 pro Minute).

Das menschliche Auge kann 500 Grautöne unterscheiden – was hilfreich beim Schwarz-Weiß-Fernsehen war.

Das Gesichtsfeld (der ohne Bewegung der Augen sichtbare Bereich) beträgt je nach Alter 174 bis 138 Grad mit abnehmender Tendenz. Bei Frauen ist es genetisch bedingt etwas breiter als bei Männern.

Frauen sehen besser als Männer.

a) richtig
b) falsch

Antwort: a)

Beim Farbensehen zumindest haben Frauen die Nase – bzw. die Augen – vorn: Aufgrund einer Vererbung über die Geschlechtschromosomen (x-chromosomal rezessiv) sind 7,5 Prozent der Männer und nur 0,25 bis 0,5 Prozent der Frauen farbenblind. Meist handelt es sich um eine Schwäche des Grünsehens.

Die Hornhaut ist das einzige Gewebe im Körper, das keine Blutgefäße enthält.

Was ist ein Ohrabdruck?

a) so etwas wie ein Fingerabdruck, nur besser
b) eine veraltete Drucktechnik
c) die Bezeichnung für rapide abnehmenden Druck im Innenohr
d) Babyohren werden mit Gips nachgeformt, um eine bleibende Erinnerung zu haben.

Antwort: a)

Tatsächlich ist ein Ohrabdruck ähnlich individuell wie ein Fingerabdruck und unter Kriminalisten sehr beliebt, weil er an einem Tatort nicht so häufig vorkommt wie Fingerabdrücke.

Stadtmenschen produzieren mehr Ohrenschmalz als Landmenschen. Schuld ist die dreckige Luft in der Stadt.

Es gibt schmalziges Ohrenschmalz, gibt es auch krümeliges?

a) Ja, japanische Forscher haben nachgewiesen, dass dafür das Gen ABCC11 verantwortlich ist.
b) Ja, wenn das Ohr lange nicht mit Wattestäbchen gereinigt wird, fängt das Schmalz an zu krümeln.
c) Ja, wenn man nie badet oder sich wäscht, trocknet der Körper aus und das Ohrenschmalz wird bröselig.
d) Nein, wir sind doch keine Krümelmonster.

Antwort: a)

Tatsächlich gibt es klebriges, schmalziges und trockenes, krümeliges Ohrenschmalz. Europäer und

Afrikaner sind eher klebrig veranlagt, Asiaten dagegen krümelig. Trockenes Ohrenschmalz wird häufig von weniger Achselgeruch begleitet. Bei Angst wird übrigens mehr Ohrenschmalz produziert.

13 Prozent (über zehn Millionen Menschen) der deutschen Bevölkerung leiden unter einer Hörminderung. Davon trägt ein Drittel Hörgeräte.

Woher kommt der Ausdruck „Schlitzohr"?

a) aus dem Mittelalter; Stichwort: Folter. Die Details bleiben Ihnen erspart ...
b) aus dem Mittelalter: Gesellen trugen als Zeichen ihrer Zunftzugehörigkeit Ohrringe, die ihnen abgerissen wurden, wenn sie gegen die Zunftregeln verstießen.
c) aus dem Mittelalter: Es handelte sich um eine Spezialität aus mit Innereien gefüllten Schweineohren.
d) Direkt hinter den Ohren befindet sich der für Cleverness zuständige Teil des Gehirns.

Antwort: b)
Mit dieser Strafe wurden Menschen damals als „nicht ehrbar" gekennzeichnet. Welche Vergehen dafür genau begangen worden sein mussten, ist nicht klar überliefert. „Schlitzohren" mussten sich als Söldner, Landstreicher oder Kriminelle durchschlagen und insofern Cleverness beweisen, als ihnen andere Berufswege fortan verwehrt blieben.

Die menschliche Nase ist weniger leistungsfähig als tierische Riechorgane – doch wie viele Gerüche kann sie unterscheiden?

a) 10.000
b) 100.000
c) 623.575
d) 1 Million

Antwort: a)
10.000 Gerüche mit etwa 30 Millionen Geruchsnerven. Das sind weit weniger Duftnoten, als die meisten Tiere unterscheiden können, und mit zunehmendem Alter nimmt der Geruchssinn noch kontinuierlich ab. Nur zum Vergleich: Ein Bluthund (der beste Hundeschnüffler) hat vier Billionen Geruchszellen – Bären sollen sogar noch siebenmal leistungsfähigere Nasen haben.

Das Siebbein, das sich hinter der Nasenwurzel befindet, enthält einen winzigen Magnetitkristall. Dieser funktioniert wie eine Kompassnadel und erleichtert uns die Orientierung.

Wann hört die Nase auf zu wachsen?

a) Nur wenn sie gerade läuft, dann ist sie zu beschäftigt.
b) nie
c) im Teenageralter
d) bei Frauen in den Wechseljahren, bei Männern nie

Antwort: c)
Die ungefähre Endform erreicht die Nase im Alter von etwa zehn Jahren. Bis Mädchen 15 bis 17 sind und Jungen 17 bis 19, wächst sie noch langsam weiter. Zwar wird sie im Laufe des Lebens tatsächlich graduell länger, und auch die Nasenspitze senkt sich, doch das entsteht durch die Schwerkraft und den Abbau der „Straffungs"-Proteine Kollagen und Elastin.

Beim Niesen stellt der Körper alle seine Funktionen ein – sogar das Herz hört kurzzeitig auf zu schlagen.

Bei den alten Griechen galt Schnupfen als Zeichen dafür, dass ...

a) man erkältet ist.
b) man verliebt ist.
c) sich im Kopf zu viel Müll angesammelt hat.
d) sich bald ein großer finanzieller Gewinn einstellen wird. Deswegen spricht man bei Geschäftsleuten noch heute vom „richtigen Riecher".

Antwort: c)
Um sich zu reinigen, wurde auch der Aderlass empfohlen.

Neuere wissenschaftliche Studien belegen, dass in Teeblättern etliche Substanzen in größeren Mengen enthalten sind, die sich positiv auf die Zahngesundheit auswirken. Mineralien, Spurenelemente und Antioxidantien gehen beim Aufbrühen in das heiße Wasser über und tragen so zum Schutz der Zähne bei.

Welches Sprichwort ist erfunden?

a) Morgenstund hat Gold im Mund.
b) Bitter im Mund ist dem Herzen gesund.
c) Hüte dich, dass du den Leuten nicht in den Mund kommst, denn du kommst selten daraus.
d) Wackelt der Zahn im Mund, ist da etwas nicht gesund.

Antwort: d)
Es gibt nicht nur viele Sprichwörter, die mit dem Mund zu tun haben, sie kommen auch noch aus dem „Volksmund".

Wann ist Zähneputzen am effektivsten?

a) gleich nach dem Essen
b) vor dem Essen
c) während des Essens
d) eine halbe Stunde nach dem Essen

Antwort: d)
Säurehaltige Speisen und Getränke erweichen kurzzeitig den Zahnschmelz und lösen Mineralien. Wird sofort nach dem Essen geputzt, drohen dadurch Schäden im Zahnschmelz. Besser ist es, erst mit Wasser zu spülen und mit Zahnseide zu reinigen und erst etwas später zu putzen.

1846 verschüttete der Bostoner Zahnarzt William Morton ein wenig Äther. Beim Aufwischen spürte er eine betäubende Wirkung und hatte die Idee, damit seinen Patienten den Schmerz zu lindern. Am 30. September 1846 zog Morton einem gewissen Eben Frost einen Zahn unter Betäubung – die erste Anästhesie der Welt!

Wie viel Speichel produziert der Mensch am Tag?

a) 0,5 l
b) 1 l
c) 1,25 l
d) 2,75 l

Antwort: c)
Pro Tag produziert der Mensch etwa 1,25 Liter Speichel. Hochgerechnet auf eine Lebensdauer von 80 Jahren, ergibt das 38.000 Liter oder auch 200 gut gefüllte Badewannen.

Die Zunge ist der einzige Muskel des menschlichen Körpers, der nur an einer Seite befestigt ist. Relativ zu ihrer Größe ist die Zunge auch der stärkste Muskel im menschlichen Körper.

Welcher Teil der Zunge schmeckt Süßes?

a) die Spitze
b) der hintere Teil
c) der rechte Teil
d) der linke Teil
e) die ganze Zunge

Antwort: e)
Früher wurde gelehrt, dass die Zunge in verschiedene Geschmacksbereiche gegliedert ist, wovon die Wissenschaft aber inzwischen abgerückt ist. Man geht jetzt von einem Zusammenspiel zwischen Zunge, Nase und Gehirn aus.

Wie viel Prozent der Sinneseindrücke beim Essen stammen vom Geschmack, also der Zunge?

a) 10 %
b) 30 %
c) 50 %
d) 90 %

Antwort: a)
Laut neueren Studien sind es nur mickrige zehn Prozent! Viel wichtiger sind Geruchssignale, was auch erklärt, dass bei Schnupfen und verstopfter Nase nichts richtig schmecken will.

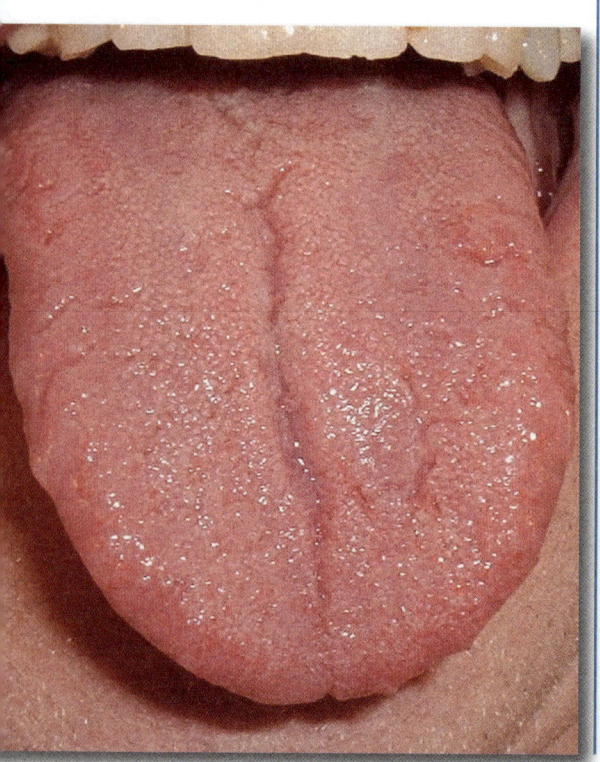

Von wegen schmelzen: Der Zahnschmelz ist die härteste Substanz des menschlichen Körpers.

Mit was für einer Gewichtskraft kann der Kaumuskel zubeißen?

a) 5 kg
c) 442 kg

b) 50 kg
d) 975 kg

Antwort: c)
Der Kaumuskel kann mit einer beachtlichen Kraft von bis zu 4337 Newton zubeißen, was einer Gewichtskraft von 442 Kilogramm entspricht.

Die meisten Menschen haben beim Händefalten den linken Daumen oben, obwohl dies nicht anatomisch bedingt ist.

Was ist „umami"?

a) ein englisches Kosewort von Babys für ihre Mamis
b) ein extrem scharfes Gewürz
c) eine Geschmackszelle der Zunge
d) der relativ neu entdeckte fünfte Geschmackssinn

Antwort: d)
Traditionell gibt es süß, salzig, sauer und bitter. „Umami" wurde 1908 von einem japanischen Forscher zuerst beschrieben und entspricht in etwa dem Ausdruck „herzhaft" oder „fleischig". Hervorgerufen wird es durch die umstrittenen Geschmacksverstärker Glutamate.

Tierischer Vergleich: Giraffen reinigen ihre Ohren mit ihren Zungen.

Die Haut ist ebenfalls ein Organ des Menschen – wie groß ist sie und wie viel wiegt sie?

a) 0,5 m^2 und bis zu 4 kg
b) 1 m^2 und bis zu 6 kg
c) 1,5 m^2 und bis zu 8 kg
d) 2 m^2 und bis zu 10 kg

Antwort: d)
Die Haut ist das größte und schwerste Organ des Menschen, nur wenige Millimeter dick und enthält ein Viertel des im Körper gespeicherten Wassers. Täglich wächst sie um 0,002 Millimeter. Über vier Millionen Rezeptoren, die „Außenfühler der Nerven", senden Reize an das Gehirn weiter.

In einem Quadratzentimeter Haut befinden sich etwa 600.000 Zellen, 5000 Sinneszellen, vier Meter Nervenbahnen, 100 Schweißdrüsen, ein Meter Blutgefäße, 15 Talgdrüsen, fünf Haare und 150.000 Pigmentzellen.

Wie viel Hornhaut hat ein Mensch im Lauf seines Lebens durchschnittlich abgestoßen?

a) 600 g   b) 7 kg
c) 20 kg   d) 150 kg

Antwort: c)
In der Unterhaut entstehen andauernd neue Zellen, die innerhalb von 30 Tagen an die Oberfläche wandern. Oben angekommen, bilden sie die Hornhaut und werden als Hornschüppchen abgestoßen. Im Laufe des Lebens kommen etwa 20 Kilogramm zusammen.

Auf der menschlichen Hautoberfläche leben mehr Lebewesen als Menschen auf der Erdoberfläche.

Welcher berühmten Persönlichkeit gehörte ab 1505 ein künstliches Körperteil?

a) Galileo Galilei
b) Elisabeth I.
c) Götz von Berlichingen
d) Iwan der Schreckliche

Antwort: c)
Die „eiserne Hand" des auch von Goethe mit dem Zitatklassiker „Legg me am Arsch" verewigten Ritters Götz von Berlichingen ist historisch belegt: Sie ersetzte die in einem Gefecht bei Landshut abgeschossene Rechte des fränkischen Reichsritters. Mit seiner Prothese kämpfte er auch während des Bauernkriegs auf der Seite der aufständischen Bauern.

Wie entsteht Körpergeruch?

a) Man schwitzt, und Schweiß stinkt.
b) Bakterien zersetzen den geruchlosen
   Schweiß, der dann riecht.
c) Die Haut selbst riecht.
d) Die Gewürze, die man mit dem Essen
   aufnimmt, lassen den Körper riechen.

Antwort: b)
Der charakteristische Körpergeruch entsteht,
wenn der an sich geruchlose Schweiß von Bakterien zersetzt wird, die sich auf der Haut befinden.
Allerdings enthält der Schweiß der Duftdrüsen auch
die Abbauprodukte von Testosteron, wodurch der
Körpergeruch auf das andere Geschlecht anziehend
wirken kann und teils keineswegs als abstoßend
empfunden wird. Das wurde mit Riechtests nachgewiesen.

> Die Kontinentalplatten der Erde bewegen
> sich ungefähr genauso langsam, wie Finger-
> nägel wachsen: um die drei Zentimeter pro
> Jahr.

Wie viele Tage ihres Lebens ver-
bringen Frauen durchschnittlich
mit der Hand in ihrer Hand-
tasche?

a) 1
b) 12,5
c) 74
d) 123

Antwort: c)
So organisiert eine Handtasche auch sein mag,
irgendwann ist man doch wieder am Suchen und
Wühlen. Da ist leider auch egal, wie klein die Tasche
ist, denn irgendetwas geht bestimmt irgendwann
auch darin verloren ...

Warum gibt man sich in vielen Ländern die rechte Hand zur Begrüßung?

a) um zu zeigen, dass man friedlich gesinnt ist und keine Waffe darin trägt
b) um mit dem festen Händedruck potenziellen Gegnern Angst zu machen
c) Ursprünglich war die Handwahl willkürlich, aber es gab zu viele Unfälle durch Kopfzusammenstöße.
d) Die ersten Menschen bemalten die Innenflächen ihrer Hände und markierten so befreundete Stämme.

Antwort: a)
Ein System, das so lange gut ging, bis jemand eine Waffe in der anderen Hand versteckte ...

Beim Schreiben werden 57 Muskeln in Hand und Arm angespannt.

> Durch die Schwerkraft fällt es schwer, die Arme über eine lange Zeit nach oben zu halten. Irgendwann fängt es an, in den Muskeln wehzutun.

Was verrät das Längenverhältnis von Zeigefinger und Ringfinger bei Männern und Frauen?

a) wie männlich ein Mann und wie weiblich eine Frau veranlagt ist
b) wie groß die Wahrscheinlichkeit ist, dass jemand heiratet oder Lehrer wird – oder beides
c) wie geschickt oder ungeschickt jemand ist
d) ob jemand musikalisch veranlagt ist

Antwort: a)
Männer und Frauen haben unterschiedliche Fingerproportionen. Bei Männern überragt normalerweise der Ringfinger den Zeigefinger, während es sich bei Frauen genau andersherum verhält. Ihr Zeigefinger ist länger als ihr Ringfinger, oder beide sind gleich lang. Dieser geschlechtsspezifische Unterschied ist zwar seit 120 Jahren bekannt, wurde aber erst 2011 wissenschaftlich erforscht. Das Ergebnis besagt, dass das Fingerwachstum bereits im Mutterleib von Sexualhormonen beeinflusst wird. Je länger der Ringfinger bei Männern und Frauen, umso mehr männliche Hormone waren präsent. Dazu wurde auch nachgewiesen, dass „männliche" Männer mit langem Ringfinger attraktiver wirken, potenter und sportlicher sind, während „weibliche" Frauen fruchtbarer sind.

Wachsen die Nägel an beiden Händen gleich schnell?

a) natürlich
b) Bei Rechtshändern wachsen die Nägel der rechten Hand schneller – und umgekehrt.
c) Bei Rechtshändern wachsen die Nägel der linken Hand schneller – und umgekehrt.
d) im Winter ja, im Sommer nein

Antwort: c)
Eine Studie an der Universität Leipzig belegte diese These – nur der Grund dafür ist noch nicht bekannt.

> Die lateinische Bezeichnung *Digitus pedis*, die wissenschaftlich für die Zehen benutzt wird, bedeutet „Finger des Fußes".

Wie viel Prozent aller menschlichen Knochen stecken in den Füßen?

a) 10 %
b) 12,5 %
c) 25 %
d) 50 %

Antwort: c)
In den Füßen stecken viele kleine Knochen und arbeiten zusammen. Insgesamt hat der menschliche Körper 206 bis 215 Knochen (einige Miniknochen werden von manchen Wissenschaftlern mitgezählt und von anderen nicht).

Stinkefüße sind notorisch, doch wie viel Schweiß wird tatsächlich täglich von den Füßen abgesondert?

a) eine zehntel Tasse
b) eine viertel Tasse
c) eine halbe Tasse
d) eine Tasse

Antwort: b)
Die Haut unserer Füße hat um die 250.000 Poren, die jeden Tag ca. eine viertel Tasse Schweiß absondern.

Den „Urschuh" gab es nicht. In kälteren Regionen wurden Tierfelle um die Füße und Waden gewickelt. Andere Völker wiederum drapierten die Felle um die Füße zum sogenannten Fußsack, aus dem später der Mokassin entstand. In klimatisch wärmeren Regionen dienten unter die Füße gebundene Sohlen aus Palmblättern als Schutz gegen den heißen Boden und wurden zum Vorläufer der Sandale.

Halfagras-Sandalen

Bei der sogenannten ägyptischen Fußform ist die große Zehe die längste. Wenn aber die zweite Zehe am längsten ist, spricht man von der griechischen Form. Die dritte Form ist die römische, bei der die Zehen etwa in einer Linie stehen – sie wird auch quadratische Form genannt. Die ägyptische Form ist dabei die häufigste (44 %), vor der römischen (36 %) und der griechischen (20 %).

Wie viel Gewicht müssen die Füße an einem bewegungsreichen Tag ungefähr tragen?

a) 500 kg   b) 1 Tonne
c) 10 Tonnen   d) 2500 Tonnen

Antwort: d)
Kein Wunder, dass Plattfüße so stark verbreitet sind ...

Während des Einschlafens verlässt den Menschen zuerst das Sehvermögen. Darauf folgen Geschmackssinn, Geruchssinn, Tastsinn und am Ende das Gehör – das ist dieselbe Reihenfolge wie beim Sterben.

Welchen Tod erlebt man am häufigsten im Traum?

a) gar keinen   b) Absturz beim Fliegen
c) Autocrash   d) Verbrennen

Antwort: a)
Man kann im Traum nicht sterben – kurz bevor man in einem Albtraum sterben würde, wacht man auf.

Das lauteste jemals gemessene Schnarchen produzierte der Schwede Kare Walkert am 24. Mai 1993. Seine Schnarchlaute erklangen mit 93 Dezibel so laut wie ein Presslufthammer.

Wo wird nicht geschnarcht?

a) in der Schwerelosigkeit
b) in China
c) im Flugzeug
d) unter Wasser

Antwort: a)
In der Schwerelosigkeit wird nicht geschnarcht, weil dort Kräfte bzw. Nicht-Kräfte das für die Störung der Nachtruhe verantwortliche Gaumensegelflattern verhindern. Leider lässt sich aus dieser Erkenntnis keine Therapie fürs heimische Schlafzimmer ableiten ...

Beim Schlafen verbrennt man mehr Kalorien als beim Fernsehen.

Wer hält den Weltrekord im Langstrecken-Schlafwandeln?

a) Anders Blomdahl (44), schwedischer Matratzenverkäufer mit 500 m
b) Vera van Nerv (57), holländische Laiendarstellerin mit 10 km
c) John Turner (36), ehemaliger US-Spitzensportler mit 50 km
d) Michael Dixon (11), US-Boy mit 160 km

Antwort: d)
Die größte beim Schlafwandeln zurückgelegte Entfernung schaffte 1987 der damals elfjährige Michael Dixon aus dem US-Bundesstaat Illinois mit 160 Kilometern! Allerdings nicht zu Fuß: Er hatte schlafwandelnd einen Zug bestiegen.

Die Studien einiger Traumforscher legen nahe, dass das Schwarz-Weiß-Bild zu Beginn des Fernsehzeitalters auch zu Schwarz-Weiß-Träumen führte.

Tiere und Pflanzen

Die in Australien entdeckte Aga-Kröte wird bis zu 22 Zentimeter groß und hält für ihre Fressfeinde eine besondere Überraschung bereit: Sie verspritzt ein Sekret, welches die Augen und Mundschleimhäute reizt und bei Verzehr sogar tödlich wirken kann.

Warum macht Stiere ein rotes Tuch aggressiv?

a) weil es sich bewegt
b) Sie hassen alles, was rot ist.
c) Es ist nicht das Tuch, das sie reizt, sondern die Uniform des Stierkämpfers.
d) Es sind die Lockrufe des Matadors.

Antwort: a)
Ein „Kampfstier" hat wie alle Rinder gar keinen Rezeptor für die Farbe Rot und sieht nur ein blau-grünes Farbspektrum. Der Matador könnte daher mit einem Tuch beliebiger Farbe vor ihm herumwedeln, denn der Stier spricht nur auf die Bewegung an.

Fledermäuse biegen nach dem Verlassen ihrer Schlafhöhle immer nach links ab.

Fünf Prozent aller Tiere haben keine Augen.

Wer sind die besten Farbenseher im Tierreich?

a) Chamäleons
b) Hunde
c) Flatterfalterschmetterlinge
d) Fangschreckenkrebse

Antwort: d)
Dank 15 verschiedener Farbrezeptoren, davon allein drei für polarisiertes Licht, können die Krebse ungewöhnlich viele Farbnuancen erkennen und kommen auch bei schlechten Lichtverhältnissen zurecht. Winzige Öltröpfchen in den Augen ar-

beiten bei ihnen wie Farbfilter.

Delfine halten beim Schlafen ein Auge offen.

Gibt es Riesentintenfische?

a) ja   b) nein

Antwort: a)
Im Februar 2007 wurde ein Koloss-Kalmar, ein seltener Riesentintenfisch, gefangen. Seine Augen hatten einen Durchmesser von 28 Zentimetern, so groß wie

ein Fußball. Seine Augenlinsen waren so groß wie Orangen. Er lebt in 1000 Meter Tiefe im Meer. Aufgrund des geringen Lichts dort hilft ihm sein großes Auge mit einem Pupillendurchmesser von neun Zentimetern, trotzdem Beutetiere aufzuspüren.

Bienen haben Haare auf den Augen.

Wie bekämpfen sich Ratten?

a) mit Bissen
b) mit Schwanzhieben
c) mit Ultraschall
d) mit bösen Blicken

Antwort: c)
Das Ratten-Kriegsgeschrei besteht aus extrem lauten und nur einige Tausendstelsekunden langen Tönen mit einer Frequenz von etwa 50 Kilohertz. Die Friedenspfeife wird mit 25 Kilohertz und mehreren Sekunden Dauer offeriert.

Die Eizelle der in der Tiefsee lebenden Melonenqualle führt ein „Casting" unter den infrage kommenden Spermien durch. Sobald mehrere Spermien in die Zelle eingedrungen sind, wandert der Zellkern in der Zelle umher und „besichtigt" die Kandidaten, um schließlich einem die Befruchtung zu gestatten. Der Auswahlprozess kann mehrere Stunden dauern.

Welches Tier hat nur ein Chromosom?

a) gar keins
b) eine Ameisenart
c) eine Wurmart
d) eine Schneckenart

Antwort: b)
Lediglich ein einziges Lebewesen verfügt über nur ein Chromosom. Es handelt sich um die Arbeiter der australischen Ameisenart *Myrmecia pilosula*.

Als Urahn aller Wirbeltiere gilt ein kleines, wurmähnliches Lebewesen namens *Pikaia gracilens*. Das Tier lebte vor mehr als 500 Millionen Jahren und besaß als erstes Lebewesen der Weltgeschichte eine, wenn auch primitive, Wirbelsäule.

Was entscheidet über Männlein und Weiblein beim Ausbrüten der Eier von Mississippi-Alligatoren?

a) die Temperatur
b) die Jahreszeit
c) die Uhrzeit
d) das Wetter

Antwort: a)
Wenn die Eier bei weniger als 30 Grad Celsius ausgebrütet werden, schlüpfen daraus nur Weibchen. Bei mehr als 34 Grad Celsius sind alle Nachkommen männlich. Nur bei 30 bis 34 Grad Celsius schlüpfen sowohl Männchen als auch Weibchen.

Seelöwen kann man verjagen, indem man sie mit Wasser bespritzt.

90 Prozent aller Tierarten sind kleiner als ein Fingernagel.

Wie groß ist das Herz eines Blauwals?

a) so groß wie ein Basketball
b) so groß wie ein Hockeytor
c) so groß wie ein Kleinwagen
d) so groß wie ein Flugzeug

Antwort: c)
Das Herz eines Blauwals ist etwa so groß wie ein Kleinwagen und schlägt selbst unter Belastung nur 18- bis 20-mal in der Minute.

Fische trinken kein Wasser, können es aber über die Haut aufnehmen.

Woraus besteht das Horn eines Nashorns?

a) aus Horn   **b)** aus Chitin
c) aus Knorpel   **d)** aus Knochen

Antwort: a)
Das Horn des Nashorns besteht hauptsächlich aus abgestorbenen Zellen, die mit Keratin aufgefüllt wurden. Eben aus diesem Stoff setzen sich auch die menschlichen Haare und Fingernägel zusammen.

Schollenaugen wandern. Anfangs befinden sich die Augen einer jungen Scholle noch rechts und links, aber wenn sie sich dann mit der linken Körperseite platt auf den Boden legt und so bleibt, wandert das untere Auge auf die Oberseite.

Welches Tier ist ein echter Womanizer?

a) Schimpanse
b) Gigolo-Fisch
c) Casanova-Äffchen
d) Checker-Schnecke

Antwort: a)
Schimpansen lieben Drei-Sekunden-Quickies.

Schimpansen brauchen im Schnitt einen Tag, um sich selbst im Spiegel zu erkennen. Orang-Utans lernen das erst nach drei Tagen, Gorillas nach fünf. Alle anderen Tierarten schaffen es nie.

Welches Tier kann Blut aus den Augen spritzen?

a) die Alabama-Blindschleiche
b) die Hawaii-Schnecke
c) die New-Yorker-Käsegurke
d) die Texas-Krötenechse

Antwort: d)
Aus Höhlen hinter ihren Augen verspritzt die Kröten-echse bei Bedrohung bis zu ein Viertel ihres Blutes – bis zu 1,5 Meter weit! Das schockt nicht nur: Bestimm-te Chemikalien geben dem Blut einen äußerst fauligen Geruch, der die Angreifer in die Flucht schlägt.

Pinguine stoßen ihren Kot mit ei-nem viermal höhe-ren Druck aus als Menschen und schleudern ihn da-bei bis zu 40 Zenti-meter weit.

Bei welcher Hirschart tragen Männchen und Weibchen ein Geweih?

a) Damwild   b) Rentier
c) Rothirsch   d) Elch

Antwort: b)
Sonst wird ein Geweih nur vom Männchen getra-gen – einzig Wasserrehe haben gar kein Geweih. Die Lieblingsspeise der Rentiere sind übrigens Bananen.

Im Erdzeitalter Perm starben vor 245 Millionen Jahren mehr als 95 Prozent aller damals zu Wasser oder zu Land lebenden Tierarten aus. Die Gründe für diese Katastrophe sind nicht bekannt.

Das durchschnittliche Gewicht der Mahlzeit einer Pythonschlange entspricht 65 Prozent ihres Körpergewichts. Aber die Riesenschlange kann auch Beutetiere verdauen, die schwerer sind als sie selbst – allerdings kann der Verdauungsvorgang dann einige Wochen dauern.

Womit riechen Schlangen?

a) ihren Nasenöffnungen
b) dem Gaumen
c) der Zunge
d) dem Schwanzende

Antwort: b)
Schlangen riechen mit einer speziellen geruchsempfindlichen Hautschicht in ihrem Gaumen, dem sogenannten Jacobsonschen Organ. Das oft als Drohgebärde interpretierte Züngeln dient dazu, mehr Luft und damit mehr Gerüche ins Maul zu befördern.

Cool: Die Hörner der Langhornrinder haben eine Kühlfunktion. Wenn es zu heiß wird, fließt vermehrt Blut durch die Hörner, kühlt dort ab und kehrt in den Körper zurück. Je näher die Tiere am Äquator leben, desto länger die Hörner.

Was passiert Bergziegen in den USA manchmal beim Kämpfen?

a) Sie bewerfen sich mit Steinen.
b) Sie stürzen sich in die Tiefe.
c) Sie greifen das Weibchen an, um das sie kämpfen.
d) Sie stoßen so heftig zusammen, dass ihnen die Hufe abfallen.

Antwort: d)
Donnerwetter!

Deswegen heißt es „versaut"? Der Orgasmus eines Schweins dauert 30 Minuten.

Welches Tier ist ein größerer „Klimakiller" als Autos?

a) Kakerlaken   b) Kühe
c) Ratten   d) Quallen

Antwort: b)
Eine Kuh pupst und rülpst pro Tag bis zu 400 Liter Methangas. Der Zoologe Josef Reichholf hat ausgerechnet, dass die 1,5 Milliarden auf der Erde leben-

Nur Katzen, Giraffen und Kamele bewegen beim Gehen beide Beine einer Seite gleichzeitig.

den Rinder damit ein größerer „Klimakiller" sind als der Autoverkehr, denn als Treibhausgas ist jedes Methanmolekül 23-mal wirksamer als Kohlendioxid (CO_2). Würde man diese Methanmenge verbrennen, könnte man daraus vier Kilowattstunden Energie gewinnen. Das entspricht 0,4 Litern Heizöl.

Betäubte Kühe sinken nicht immer zu Boden – sie können auch stehen bleiben.

Wer hat relativ die meisten Haare im Tierreich?

a) Seeotter
b) Collies
c) Langhaaraffen
d) (Justin) Bi(e)ber

Antwort: a)
Seeotter haben das dichteste Fell des Tierreichs. Auf einem Quadratzentimeter Otterhaut befinden sich etwa so viele Haare wie auf dem gesamten menschlichen Kopf – bis zu 120.000 Stück.

Viele Insekten, Mäuse, Fische und Vögel können UV-Licht mit einem vierten Rezeptortyp wahrnehmen. Viele Blumen haben deswegen nur bei ultraviolettem Licht sichtbare Muster, um bestäubende Insekten anzulocken. Die Hälfte aller Vogelarten wiederum hat Federn, die UV-Licht reflektieren. Damit lassen sich Weibchen und Männchen noch besser auseinanderhalten.

Werden Schafherden wirklich von Leithammeln angeführt?

a) nein, von weiblichen Schafen
b) nein, von Schafböcken
c) ja, von Hammeln

Antwort: a)
Der Anführer einer Schafherde ist nie ein Männchen, ob kastriert (Hammel) oder nicht. Diese Position ist einem erfahrenen Weibchen vorbehalten.

Schafe trinken nie aus fließenden Gewässern.

Vor Beginn des Winterschlafs untersucht das Leittier einer Murmeltiersippe den Gesundheitszustand aller „Untertanen". Wer bei diesem Beschnüffeln Anzeichen einer ansteckenden Krankheit erkennen lässt, wird aus der Sippe ausgestoßen und darf nicht mit ins Winterquartier.

Was dauert immer genau 256 Sekunden?

a) der Orgasmus eines Feldhasen
b) die Gesangspause von Blauwalen
c) das Rülpsen einer Kuh
d) das Bellen von Lassie

Antwort: b)
Vom letzten Ton vor ihrer Gesangspause bis zum ersten Ton danach vergehen immer genau 256 Sekunden. Die Blauwaltöne mit einer Lautstärke von bis zu 188 Dezibel sind unter Wasser über mehrere Hundert Kilometer zu hören.

Der Blauwal kann nur Nahrung aufnehmen, die kleiner ist als eine Grapefruit.

Wer hat den heißesten Sex?

a) Nashorn-Männchen
b) Nashorn-Weibchen
c) Elefanten-Männchen
d) Elefanten-Weibchen

Antwort: a)
Beim Rhinozeros-Sex, der anderthalb Stunden dauern kann, steigt die Körpertemperatur des Männchens von 28 auf 35 Grad Celsius an! Im Gegensatz dazu bleibt das Nashorn-Weibchen cool und hält mit 28 Grad Celsius die Körpertemperatur auch während des Geschlechtsaktes konstant.

Die giftigste Schlange der Welt ist der australische Inlandtaipan. Die Giftmenge eines einzelnen Bisses könnte 250.000 Mäuse oder 44 Menschen töten.

Was sind Kamelhöcker?

a) Fettreserven   b) Wasserspeicher
c) hohl   d) Muskeln

Antwort: a)
Kamelhöcker sind keine Wasserspeicher, sondern Fettreserven. Um ihren Wasserverbrauch gering zu halten, haben die Wüstenschiffe ein einzigartiges Rückgewinnungssystem entwickelt: Im Schlaf saugen sie mit der Nase die Feuchtigkeit der ausgeatmeten Luft wieder ein.

Der Hund von TV-Kommissar Columbo heißt „dog".

Welche Hunderasse lächelt am häufigsten?

a) Bulldogge   b) Pitbull
c) Dalmatiner   d) Pudel

Antwort: c)
Die Tiere kopieren dabei menschliches Verhalten, indem sie vorsichtig die Zähne entblößen.

Hunde rollen sich zum Schlafen zusammen, um mit ihrem Schwanz die Nase im Winter zu wärmen. Apropos Kälte: Inuit definieren die Kälte der Nacht über die Anzahl der Hunde, die nötig sind, um warm zu bleiben.

Wer war der schwerste Hund der Welt?

a) eine Dogge
b) ein Bernhardiner
c) ein Neufundländer
d) ein Mops

Antwort: b)
Der schwerste bisher bekannte Hund war ein Bernhardiner namens Benediktiner vom Schwarzwaldhof.

Das Prachtexemplar wurde 1982 in den USA geworfen und brachte am 20. März 1987 bei einer Schulterhöhe von 99 Zentimetern stolze 140,6 Kilogramm auf die Waage. Bernhardiner wurden als Suchhunde für vermisste Wanderer in der Schweiz gezüchtet.

In den EU-Ländern werden pro Jahr rund 9000 Briefträger von Hunden gebissen.

Wie viele Welpen wurden im größten Wurf der Welt geboren?

a) 13   b) 17
c) 23   d) 101

Antwort: c)
Lena, ein American Foxhound, war die fruchtbarste Hündin der Welt, der im Juni 1944 mit 23 Welpen der größte Wurf aller Zeiten gelang. Alle Welpen wurden lebend geboren und erreichten das Erwachsenenalter.

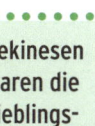

Pekinesen waren die Lieblingshunde der alten Chinesen. Diese trugen sie als „Ur-Paris-Hiltons" in den Ärmeln ihrer königlichen Roben.

Was kann Rückschlüsse auf die Lebensdauer eines Hundes geben?

a) Gesichtsform
b) Schwanzbreite
c) Pfotengröße
d) Augenfarbe

Antwort: a)
Die Form eines Hundegesichts kann seine Lebensdauer andeuten. Hunde mit spitzen, wolfsähnlichen Zügen leben durchschnittlich länger als Rassen mit sehr flachen Gesichtern.

Der Deutsche Schäferhund hat 225 Millionen Zellrezeptoren in der Nase, was die idealen Voraussetzungen für einen Polizei-, Such- oder Rettungshund sind. Die meisten Hunderassen haben 100 Millionen Rezeptoren zum Riechen; Menschen nur fünf Millionen.

Gibt es auch Hunde, die nicht bellen können?

a) ja b) nein

Antwort: a)
Die einzige nicht bellende Hunderasse ist der Basenji, ein zentralafrikanischer Wolfshund, der gelegentlich wie ein Wolf heult. Erst 1943 wurden die ersten Basenjis nach Europa importiert.

Die meisten Hunderassen haben rosa Zungen – ausgenommen sind Chow-Chows und Shar-Peis, die schwarze Zungen haben.

Wo ist die einzige Stelle am Hundekörper, wo er schwitzt?

a) hinter den Ohren b) auf der Zunge
c) am Schwanz d) unter den Pfoten

Antwort: d)
Die einzigen Schweißzellen von Hunden befinden sich an ihren Pfoten.

Hunde hecheln, wenn sie gestresst sind oder beachtet werden möchten. Außerdem kühlt der beste Freund des Menschen seine Körpertemperatur über das Hecheln mit der Zunge herab, da er lediglich über die Pfoten Schweiß absondern kann.

Wenn ein Hund sich problemlos an die Pfoten fassen lässt, hat er die richtigen Voraussetzungen für einen entspannten Umgang mit Kindern.

Welches europäische Land hält prozentual die meisten Hunde?

a) Frankreich
b) England
c) Deutschland
d) Luxemburg

Antwort: a)
In Frankreich haben 38 Prozent der Haushalte einen Hund! Gefolgt von Belgien (37 %), Irland (36 %), Portugal (31 %) und Großbritannien (28 %). Deutschland liegt nur auf Platz 14, gefolgt von Griechenland.

Wer war der Stammvater aller Hunde?

a) der Goldschakal   b) der Dingo
c) der Wolf   d) der Wüstenfuchs

Antwort: c)
Nicht wie von Darwin und „Gänsevater" Konrad Lorenz angenommen der Goldschakal! Neueste genetische Untersuchungen belegen eindeutig, dass der Wolf der alleinige Stammvater aller Hunde ist. Die verschiedenen Fellfarben von Hunden kann man bei den Wölfen wiedererkennen. Die Farben kommen bereits in der Natur vor, ohne den Einfluss des Menschen.

Schon vor über 130.000 Jahren schlossen sich selbst domestizierte Wölfe Menschen an. Seit den Tagen der alten Ägypter tragen Hunde Halsbänder. Inzwischen gibt es über 400 definierte Rassen und über fünf Millionen Hunde in 13 Prozent der deutschen Haushalte.

Laut dem griechischen Philosophen Platon hat ein Hund „die Seele eines Philosophen".

Stimmt die Formel der Berechnung von Hundejahren (1 = 7)?

a) ja   b) nein

Antwort: b)
Die alte Regel, nach der man ein Hundealter nur mit sieben multiplizieren muss, um das entsprechende Menschenalter zu erhalten, ist falsch. Ein Hund kann sich schon mit einem Jahr fortpflanzen und erreicht seine volle Größe mit zwei Jahren. Es gibt aber eine Formel, die funktioniert: Das erste Hundejahr entspricht 15 Menschenjahren, das zweite zehn Menschenjahren und jedes Jahr danach jeweils fünf Menschenjahren.

Der Irische Wolfshund ist mit einer Schulterhöhe von über einem Meter die größte Hunderasse, dicht gefolgt von der Deutschen Dogge. Die kleinsten Hunde sind Chihuahua, Yorkshireterrier und Zwergpudel.

In ägyptischen Gräbern wurden Zeichnungen von Dalmatinern gefunden, die neben Streitwagen herlaufen. Wenn ein Hund im alten Ägypten starb, rasierte sich sein Besitzer die Augenbrauen ab, schmierte sich Schlamm ins Haar und trauerte lautstark mehrere Tage lang.

Was gibt es nicht?

a) Fluglinie für Hunde
b) Waschanlage für Hunde
c) Restaurant für Hunde
d) Kita für Hunde

Antwort: Es gibt sie alle!
Seit Mitte 2009 gibt es in den USA Pet Airways, eine Fluglinie für Hunde und Katzen. Die rein tierischen Gäste fliegen für 150 Euro in voll klimatisierten Frachtboxen mit eigens geschultem Flugpersonal. Die Hundewaschanlage hat ein Düsseldorfer Zoofachgeschäft (Zoo Zajac) im Juli 2012 eröffnet. Der automatische Dackel-Waschgang kostet acht Euro. Ein Hunderestaurant gibt es z. B. in Taipeh seit 2010, eröffnet von einer Tierschutzaktivistin, und seit 2011 in Rio de Janeiro. Die Hundekita befindet sich in der Hundehauptstadt Berlin, wo es auch eine Hunde-Event-Agentur gibt. Echte Berliner erkennt man übrigens daran, dass sie Hunde mögen ...

Neben dem oberen und unteren haben Hunde ein drittes Augenlid, die Nickhaut, die beim Mensch nur noch rudimentär vorhanden ist und das Auge zusätzlich schützt, reinigt und feucht hält.

Wann bekommen Dalmatiner ihre Punkte?

a) schon als Embryos
b) 1 Tag nach der Geburt
c) ab der 3. Lebenswoche
d) im 2. Monat

> Der älteste Hund der Welt wurde 29 Jahre und fünf Monate alt. Bluey, ein Australischer Cattledog, wurde 1910 geboren, arbeitete über 20 Jahre lang als Hirtenhund und starb 1939.

Wer oder was ist Peritas?

a) eine von Alexander dem Großen nach seinem Hund benannte Stadt
b) eine Weinsorte, deren Weinberg einem Hund gehört
c) der Erfinder der Hundepfeife
d) eine ausgestorbene Hunderasse

Antwort: a)
Peritas war der geliebte Jagdhund von Alexander dem Großen, den er selbst aufgezogen hatte. In einer Schlacht soll der Hund ihm das Leben gerettet haben, aber selbst umgekommen sein. Laut Überlieferung baute der Feldherr deswegen zur Erinnerung die Stadt Peritas.

> Für die Potsdamer Hundemeute von Friedrich dem Großen gab es einen eigenen Koch und sie musste von den Bediensteten gesiezt werden.

Was war das erste Lebewesen im Weltall?

a) Q
c) Bala
b) Spock
d) Laika

Antwort: d)
Die russische Straßen-Mischlings-Hündin Laika (dt.: Kläffer), eigentlich Kudrjawka (dt.: Löckchen), war

am 3. November 1957 im Raumschiff Sputnik das erste Lebewesen im Weltall. Sie starb nur wenige Stunden nach dem Start an Stress und Überhitzung durch schlechte Wärmeisolierung (was zunächst verschwiegen und erst 2002 bekannt wurde); eine Rückkehr war aber ohnehin nicht geplant. Als Erste kehrten die Hunde Strelka und Belka am 20. August 1960 an Bord von Sputnik 5 zurück. Strelkas Tochter Pushnika hatte übrigens vier Welpen mit Charlie, dem Terrier von US-Präsident John F. Kennedy – und das mitten im Kalten Krieg! Noch heute gehören ihre Nachkommen zum Kennedy-Clan.

> Die Schulterblätter eines Hundes sind nicht mit dem Rest seines Skeletts verbunden, um beim Rennen mehr Beweglichkeit zu haben.

Welche Hunderasse ist die schnellste der Welt?

a) Whippet
c) Husky
b) Greyhound
d) Dogge

Antwort: b)
Unter den Windhunden sind Greyhounds die allerschnellsten: Sie erreichen Geschwindigkeiten von 70 Stundenkilometern, nur wenig langsamer als ein Vogel Strauß. Durchschnittlich schnelle Junghunde erreichen um die 30 bis 40 Stundenkilometer.

Mayas und Azteken symbolisierten jeden zehnten Tag mit einem Hund. Diejenigen, die an einem „Hundetag" geboren wurden, galten als herausragende Führungspersönlichkeiten.

Was kann für Hunde tödlich sein?

a) Kochschokolade
b) Apfel- und Birnenkerne
c) Hühnerknochen
d) Rosinen und Trauben
e) Zwiebeln
f) bestimmte Avocadosorten

Antwort: alles!
Apfel- und Birnenkerne enthalten Spuren von Blausäure, Schokolade ist durch das Methylxanthin Theobromin Gift für Hunde, Hühnerknochen können splittern. Auch Koffein ist schädlich. Am besten sichergehen und den Gefährten mit Hundefutter

füttern – und sich vom Tierarzt beraten lassen, denn Hunde können wie Menschen auch Allergien gegen Futter oder Pollen entwickeln.

Was viele Hundebesitzer schon immer ahnten, wurde im Januar 2012 wissenschaftlich bestätigt: Des Menschen bester Freund reagiert nicht nur auf Worte, sondern bereits auf unsere Absicht, mit ihm zu kommunizieren. Dabei ähneln die Tiere in ihren Fähigkeiten sogar Kleinkindern, fanden ungarische Forscher heraus. Denn Hunde und Kinder reagieren vergleichbar auf Körpersignale wie Gesten und vor allem Blicke, wenn sie direkt „angesprochen" werden.

Wann beginnt für Hunde die Ewigkeit?

a) nach 5 Stunden
b) nach 10 Minuten
c) nach 45 Minuten
d) übermorgen

Antwort: c)
Die Geduld eines Hundes endet nach 45 Minuten, ab da erscheint ihm alles ewig. Nach einem zweistündigen Einkaufstrip wird der Besitzer genauso euphorisch begrüßt wie nach einer zweitägigen Reise.

Die antiken Mbaya-Indianer von Gran Chaco in Südamerika glaubten, dass Menschen zunächst unterirdisch lebten, bis Hunde sie freibuddelten.

Katzen können nichts Süßes schmecken und bevorzugen eine proteinreiche und kohlenhydratarme Ernährung.

Sind Katzen Einzelgänger?

a) ja
b) nein
c) kommt darauf an

Antwort: h)
Eine Studie des deutschen Katzenverhaltensforschers Prof. Paul Leyhausen (1916-98) ergab, dass Katzen weitaus geselliger sind, als oft angenommen wird. Sie bevorzugen Gesellschaft und akzeptieren Menschen als Mitkatzen. In einer Stadtwohnung ohne Auslauf sollten gerade berufstätige Singles deshalb wenigstens zwei Katzen halten.

Katzen, aber auch Hunde, Rinder und Pferde haben hinter der Netzhaut eine reflektierende Schicht (*Tapetum lucidum*), die als Lichtverstärker fungiert und ihre Fähigkeit, im Dunkeln sehen zu können, um 40 Prozent erhöht. Das Tapetum ist auch verantwortlich für den Glanz ihrer Augen im Scheinwerferlicht.

Wie schnell können Katzen rennen?

a) 10 km/h   b) 27 km/h
c) 50 km/h   d) 60 km/h

Antwort: c)
Auch auf Samtpfoten lässt es sich schnell rennen!

Ein Katzenjunges, das in einem hektischen Haushalt mit vielen Menschen aufwächst, wo immer etwas los ist, kann im späteren Leben gewöhnlich besser mit Veränderungen umgehen.

Wie kämmen sich Katzen?

a) mit einem Kamm
b) durch gegenseitiges Kraulen
c) mit ihren Krallen
d) mit ihrer Zunge

Antwort: d)
Katzen haben spezielle kleine Häkchen (Papillen) auf ihrer Zunge, die bei der Fellpflege als Kamm fungieren.

Den Schwanz hoch in die Luft tragen nur unsere domestizierten Hauskatzen. Ihre Verwandten, die Wildkatzen, tun dies nicht.

Kater können ein Territorium haben, das bis zu zehnmal größer ist als das von weiblichen Katzen.

Wie hoch können Katzen springen?

a) ihre 2-fache Körpergröße
b) ihre 3-fache Körpergröße
c) ihre 4-fache Körpergröße
d) ihre 5-fache Körpergröße

Antwort: d)
Sie springen fünfmal so hoch, wie sie groß sind.

Katzen können ihre Ohren je nach Laune in neun verschiedene Stellungen bringen. Dafür haben sie eigens 32 Muskeln im Ohr.

Bedeutet Schnurren Zufriedenheit?

a) nicht immer
b) ja
c) nein

Antwort: a)
Katzen schnurren auch, wenn sie Angst oder Schmerzen haben. Das Schnurren erfolgt in der gleichen Frequenz wie ein Dieselmotor (etwa 26-mal in der Sekunde), und Katzen sind die einzigen Tiere, die schnurren können. Das Miauen ist übrigens extra für die Kommunikation mit Menschen reserviert.

Welcher Sinn ist bei Katzen am wenigsten ausgeprägt?

a) Sehsinn   b) Tastsinn
c) Geruchssinn   d) Hörsinn

Antwort: c)
Der Geruchssinn der Katze ist schwächer ausgeprägt als ihre anderen Sinne, aber immer noch wesentlich präziser als der menschliche.

Katzen sollten nicht in der Nähe des Katzenklos gefüttert werden oder schlafen müssen. In freier Wildbahn würden sie auch nicht dort fressen oder schlafen, wo sie ihre Notdurft verrichten ...

Können Katzen Vegetarier sein?

a) ja   b) nein

Antwort: b)
Sie benötigen u. a. die Aminosäuren Arginin und Taurin, die überwiegend in Fleisch vorkommen. Ihre Zähne sind auch extra für das Fleischessen angelegt.

Was hat Sir Isaac Newton erfunden?

a) Katzenklo
b) *Katzeklo, Katzeklo*
c) Katzenklappe
d) Katzenklapper

Antwort: c)
Der englische Physiker Sir Isaac Newton (1642–1727) ermöglichte es seiner Katze, das Haus ganz nach Belieben zu verlassen bzw. zu betreten.

Die Maine-Coon-Katze ist die einzige Hauskatze in den Vereinigten Staaten von Amerika, die dort auch ihren Ursprung hat.

Was ist der „Fingerabdruck" einer Katze?

a) Pfotenabdruck   b) Nasenabdruck
c) Ohrabdruck   d) Schwanzabdruck

Antwort: b)
Ihr Nasenabdruck ist unverwechselbar.

Katzen mit komplett weißem Fell sind entweder taub, blind oder stumm – deswegen dürfen sie in Deutschland nicht gezüchtet werden.

Welche Tiere sind intelligenter als Katzen?

a) Tintenfische
b) Krähen
c) Delfine
d) Affen

Antwort: alle

Katzen haben nicht nur Schnurrhaare im Gesicht, sondern auch spezielle Haare an den Gelenken der Vorderpfoten, die als Tastorgane dienen und ihnen Informationen über Bewegungen und ihr Umfeld geben.

Katzen haben sieben Leben und wie viele Haarkleider?

a) 1   b) 2
c) 3   d) 4

Antwort: b)
Ein isolierendes Unterfell, um sie warm zu halten, und Deckhaare, damit sie trocken bleiben.

Ungefähr 20 Prozent der Katzen reagieren nicht auf Katzenminze, weil ihnen das entsprechende Gen fehlt.

Wer beherrscht mehr Laute?

a) Katzen
b) Hunde
c) beide gleich viele

Antwort: a)
Katzen können sich mit 60 bis 100 verschiedenen Lauten bis in den Ultraschallbereich verständigen; Hunde nur mit zehn.

Das Gehirn einer Katze ist dem menschlichen Gehirn ähnlicher als das eines Hundes. Katzen haben fünf Rückenwirbel und 24 Knochen mehr als Menschen, und das Herz schlägt doppelt so schnell. Katzen hören und riechen drei- bis viermal besser als Menschen. Sie sehen rund sechsmal besser. Das Streicheln einer Katze kann den Blutdruck eines Menschen senken.

Die Familie der Mäuse ist mit fast 500 Arten und 100 Gattungen die artenreichste der Nagetiere und der Säugetiere allgemein.

Was sind MUPs?

a) Tanzmäuse im Kölner Karneval
b) eine seltene Krankheit
c) „major urinary proteins" – Moleküle, die die Angst vor Katzen in Mäusen auslösen
d) Micky-Maus-Fanclubs

Antwort: c)
US-Forscher fanden 2010 Geruchsmoleküle, die bei Mäusen die angeborene Angst vor u. a. Katzen auslösen (Kairomone). Speziell für diesen Geruch haben Mäuse auch bestimmte Riechzellen in der Nase (das vomeronasale Organ). Diese MUP-Moleküle sind Proteine, die sich im Urin vieler Tiere bilden, aber auch im Speichel von Katzen.

Mäuse können keine Farben erkennen und bevorzugen Dunkelheit. Bei Geburt sind sie blind und ohne Fell.

Systematische Untersuchungen in Schanghai haben ergeben, dass Katzen im Haus nicht die Mäusepopulation verringern: Mäuse fanden sich in 12,6 Prozent der Häuser mit und in 13,9 Prozent der Häuser ohne Katzen. Der erkennbare Unterschied sei lediglich, dass Mäuse in Katzen-Häusern klüger und vorsichtiger würden und sich seltener sehen ließen.

Was war das letzte Säugetier, das in Europa entdeckt wurde?

a) die Ibiza-Maus 1997
b) die Zypern-Maus 2004
c) die Debbie-Maus 2009
d) die Mini-Maus 2012

Antwort: b)
Die Entdeckung der Zypern-Maus durch den französischen Zoologen Thomas Cucchi war eine Sensation. Als letztes „neues" europäisches Säugetier galt seit 2001 eine ungarische Fledermaus. Dabei ist die großköpfige Zypern-Maus steinalt: Knochenfunde belegen, dass sie seit der Jungsteinzeit vor 9000 Jahren in Weinbergen auf der Mittelmeerinsel lebt und damit das einzig dort überlebende Ursprungsnagetier ist.

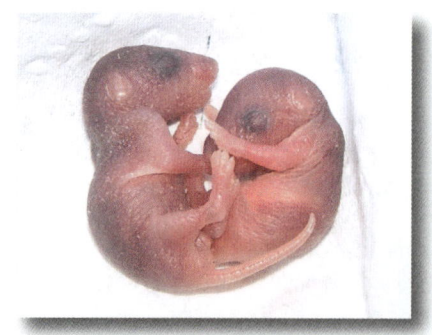

Papst Gregor III. untersagte 732 das Pferde-
fleischessen. Das Verbot hatte bis ins 19. Jahrhundert Bestand.

Pferde sind Fluchttiere, die als hilflose
Vegetarier schnell Reißaus nehmen. Dabei
unterscheiden sich Nordpferde und Südpferde. Die ponyartigen Nordpferde stammen aus mittel- und nordeuropäischen Wald-
gebieten. Für sie machte es wenig Sinn,
kopflos zu flüchten, denn im Wald sind überall Bäume. Daher sind Ponys oft überlegter
in ihrem Fluchtverhalten als große Pferde.
Die Südpferde hingegen stammen aus der
Steppe und vertrauen hauptsächlich ihrer
Schnelligkeit – sie starten sofort durch,
wenn sie Gefahr wittern. Dazu zählen alle
hochblütigen Pferde.

Was kann man am Gebiss eines Pferdes erkennen?

a) was es zuletzt gegessen hat
b) sein Alter
c) sein Geschlecht
d) seinen Kaufpreis

Antwort: b) und c)
Bei Stuten brechen die Eck- oder Hakenzähne oft
nicht durch, anders als beim Hengst, der meist
40 Zähne hat, die Stute dagegen 36. Das ungefähre
Alter wiederum lässt sich an Zahnbildung, -durch-
bruch und -abnutzungserscheinungen erkennen.
Deswegen sollte man einem „geschenkten Gaul auch
nicht ins Maul schauen".

Zwischen 1850 und 1880 war die häufigste
Cowboy-Todesursache, von einem Pferd zu
Tode geschleift zu werden, weil ein Fuß im
Steigbügel klemmte.

Was bedeutet „Mustang"?

a) muskulöses Tier
b) Pferd mit Eigengeruch
c) Biest ohne Besitzer
d) wild und dickköpfig

Antwort: c)
Ursprung ist das spanische Wort „mustengo", das
„Streunerpferd" oder eben „Biest ohne Besitzer"
bedeutet. Wild und dickköpfig sind Mustangpferde
aber auch ...

Man kann Pferden zwar beibringen, sich auf
die Seite fallen zu lassen. Aber nur auf eine
Seite: Pferde, die nach links fallen können,
stürzen niemals nach rechts und umgekehrt.
Bei Dreharbeiten für Reiterschlachten werden
deshalb etwa gleich viel rechts- und linksfal-
lende Pferde gecastet.

Was ist Tölten?

a) das Töten von Tölen
b) eine seltene australische Pferderasse, die Fleisch frisst
c) eine spezielle Gangart von Islandpferden
d) das Fachwort für Pferderülpser

Antwort: c)
Die meisten Pferderassen wurden so gezüchtet, dass sie nur drei Grundgangarten kennen, um leichter reitbar zu sein. Islandpferde beherrschen neben den üblichen Gangarten auch noch Tölten (schneller Schritt) und Rennpass (sehr schnell, mit Flugphase).

Pferde können sich nicht übergeben, weil sich der Ringmuskel zwischen Magen und Speiseröhre nicht vom Magen aus öffnen lässt. Aus diesem Grund bekommen Pferde auch kein Sodbrennen und können nicht rülpsen.

Auf wie vielen Zehen laufen Pferde?

a) 0 b) 1
c) 2 d) 3
e) 4 f) 5

Antwort: b)
Pferde sind Zehenspitzengänger, die ausschließlich auf der Spitze der dritten, mittleren Zehe laufen. Die restlichen Zehen haben sich zurückgebildet.

Wenn das Pferd einer Reiterstatue auf den Hinterbeinen steht, starb der Reiter in der Schlacht. Hat das Pferd ein Vorderbein erhoben, starb er an den Folgen einer Verwundung. Hat das Pferd alle vier Hufe auf der Erde, starb der Reiter eines natürlichen Todes.

Woran liegt es, dass die Nachkommen von Pferd und Esel unfruchtbar sind?

a) unterschiedliche Lebenseinstellungen
b) zu verschiedene Genitalien
c) nicht kompatibler Körperbau
d) ungerade Chromosomenzahl

Antwort: d)
Dass die Nachkommen von Pferd und Esel grundsätzlich unfruchtbar sind, liegt an ihren Chromosomenzahlen. Ein Pferd hat 62, ein Esel 64 Chromosomen, Maultiere und Maulesel dementsprechend 63 – und eine ungerade Chromosomenzahl ist für die Fortpflanzung ungeeignet.

Alle römischen Streitwagen hatten die Breite von zwei Pferdehintern. Nach diesem Maß richten sich bis heute Spurbreiten von Bahngleisen bis zum Durchmesser von Feststoffraketen.

Wie viele Vogelarten gibt es?

a) 10.474
b) 13.110
c) 26.768
d) mehr als 100.000

Antwort: a)
Ornithologen (Vogelwissenschaftler) gehen aber davon aus, dass es noch mehr bisher unbekannte Arten gibt.

> Bei den Vögeln ist die linke Gehirnhälfte für Kontrolle und Koordination des Singvermögens zuständig – ähnlich wie beim Menschen, wo diese Gehirnhälfte das Sprachvermögen steuert.

Womit navigieren Tauben?

a) linkes Nasenloch und linke Gehirnhälfte
b) linkes Nasenloch und rechte Gehirnhälfte
c) rechtes Nasenloch und linke Gehirnhälfte
d) rechtes Nasenloch und rechte Gehirnhälfte

Antwort: c)
Brieftauben können mit jedem Navi konkurrieren. Sie orientieren sich dabei an Gerüchen. Wissenschaftler des Max-Planck-Instituts haben zusammen mit italienischen Kollegen festgestellt, dass ihr rechtes Nasenloch Duftinformationen an die linke Gehirnhälfte weiterleitet. Bei verstopften rechten Nasenlöchern wird die Reise schwer ...

> Der einzige flugunfähige Nesthocker war der Stephenschlüpfer. War? Als 1894 auf der neuseeländischen Insel Stephens ein Leuchtturm gebaut wurde, brachte der Wärter David Lyall eine Katze mit – und die rottete die Vögel angeblich restlos aus ...

Wie hoch ist die Körpertemperatur von Vögeln?

a) unter der menschlichen Temperatur (33,5 °C)
b) wie beim Menschen (36,8 °C)
c) über der menschlichen Temperatur (39,9 °C)
d) höher als bei allen anderen „gleichwarmen" Tieren (42 °C)

Antwort: d)
Vögel haben eine relativ konstante Körpertemperatur, die höher ist als bei allen anderen aktuell lebenden Tieren mit „gleichwarmer" Temperatur (homoiotherm). Sie kann aber leicht schwanken – besonders bei kleineren Vögeln. Nachts wird sie je nach Art und Außentemperatur um zwei bis neun Grad Celsius abgesenkt, was etwa 25 Prozent an Energie spart.

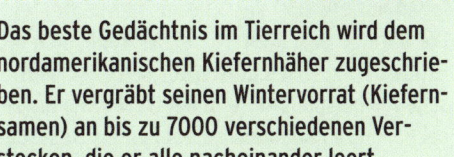

> Das beste Gedächtnis im Tierreich wird dem nordamerikanischen Kiefernhäher zugeschrieben. Er vergräbt seinen Wintervorrat (Kiefernsamen) an bis zu 7000 verschiedenen Verstecken, die er alle nacheinander leert.

Welche Vögel können gut riechen?

a) Kiwi   b) Banana
c) Kolibri   d) Kakadu

Antwort: a)
Der flugunfähige Flachbrustvogel Kiwi ist zwar nicht wie früher angenommen der einzige Vogel, der riechen kann – doch er kann es neben Tauben und Enten besonders gut. Kiwis sind das National- und Wappentier Neuseelands und wurden nach den Ureinwohnern, den Maori, benannt, die mit „Kiiwiii" lautmalerisch den Ruf des Vogels nachahmten.

Guirakuckuck

Von den 128 weltweit bekannten Kuckucksarten legen nur etwa 50 ihre Eier in fremde Nester. Die übrigen beschreiten andere Wege, sich die Brutarbeit zu erleichtern. Der südamerikanische Ani beispielsweise bildet Nest-WGs: Bis zu sechs Paare bauen ein gemeinsames Nest, das dann von jeweils drei Paaren bebrütet wird.

Die Küken von Nestflüchtern wie etwa den Wachteln verabreden noch im Ei einen gemeinsamen Schlüpftermin. Etwa zwei Tage davor beginnen die am weitesten entwickelten Küken, gegen die Schale zu klopfen. Damit beschleunigen sie den Stoffwechsel ihrer Geschwister und lassen sie den Entwicklungsrückstand aufholen.

Welcher Vogel orientiert sich an seinem Eigengeruch?

a) Stinktiertaube
b) Moschusmännchen
c) Lappentaucher
d) Nasenflügler

Antwort: c)
Lange Zeit war umstritten, ob Vögel überhaupt etwas riechen können. Versuche haben jedoch ergeben, dass sich bei Duftwahrnehmung ihre Herzschlagrate ändert und Gänse z. B. mit schüttelndem Kopf sogar Nahrung ablehnen, wenn ihr Geruch verändert wurde. Der Wasservogel Lappentaucher ist eine Ausnahme, weil Vögel normalerweise keine Hautdrüsen besitzen. Ihm dient jedoch sein Moschus-Eigengeruch als Orientierung in der Nacht, um sein Nest wiederzufinden. Der in Europa bekannteste Lappentaucher ist der Haubentaucher.

Welcher Vogel kann rückwärts-fliegen?

a) Kiwi
b) Kolibri
c) Pelikan
d) Möwe

Antwort: b)
Berühmt ist der kleine Kolibri für seinen „Schwirr-flug". Das ist eine besondere Variante des Rüttel- oder Standschwebeflugs, den auch nur wenige Vogel-arten wie Möwen und Falken beherrschen. Dabei muss schnell mit den Flügeln geschlagen werden, weil der Auftrieb des Gegenwinds fehlt. Ein Kolibri erreicht bis zu 80 Flügelschläge pro Sekunde!

Kolibrijunge werden drei bis vier Wochen lang bis zu 140-mal am Tag gefüttert. Zur Nahrungs-suche lassen sich ihre Mütter aus dem Nest fallen und gleiten blattähnlich zu Boden. Da-durch wird Nesträubern die Auffindung des versteckten Nestes erheblich erschwert.

Der Sperling stammt aus Afghanistan und hat von dort aus im Gefolge der Pferde (besser gesagt: der Pferdeäpfel) seinen Siegeszug angetreten. Die afghanische Urform lebt noch immer als Zugvogel, während der weltweit verbreitete Spatz auch in Städten über-wintert.

Wie heißt die kleinste Vogelart der Welt (eine Unterart des Kolibris)?

a) Minimücke
b) Bienenelfe
c) Wespenfee
d) Tinkerbell

Antwort: b)
Mit Schnabel und Schwanzfedern kommen Bienen-elfen nur auf sechs Zentimeter Länge.

Wie tief können Pinguine tauchen?

a) 2 m
b) 48 m
c) 215 m
d) 530 m

Antwort: d)
Diesen Rekord haben Kaiserpinguine in 18-minütigen Tauchgängen aufgestellt.

Das Ejakulat eines spatzengroßen Staffel-schwanz-Männchens enthält etwa acht Milliar-den Spermien. Das sind mehr als 40-mal so viel wie beim durchschnittlichen Samenerguss eines Mannes.

Auf einen Menschen kommen etwa 200 Millionen Insekten.

Es ist bekannt, dass Drohnen beim Geschlechtsakt mit der Bienenkönigin sterben – wie?

a) Sie sind so überwältigt vom Orgasmus, dass sie aus 10 m Höhe abstürzen.
b) Sie explodieren buchstäblich beim Orgasmus.
c) Die Bienenkönigin reißt ihnen den Kopf ab.
d) Sie werden von den ungeduldig wartenden anderen Drohnen totgestochen.

Antwort: b)
Einmal in ihrem Leben geht eine junge Bienenkönigin auf Hochzeitsflug, verfolgt von liebestollen Drohnen. Der Penis einer Drohne ist normalerweise nach innen gewölbt. In ihn werden beim Akt sämtliche Körperflüssigkeiten gepumpt. Beim Höhepunkt des Paarungsaktes explodiert das Bienenmännchen. Seine Genitalien werden vom Körper getrennt und bleiben in der Bienenkönigin als „Keuschheitsgürtel" stecken, der erst von den Arbeiterinnen entfernt werden muss, damit sich der Akt mit anderen Drohnen noch sechs- bis siebenmal wiederholen kann. Die so gesammelten Spermien reichen dann ein Leben lang.

Ein Spermium der Fruchtfliege *Drosophila bifurca* wird bis zu 5,83 Zentimeter lang, tausendmal länger als eine menschliche Samenzelle. Die Fliege selbst erreicht dagegen nur eine Länge von drei Millimetern.

Wie entkommt die nordamerikanische Mottenart *Utetheisa ornatrix* einem Spinnennetz?

a) Sie wird von ihrem Partner befreit.
b) Sie durchtrennt die Fäden mit kleinen Krallen.
c) Sie bespuckt die Spinne mit einem unangenehmen Gift.
d) Sie „singt" so schief, dass die Spinne sie freiwillig gehen lässt.

Antwort: c)
Die Motte produziert eine für Spinnen extrem unangenehme chemische Substanz. Verfängt sich ein solcher Falter in einem Spinnennetz, befreit die Spinne selbst ihre Beute aus dem Netz.

Wenn Kundschafterbienen den Kolleginnen im Stock von aufgespürter Nahrung „erzählen", gibt die Zahl der von ihnen beim Tanz vollführten Drehungen Auskunft über die vorgefundene Menge. Entfernung und Richtung beschreiben sie durch den Tanz einer achtförmigen Figur.

Welche Insekten beherrschen Fremdsprachen?

a) Glühwürmchen b) Nachtfalter
c) Libellen d) Marienkäfer

Antwort: a)
Bei einigen Glühwürmchenarten machen die Weibchen die Leuchtsignale anderer Arten nach, um deren Männchen anzulocken – und dann aufzufressen.

Würmer können bis zu zehn Herzen haben.

Wie viel Gewicht müsste ein Mensch bewegen, um die rekordreife Leistung eines Pillendrehers zu erreichen?

a) 49 kg b) 162 kg
c) 512 kg d) 4 t

Antwort: d)
Die Käfer wiegen bis zu fünf Gramm und bewegen selbst geformte Mistpillen bis 244 Gramm. Um die gleiche Leistung zu vollbringen, müssten wir vier Tonnen schwere Kugeln durch die Gegend rollen.

Spinnen fressen ihre Beute nicht, sondern saugen sie aus. Das Spinnengift verflüssigt die inneren Weichteile der im Netz gefangenen Opfer. Nach der Wartezeit muss die Spinne nur noch ein Loch in den Hautpanzer stechen und die Mahlzeit kann beginnen.

Füttert man Spinnen mit Amphetaminen (Speed), bauen sie ihr Netz in Rekordgeschwindigkeit – aber mit so großen Löchern, dass es unbrauchbar ist. Gibt man ihnen hingegen Marihuana, fangen sie ganz normal an zu spinnen, legen aber nach kurzer Zeit die Arbeit nieder.

Wie überleben tropische Ameisen eine Überflutung?

a) Sie bauen ein Floß aus Blättern und Zweigen.
b) Gar nicht, sie stürzen sich in die Fluten.
c) Sie rollen sich zu einem Ball zusammen, der auf dem Wasser treibt.
d) Sie können schwimmen.

Antwort: c)
Tropische Feuerameisen rollen sich bei einer Überflutung zu einem Ball zusammen, damit sie auf dem Wasser treiben können. Ihre Jungen befinden sich trocken und sicher im Kern. Die Struktur kann wochenlang als lebendes Floß auf dem Wasser treiben, wobei die Ameisen ständig ihre Position wechseln.

Was sind die Attraktivitätskriterien für eine männliche *Cyrtodiopsis dalmanni*?

a) möglichst weit auseinanderstehende Augen
b) möglichst lange Stiele
c) möglichst eng zusammenstehende Augen
d) grüne Augen

Antwort: a)
Wenn die Männchen der Stielaugenfliege um die Gunst eines Weibchens wetteifern, stellen sie sich Kopf an Kopf und vergleichen, wie weit ihre Augen auseinanderstehen. Die Fliege mit der kleineren Augenspanne hat verloren und zieht sich zurück. Nur wenn beide gleichauf liegen, wird gekämpft.

Das Männchen des Kleinen Nachtpfauenauges (*Eudia pavonia*) kann ein paarungsbereites Weibchen elf Kilometer weit wittern – gegen den Wind! Dabei legt das Schmetterlingsweibchen weniger als ein Mikrogramm des Lockstoffes auf.

Wie lange kann eine Kakerlake ohne Kopf überleben?

a) gar nicht
b) 1 Tag
c) 1 Woche
d) 9 Tage

Antwort: d)
Eine Kakerlake kann neun Tage kopflos überleben, bevor sie verhungert.

Einige Bienen- und Spinnenarten können sich auch bei geschlossener Wolkendecke am Sonnenstand orientieren, indem sie sogenanntes polarisiertes Licht (hat nur eine Schwingungsebene) wahrnehmen.

Was brauchen Schmetterlinge zum Fliegen?

a) Wolken am Himmel
b) Morgentau
c) einen gut gefüllten Magen
d) die Sonne

Antwort: d)
Als wechselwarme Tiere (Kaltblüter) müssen sich Schmetterlinge aufwärmen, um fliegen zu können. Tagfalter nutzen dafür die Sonne. Durch ihre große Flügelfläche können sie dies aber auch bei bedecktem Himmel tun.

Die ersten Tiere mit einem Rückgrat waren zugleich auch die ersten Fische: Die Knochenhäuter entstanden vor 510 Millionen Jahren und starben vor 350 Millionen Jahren aus. Die ältesten überlebenden Fische sind Knochenfische (Quastenflosser), die seit etwa 407 Millionen Jahren die Erde bevölkern.

Tiefsee-Anglerfische sind wortwörtlich unzertrennlich. Sobald ein Männchen eins der bis zu 20-mal größeren Weibchen findet, verbeißt es sich fest mit ihm, sodass es sich völlig über den Blutkreislauf des Weibchens miternährt und nur als Samenspender aktiv bleibt.

Gibt es Fische, die ein Nest bauen?

a) nein
b) Seepferdchen
c) Stichlinge
d) Barsche

Antwort: c)
Stichlinge gehören zu den wenigen Nest bauenden Fischen. Das Männchen baut es, lockt das Weibchen an und bewacht die Eier.

Banggai-Kardinalfische sind Mundbrüter: Die Väter tragen sowohl die Eier als auch die Jungen wochenlang im Mund. Solange nehmen sie keine Nahrung zu sich.

Welche Fische schlafen in einer Art Pyjama?

a) Papageifisch
b) Pyjamafisch
c) Pygmäenfisch
d) Clownfisch

Antwort: a)
Viele Papageifische scheiden rund um ihren Körper einen Schleimkokon ab. In diesem „Schlafanzug" sind sie vor nächtlichen Räubern geschützt, weil auch ihre Duftstoffe nicht nach draußen dringen.

Wie kämpfen die Männchen der Malabarbarben?

a) Sie fechten mit ihren Stacheln.
b) durch Spuckkugelweitwurf
c) Der höchste Sprung aus dem Wasser gewinnt.
d) durch Wettschwimmen

Antwort: d)
Die Malabarbärblinge *Devario aequipinnatus* kämpfen um soziale Ränge, indem die beiden Rivalen mit äußerster Kraft stundenlang direkt nebeneinander hin- und her schwimmen. Es ist ein regelrechtes Wettschwimmen mit Wenden, bei dem es darauf ankommt, eine Kopflänge voraus zu sein.

Die Hoden des Tintenfisches befinden sich mitten in seinem Schädel.

Halten Bären Winterschlaf?

a) ja
b) nein
c) nur Winterruhe

Antwort: c)
Es ist kein echter Winterschlaf, da zwar Atemfrequenz und Herzschlag zurückgehen, die Körpertemperatur aber nur wenig sinkt und sie relativ leicht aufzuwecken sind. Bären ernähren sich in ihrer Winterruhe vor allem von den eigenen Zerfallsprodukten. Während im menschlichen Körper verbrauchtes Muskeleiweiß in Harnstoff umgewandelt und mit dem Urin ausgeschieden wird, wird bei Bären der Harnstoff in einem Vormagen wieder in Eiweiß umgewandelt. Die so erreichte Selbstrecyclingquote liegt bei 95 Prozent.

Männliche Koalas sind 50 Prozent größer als weibliche, werden aber nur zehn Jahre alt, während Koalaweibchen im Durchschnitt auf 15 Jahre Lebensdauer kommen – von denen sie 20 Stunden am Tag schlafen.

Welche ungewöhnliche Jagdtaktik benutzen Kragenbären im Himalaya?

a) Sie bewerfen ihre Beute mit steinigen Schneebällen.
b) Sie lassen sich einen Hang hinunterrollen und überraschen ihre Beute als tierische Riesenschneekugeln.
c) Sie lösen Lawinen aus.
d) Sie benutzen Blätter und Äste als einfache, skiähnliche Rutschhilfen, um sich schneller fortzubewegen.

Antwort: b)
Oberhalb von Kaschmirziegen-Herden rollen sich Kragenbären den Berg hinunter, wobei der Schnee in ihrem Fell haften bleibt.

In der chinesischen Medizin wird die Gallenflüssigkeit von Kragenbären verwendet und auch in Wein verarbeitet. Dazu werden die Bären in China jahrelang in Käfigen ohne Bewegungsmöglichkeit eingesperrt – obwohl sich der Wirkstoff längst künstlich herstellen lässt.

Welche Bären sind überwiegend Fleischfresser?

a) Braunbären   b) Eisbären
c) Pandas   d) Kragenbären

Antwort: b)
Der Eisbär ist der einzige hauptsächliche Fleischfresser unter den heutigen Bären.

Je älter ein Elefant wird, desto seltener legt er sich hin, weil das Aufstehen ihm immer schwerer fällt.

Sind Elefanten sprachbegabt?

a) Nur im Tötöröööt!
b) ja
c) nein

Antwort: b)
Forscher wie die Wiener Zoologin Angela Stöger-Horwath haben herausgefunden, dass sich Elefanten auch freuen können und sich ihre Stimme je nach Stimmungslage verändert. Zu zwei Dritteln kommunizieren sie allerdings für Menschen nicht hörbar mit sehr tiefen, knurrenden Infraschalllauten ab 14 Hertz, sogar über eine Distanz von bis zu zehn Kilometern.

Wie alt wurde der älteste Elefant?

a) 37 Jahre
b) 51 Jahre
c) 86 Jahre
d) 124 Jahre

Antwort: c)
Lin Wang lebte im Zoo von Taipeh (Taiwan). Dort ging es ihm anscheinend so gut, dass er erst am 26. Februar 2003 im Alter von 86 Jahren starb. 1943 war er von japanischen Truppen in Burma (heute Myanmar) gefangen worden. Im Durchschnitt wird ein Elefant 60 bis 70 Jahre alt.

Elefanten können sowohl Wasser als auch Löwen über eine Distanz von fünf Kilometern wittern.

Ohrenvergleich

Elefantenbabys trinken Muttermilch mit dem Mund, nicht mit dem Rüssel. Schon fünf Minuten nach der Geburt können sie stehen und bereits nach einer Stunde laufen.

Was wiegt ein Elefantenbaby bei der Geburt?

a) 9 kg   b) 67 kg
c) 100 kg   d) 250 kg

Antwort: c)
Elefanten sind die größten noch lebenden Landtiere, und mit 20 bis 22 Monaten halten sie auch den Rekord für die längste Schwangerschaft unter den Landsäugetieren. Sie können bis zu sieben Tonnen wiegen, acht Meter lang und vier Meter hoch werden. Auch die Stillzeit ist mit fünf Jahren rekordreif ...

Gibt es Sprachunterschiede zwischen Afrikanischen und Asiatischen Elefanten?

a) ja
b) nein
c) nur zwischen zoo- und frei lebenden
   Elefanten

Antwort: a)
Wie Menschen und übrigens auch Schwertwale haben Elefanten Dialekte! Die Asiatischen Elefanten erzeugen ganz eigene „Tschirp"-Laute, wodurch es in Zoos zu Kommunikationsproblemen unter gemischten Dickhäutergruppen kommen kann. Bis zu 70 Elefantenlaute haben Forscher bisher identifiziert – von der Begrüßung bis zur Bedrohung. Afrikanische und Asiatische Elefanten sind übrigens leicht zu unterscheiden: Die afrikanischen Dickhäuter haben viel größere Ohren.

Ein blindes Huhn würde vielleicht auch mal ein Korn finden – wenn es nach ihnen suchen würde. Verbindet man einem Huhn die Augen, gibt es die Körnersuche sofort auf, weil sie ja doch keinen Zweck hätte.

Woran lässt sich erkennen, welche Farbe die Eier einer Henne haben werden?

a) an ihren Ohrläppchen
b) an ihrer Schwanzfeder
c) an ihrem Schnabelwuchs
d) Das hängt vom Hahn ab.

Antwort: a)
Die Farbe der Eier, die ein Huhn legt, lässt sich am Ohrläppchen erkennen. Hat eine Henne weiße Ohrläppchen, legt sie weiße Eier; hat sie rote Ohrläppchen, legt sie braune Eier.

Tierverhaltensforscher der australischen Macquarie University fanden heraus, dass Hühner nicht einfach nur gackern, sondern über fast 40 verschiedene Lautäußerungen verfügen, mit denen sie Artgenossen nicht nur über Futter, sondern auch über dessen Beschaffenheit informieren. So verwenden sie z. B. für Maiskörner andere Laute als für Regenwürmer.

Was können Hähne vortäuschen?

a) brüten
b) schlafen
c) Freundschaft
d) Sex

Antwort: d)
Hennen nehmen es mit der Treue nicht so genau und neigen zur Promiskuität. Um diese zu vermindern, haben Hähne eine raffinierte Taktik entwickelt: Sie täuschen den Sex vor und besteigen die Hennen, ohne dabei Spermien zu übertragen. Allein der Reiz der Besteigung reicht aus, um den Drang der Hennen zu anderen Partnern deutlich zu verringern.

Im Laufe seines Lebens schlägt das Herz eines Säugetiers im Durchschnitt eine Milliarde Mal. Nur das menschliche Herz bringt es auf bis zu vier Milliarden Schläge.

Wer war zuerst da – das Ei oder das Huhn?

a) Ei
b) Huhn
c) Hahn
d) alle gleichzeitig

Antwort: b)
Ganz eindeutig das Huhn, zumindest steht es so in der Bibel. In Genesis 1,20 bis 22 werden erst die Vögel erschaffen und dann angewiesen, sich zu vermehren, also Eier zu legen. Damit wäre auch das Henne-Ei-Problem endlich gelöst!

Wer gibt mehr Wärme ab – ein Elefant oder eine Maus?

a) Elefant
b) Maus
c) beide gleich viel

Antwort: a)
Die Wärme, die ein ruhendes Säugetier an seine Umgebung abgibt, lässt sich ungefähr berechnen, wenn man das Gewicht des Tieres kennt. Die Formel hierfür lautet: Körpergewicht in Kilogramm hoch 0,75 mal 293 ergibt die Wärmeabgabe in Kilojoule pro Tag.

Aus Säugetierkot lässt sich Papier herstellen.

Gibt es auch männliche Säugetiere, die ihre Jungen säugen?

a) ja
b) nein

Antwort: a)
Allerdings kommt das in der Natur nur ein einziges Mal vor: Bei den Dayak-Fruchtfledermäusen (*Dyacopterus spadiceus*) in Malaysia wachsen auch den Männchen Brüste, die die Jungen mit Milch versorgen.

Wale sind Säugetiere und müssen daher Süßwasser „trinken", das in ihrer Heimat, den salzigen Weltmeeren, nicht vorkommt. Daher fressen sie Tintenfische und Quallen, deren Körper einen hohen Süßwasseranteil aufweisen.

Was ist das größte lebende Säugetier?

a) Steppennashorn
b) Afrikanischer Elefant
c) Pottwal
d) Blauwal

Antwort: d)
Das größte lebende Tier der Welt ist zugleich auch das größte Säugetier. Bei einem Gewicht von durchschnittlich 130 Tonnen kann ein ausgewachsener Blauwal (*Balaenoptera musculus*) bis zu 35 Meter lang werden. 1947 wurde im Südpolarmeer sogar ein 190 Tonnen schweres Exemplar gefangen.

In Reykjavík gibt es ein Penismuseum, in dem der Besitzer präparierte Geschlechtsorgane aller auf Island lebenden Säugetiere ausstellt.

Im isländischen Phallusmuseum

Blätter von Laubbäumen haben sehr unterschiedliche Verrottungszeiten. Während die im Herbst abgefallenen Blätter von Eschen und Linden bereits im folgenden Frühjahr weitgehend zersetzt sind, dauert dieser Prozess bei Eichen- und Buchenblättern bis zu drei Jahren.

Es wird angenommen, dass jedes Jahr Millionen von neuen Bäumen entstehen, weil Eichhörnchen ihre zuvor vergrabenen Nüsse nicht wiederfinden.

Wann ist der Stamm von Bäumen am dicksten?

a) morgens
b) mittags
c) abends
d) nachts
e) immer gleich dick

Antwort: a)
Gut geschlafen? Morgens ist ein Baumstamm dicker als abends. Vermutlich, weil die Wurzeln nachts mehr Wasser aufnehmen, als in den Blättern verdunstet. Dadurch schwellen über Nacht die Rinde und die darunterliegende Zellschicht an. Durch die Verdunstung im Laufe des Tages zieht sich die Rinde wieder zusammen.

Was ist der General Sherman Tree?

a) Aus ihm wurde das Trojanische Pferd gebaut.
b) ein für den Bau von Kriegsschiffen gezüchteter Baum
c) der größte ausgestorbene Baum
d) der größte lebende Baum

Antwort: d)
Er ist ein etwa 2500 Jahre alter Riesenmammutbaum (*Sequoiadendron giganteum*) im kalifornischen Sequoia-Nationalpark. Eine Bestimmung des Volumens dieses 83,8 Meter hohen, massiven und schwersten Baums ergab 1489 Kubikmeter. Damit ist er zwar nicht der höchste Baum, aber der größte.

Was sind die kleinsten natürlichen Bäume der Welt?

a) Bonsai
b) Minimahagoni
c) Krautweiden
d) Gnomlinden

Antwort: c)
Die kleinsten Bäume der Welt sind die Krautweiden Grönlands, die lediglich eine Höhe von fünf Zentimetern erreichen.

> Rechnet man alle Bäume der Erde zusammen, kommen heute 500 Bäume auf einen Menschen.

Wo steht der älteste Baum der Welt?

a) Mittelschweden
b) Nordamerika
c) Deutschland
d) Australien

Antwort: a)
Ein struppiger Nadelbaum in Mittelschweden wurde im Juli 2012 als neuer ältester Baum der Welt entdeckt. Zumindest die Wurzeln einer unscheinbaren Fichte, die sich einsam über eine karge Landschaft aus Steinen, Flechten und Heide im Nationalpark Fulufjället in der Provinz Dalarna erhebt, stecken bereits seit 9550 Jahren in der Erde, berichten Forscher um Leif Kullmann von der schwedischen Universität Umeå. Die sich über Wurzelausläufer klonende Fichte hat damit die Westliche Grannen-Kiefer (*Pinus longaeva*) aus den USA abgelöst.

> Bäume können nicht höher als 130 Meter werden, da dort die Grenze des physikalisch möglichen Wassertransports erreicht ist.

Was ist der seltenste Baum der Welt?

a) Mauritiuspalme
b) Quallenbaum
c) Tali-Palme
d) Kurabaum

Antwort: a)
Am seltensten ist die auf den Maskarenen-Inseln im Indischen Ozean heimische Palme der Gattung *Hyophorbe*, von der es nur fünf Arten gibt, die allesamt als gefährdet gelten. Insbesondere die Mauritiuspalme (*Hyophorbe amaricaulis*), von der nur noch ein einziges Exemplar im botanischen Garten Curepipe auf Mauritius existiert. Versuche, neue Pflanzen dieser Art zu ziehen, sind bisher fehlgeschlagen. Der Quallenbaum galt bis 1970 als ausgestorben. Die Tali-Palme konnte kurz vorm Aussterben gerettet werden, ihre Früchte werden auf medizinische Wirkungen untersucht.

> Die Hymne des US-Bundesstaates Maryland hat die Melodie von *O Tannenbaum*.

Wie tief reichen die tiefsten Wurzeln?

a) 15 m
b) 31 m
c) 75 m
d) 120 m

Antwort: d)
Die tiefsten Wurzeln gruben sich 120 Meter tief ins Erdreich. Es handelte sich um einen wilden Feigenbaum in Echo Caves bei Ohrigstad (Südafrika). Andere Quellen nennen die Natalfeige (*Ficus natalensis*) oder den *Ficus selvaticus Transvaal* aus Südafrika – es handelt sich aber immer um Feigenbäume und 120 Meter tiefe Wurzeln.

Die durchschnittliche Nordmanntanne als Weihnachtsbaum in deutschen Wohnzimmern hat 178.333 Nadeln und ist 1,64 Meter hoch.

Für unnötige Papierausdrucke allein in Deutschland werden jährlich etwa 500.000 Bäume gefällt. So druckt jeder Dritte seine E-Mails zum Lesen aus.

Warum pinkeln Pandas im Handstand?

a) Neugier
b) Angeberei
c) Reviermarkierung
d) Jux

Antwort: c)
Um sein Revier zu markieren, macht ein Pandabär einen Handstand und uriniert so hoch wie möglich an einen Baum.

Seit 1989 wird jedes Jahr im Oktober der Baum des Jahres von der Dr.-Silvius-Wodarz-Stiftung Menschen für Bäume und durch deren Fachbeirat, das Kuratorium Baum des Jahres (KBJ), für das darauffolgende Jahr bestimmt.

1896 wurde festgelegt, dass ein Fußballfeld in Deutschland baumfrei zu sein hat.

Was ist die Dendrologie?

a) die Kunst, Baumringe zu zählen
b) Baumstammweitwurf in der Theorie
c) die wissenschaftliche Lehre vom Baum
d) Käferbefall einer Baumkrone

Antwort: c)
Altgriechisch „dendron" bedeutet „Baum".

Pate des Leberwurstbaums (*Kigelia africana*) im Botanischen Garten in Berlin ist aufgrund der wurstähnlichen Früchte die Fleischerinnung.

Warum haben Bäume im Regenwald keine Jahresringe?

a) zu viel Feuchtigkeit
b) keine erkennbaren Jahreszeiten
c) zu dünne Stämme
d) wegen Borkenkäfern

Antwort: b)
Es ist immer gleich warm und gleich feucht. Dadurch wächst das Holz gleichmäßig und ohne Ringe.

Das Gewicht von Edelsteinen wird in Karat gemessen. Ein Karat entspricht 0,2 Gramm. Ursprünglich war ein Karat das Gewicht eines Samenkerns vom Johannisbrotbaum.

Pflanzen können Sonnenbrand bekommen! Besonders nach Regentagen sind Pflanzen Sommersonne nicht mehr gewohnt und können leicht verbrennen. Es hilft, das Wasser nie direkt über die Blätter zu gießen und die Pflanzen etwas schattig zu stellen.

Wie hoch ist der höchste Baum der Welt?

a) 97,4 m
b) 112 m
c) 115,5 m
d) 237 m

Antwort: b)
Der aktuell höchste Baum der Welt ist der Mendocino Tree, ein gut 112 Meter hoher Mammutbaum (*Metasequoia*) im kalifornischen Montgomery Woods State Reserve. Noch bis vor Kurzem war der 115,5 Meter hohe Hyperion-Küstenmammutbaum (*Sequoia sempervirens*) des kalifornischen Redwood-Nationalparks der Rekordhalter, doch ein Specht beschädigte den alten Baumriesen und nahm ihm damit den Titel.

Die Forschungsabteilung des Disneykonzerns hat eine Technik entwickelt, die Pflanzen interaktiv macht. Eine Elektrode, die z. B. mit einem Computer verbunden ist, wird an der Pflanzenwurzel befestigt und zeigt an, ob sich eine Person nähert oder die Pflanze berührt wird. Diese kann durch die Erzeugung von Tönen sogar als Musikinstrument genutzt werden.

Wer oder was ist Waldtraut vom Mühlwald?

a) die Erfinderin des Weihnachtsbaums
b) die Namensgeberin des Mühlwaldbaums
c) der höchste Baum Deutschlands
d) der seltenste Baum Deutschlands

Antwort: c)
Der höchste Baum Deutschlands, vielleicht sogar des Kontinents, ist die 100 Jahre alte „Waldtraut vom Mühlwald" – eine 63,33 Meter (Stand: 18. August 2008) hohe Douglasie (*Pseudotsuga menziesii*) im Arboretum Freiburg-Günterstal, einem Teil des Freiburger Stadtwalds. Douglasien wachsen etwa 30 Zentimeter im Jahr.

Als bekannt wurde, dass die getrockneten Blätter von Hortensien eine berauschende Wirkung haben sollen, häuften sich Hortensiendiebstähle aus Blumenbeeten in Deutschland. Dabei warnen Fachleute, dass das Rauchen der Blumen sehr gefährlich ist, da hochgiftige Stoffe wie Blausäure freigesetzt werden.

Was hat sich zum Trocknen von Blumen bewährt?

a) Löschpapier   b) Katzenstreu
c) Hundeknödel   d) Wischmopp

Antwort: b)
Hierzu legt man die Blumen in einen nicht zu kleinen Behälter, den man vorsichtig mit Streu auffüllt. Die Kalkstoffe im Streu entziehen den Pflanzen rasch die Feuchtigkeit. Bereits nach einigen Tagen sind sie schonend getrocknet.

Welche Blume hat die größte Blüte der Welt?

a) Nassauerlilie   b) Schnorrertulpe
c) Schmarotzerlilie   d) Nutznießernelke

Antwort: c)
Die größten Blüten mit einem Durchmesser von bis zu 91 Zentimetern hat die orange-braune und weiß gefleckte Schmarotzerlilie oder Riesenrafflesie (*Rafflesia arnoldii*), die im Dschungel Südostasiens wächst. Die Blütenblätter sind 1,9 Zentimeter dick und wiegen bis zu elf Kilogramm!

Die ersten Blumensammler gab es schon vor 3500 Jahren, als die Armee von Pharao Thothmes III. von einem Feldzug in Syrien mit über 200 erbeuteten Pflanzen zurückkehrte, wie im Tempel von Karnak verewigt.

Was sind die Früchte der Rose?

a) Hagebutten   b) Rosetten
c) Kamillen   d) Balgfrüchte

Antwort: a)
Die Hagebutte ist eine Sammelfrucht, die viele kleine Nüsse enthält.

Die beliebteste Blume in Deutschland ist die Rose. Das ergab eine Umfrage im Frühling 1996. Sie wird am liebsten verschenkt und wächst in 86 Prozent der deutschen Gärten. In den USA kaufte jeder Amerikaner 1996 im Durchschnitt 4,67 Rosen im Jahr.

Welchen Blumennamen gibt es nicht?

a) Männertreu
b) Stiefmütterchen
c) Schwarzäugige Susanne
d) Vergissmeinnicht
e) Rührmichnichtan
f) Lassdasdochendlich
g) Studentenblume

Antwort: f)
Alles andere gibt es tatsächlich – Botaniker sind wahre Komiker ...

Die kürzeste Blütezeit hat die Wasserpflanze *Victoria amazonica*. Ihre schneeweißen bis zu 30 Zentimeter großen Blüten öffnen sich einmal im Jahr für nur zwei Tage, um mit Ananasduft Käfer anzulocken. Die Blätter erreichen einen Durchmesser von bis zu drei Metern.

Was gehört zur Familie der Rosengewächse?

a) Äpfel   b) Pfirsiche
c) Mandeln   d) Aprikosen

Antwort: alles!
Rosenblätter sind ebenfalls essbar.

Es gibt über 250.000 Blumensorten mit über 15.000 Rosensorten.

Wie wird die größte Blume der Welt, die Titanenwurz, noch genannt?

a) Stinkewurz
b) Gigantenwurz
c) Kahnknospe
d) Bohlenblatt

Antwort: a)
Die Titanenwurz (*Amorphophallus titanum*) wie in den Botanischen Gärten der Uni Bonn ist die größte Blume der Welt. Und 2012 stellte ihre sich nur alle zwei Jahre öffnende Blüte einen neuen Bonner Rekord auf: Sie wurde 2,81 Meter groß. Seit sie 1988 als walnussgroße Knolle aus Sumatra nach Bonn kam, blühte sie nun zum 13. Mal und ist die meistblühende Titanenwurz der Welt. Den Guinness-Rekord hat ihr 2005 jedoch Titanenwurz Wilhelmina mit 2,94 Metern in Stuttgart abgenommen. Bei ihrer letzten Blütezeit von drei Tagen zog die Bonner froschlöffelartige Pflanze im Juli 2012 zumindest rekordreife Besucherströme an – und das, obwohl der Stinkewurz so heißt, weil er unglaublich scheußlich riecht. Sie imitiert den Geruch verwesender Tierkadaver, um Aaskäfer anzulocken ...

Was bedeutet „Orchidee"?

a) schönes, junges Mädchen
b) Prinzessinnenschuh
c) Schlafsack
d) Hoden

Antwort: d)
Benannt sind die „Knabenkräuter" leider nicht nach der Schönheit ihrer Blüten, sondern nach ihren zwei Wurzelknoten. „Orchis" bedeutet auf Griechisch „Hoden". Rund 1000 Gattungen mit 15.000 bis 30.000 Arten sind bekannt.

Die Blüten der meisten Orchideenarten stellen sich auf den Kopf! Sie drehen sich von der Knospenbildung bis zur Blütenentfaltung um 180 Grad, was als Resupination bezeichnet wird. Es gibt auch Arten, bei denen sich der Blütenstiel um 360 Grad dreht (hyperresupiniert).

In den Zellen praktisch aller Lebewesen sind die gleichen 20 Aminosäuren zu finden. Das 2002 entdeckte Bakterium *Methanosarcina barkeri* allerdings benötigt – und besitzt – als bisher einziges bekanntes Lebewesen die nicht zu diesem 20er-Kreis gehörende Aminosäure Pyrrolysin.

Was interessiert ein Prachtbienenmännchen an einer Orchidee?

a) die Blütenform
b) der Duft
c) die Farbenpracht
d) das Summen der Orchideen

Antwort: b)
Die am besten untersuchten Blumendüfte gehören den Orchideen *Stanhopea* und *Catasetum*, die intensiv nach Ananas, Vanille, Zimt, Kümmel oder Menthol riechen und Prachtbienenmännchen anziehen. Wobei diese die Blüten weder bestäuben noch angreifen, sondern das von der Pflanze produzierte Öl einsammeln, um es als Lockduft für ihre Balz zu benutzen – die Urform des Parfums!

Der chinesische Philosoph Konfuzius (551–478 v. Chr.) schwärmte vom Duft der Orchideen und verwendete ein nach ihnen gestaltetes Schriftzeichen, was so viel wie Anmut, Liebe, Reinheit, Eleganz und Schönheit bedeutet. Allgemein gilt die Orchidee in der chinesischen Gartenkunst als Symbol für Liebe und Schönheit oder auch für ein junges Mädchen. Orchideen in der Vase stehen dort für Eintracht.

Feng-Shui-Vertreter schwören darauf, dass Chrysanthemen Glück und Lachen in jeden Raum bringen können. Chrysanthemen sind auch einige der wenigen Blumen, die wie ein Bonsai in Miniformat angelegt werden können. Vielleicht sind sie deswegen in Japan so beliebt, wo ihnen immer am 9. September sogar ein Festival gewidmet ist und sie auch Teil der kaiserlichen Flagge sind.

Die Form von Eiskristallen hängt von der Temperatur ab, bei der sie sich bilden. Liegt diese beispielsweise unter −23 °C, sehen sie aus wie sechseckige Säulen, zwischen −12 °C und −16 °C sind sie sternförmig.

Was ist das stärkste natürliche Gift?

a) Dioxin
b) Botox
c) Arsen
d) blondes Gift

Antwort: b)
Das stärkste künstlich hergestellte Gift ist Dioxin – schon 60 millionstel Gramm wirken tödlich. Das von der Bakterie *Clostridium botulinum* produzierte Botulinumtoxin, kurz Botox, ist allerdings noch 100-mal giftiger als Dioxin! Mit nur einem Gramm Botox könnte man eine Großstadt ausrotten. Es ist, auf sein molekulares Gewicht bezogen, die giftigste Substanz, die man kennt. Das spritzt man sich doch gerne ins Gesicht ...

Das Wort „Zelle" für die Grundbausteine allen Lebens prägte im 17. Jahrhundert der britische Biologe Thomas Hooke, als er unter dem Mikroskop wabenähnliche Strukturen in einem Stück Kork entdeckte. Sein zweiter Namensvorschlag, „Poren", setzte sich nicht durch.

Wie lang verweilen Ozeanwassermoleküle im Meer?

a) 10 Jahre   b) 100 Jahre
c) 1000 Jahre   d) für immer

Antwort: b)
Die durchschnittliche Verweildauer eines Wassermoleküls in einem See liegt bei etwa zehn Jahren. Ozeanwassermoleküle dagegen bleiben im Schnitt 100 Jahre im Ozean, bevor sie durch Verdunstung in eine Wolke wandern – und nach ein bis zwei Wochen wieder als Niederschlag hinabfallen.

Die nördlichsten Pflanzen sind der gelbe Mohn (*Papaver arctica*) und die Arktische Weide (*Salix arctica*). Beide überleben – Letztere recht verstümmelt – auf dem nördlichsten Gebiet (83° N).

Auf welches stolze Alter kommt die älteste Pflanze der Welt?

a) 1817 Jahre
b) 13.000 Jahre
c) 27.100 Jahre
d) 43.600 Jahre

Antwort: d)
Das älteste Lebewesen der Welt ist eine Pflanze, die aus dünnen, zwei bis acht Meter hohen Sträuchern besteht und sich immer wieder selbst klont: die *Lomatia tasmanica*, von der nur ein einziges Exemplar im westlichen Australien existiert. Sie vermehrt sich nur über den Stockausschlag, daher sind alle Nachkommen Klone, die jeweils etwa 240 Jahre lang leben. Mit der Kohlenstoffmethode konnte das ungefähre Alter des Oldies ermittelt werden. Die Lomatia übertraf den bisherigen Spitzenreiter, einen 13.000 Jahre alten Klon der Heidelbeerart *Gaylussacia brachyca*, um lockere 30.000 Jahre.

Die Blüte der Fliegen-Ragwurz (*Ophrys insectifera*) sieht aus wie eine Fliege. Die Ähnlichkeit ist so groß, dass echte Fliegen versuchen, sie zu begatten. Dabei bleibt Blütenpollen am Kopf der Fliege hängen – und die nächste Pflanze der zierlichen Orchideenart wird befruchtet.

Was ist die höchste Pflanze der Welt ohne Holzstamm?

a) Bananenpflanze
b) Ananasstaude
c) Giraffenbusch
d) Stangenkohl

Antwort: a)
Die Bananenpflanze kann zehn Meter hoch werden und ist äußerst windempfindlich: Ihr Stängel besteht zu 93 Prozent aus Wasser.

Wie heißt eine Pionierpflanze?

a) Chaotenkelch
b) Hottentottenfeige
c) Tohuwabohutollkraut
d) Kanaillenkaktus

Antwort: b)
Widerstandsfähige Pionierpflanzen wie die Hottentottenfeige siedeln sich da an, wo nichts ist: Ödland nach Naturkatastrophen wie Vulkanausbrüchen oder Überschwemmungen. Meist helfen sie, den Boden wieder fruchtbar zu machen.

Der älteste Glücksbringer der Welt, der Glücks-
bambus, wird auch hier immer populärer. Allerdings ist er eigentlich ein Drachenbaum ...

Was ist eine Blumenuhr?

a) eine aus Blumen gestaltete Uhr
b) bestimmtes Wachstum von Pflanzen
c) Zeitbestimmung anhand von Pflanzen
d) eine aus pflanzlichen Stoffen hergestellte Schweizer Armbanduhr

Antwort: c)
So bezeichnet man die Zeitbestimmung anhand der
geöffneten Blüten verschiedener Pflanzen. Ein paar
Öffnungszeiten: Kürbis (5-15 Uhr), Sumpfdotterblume
(8-21 Uhr), Distel (6-12 Uhr).

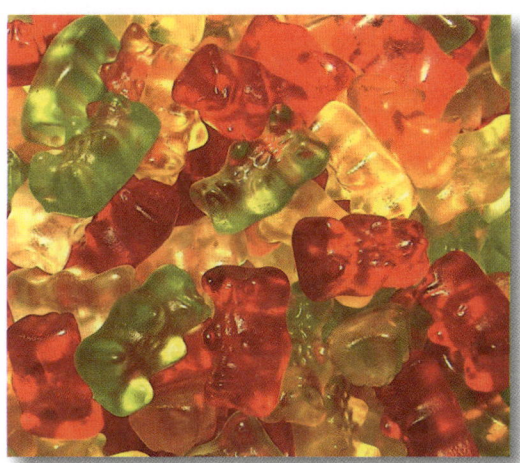

Es gibt keine blauen Gummibärchen, da es in
der Natur keine Pflanzen gibt, aus denen ein
brauchbarer blauer Farbstoff gewonnen werden kann.

Woraus werden in Asien Gerüste für Wolkenkratzer gebaut?

a) Eukalyptus   b) Bambus
c) Orchideen   d) Seetang

Antwort: b)
Konfuzius sagt: „Ohne Fleisch können wir leben, ohne Bambus müssen wir sterben!" Nicht nur im alten
China, sondern auch im modernen Asien wird Bambus vielseitig genutzt, etwa als Baumaterial für Ge-
rüste. Bambus ist sehr stabil und flexibel und kommt
weltweit in 130 Gattungen mit mehr als 1500 Arten
vor. Das Riesengras ist der Rekordhalter im Schnell-
wachsen: bis zu 70 Zentimeter am Tag. Vorsicht im
Garten, denn Bambus verbreitet sich unterirdisch.
In China ist das Süßgras eine Allegorie für langes
Leben, in Indien ein Sinnbild der Freundschaft, in
Japan ein Reinheitssymbol.

Um Autofahrer zum Spritsparen zu erziehen, hat der Hersteller Honda die Abbildung einer Blume in das Display neuer Wagen integriert. Wer zurückhaltend fährt, sieht diese Blumen. Tritt man stark aufs Gas, welken die Pflanzen und lassen ihre Blüten hängen.

Einige Orchideen können bis zu eine Million Samen produzieren – mehr als jede andere Pflanzenart. Außerdem ähneln ihre Samen feinen Staubkörnchen und können mithilfe des Windes rekordverdächtige Distanzen zurücklegen.

Nach wem ist Nikotin benannt?

a) nach einem Arzt
b) nach Rasputin
c) nach einem Biologen
d) nach dem ersten Zigarettenopfer

Antwort: a)
Der französische Diplomat und königliche Privatsekretär Jean Nicot (1530-1604) war 1560 der Erste, der auf Anraten eines befreundeten Botanikers Tabak in Europa anpflanzte. Zu Hof pries er ihn als „Wunderheilmittel" an. Nach ihm ist nicht nur der wichtigste Inhaltsstoff des Tabaks (Nikotin) benannt, sondern auch die Tabakpflanze: *Nicotiana*.

Wozu nutzen Paviane in Nigeria Pflanzen?

a) zum Rauchen
b) als Klopapier
c) zur Empfängnisverhütung
d) als Fußball

Antwort: c)
Die weiblichen Tiere fressen dazu die Früchte der Pflanze *Vitex doniana*, in der das Hormon Progesteron enthalten ist.

Die Rose hat botanisch betrachtet gar keine Dornen, sondern Stacheln. Beim Kaktus ist es genau umgekehrt. Dornen sind umgewandelte Blätter, während sich Stacheln aus der Pflanzenrinde bilden. Deswegen lassen sie sich bei der Rose auch leicht ablösen.

Zu den ältesten Zimmerpflanzen zählt die Myrte (*Myrtus communis*): Einer arabischen Legende zufolge entstammt sie dem Paradies, während die Griechen sie der Göttin Aphrodite weihten. Ihnen galt sie als Symbol der Jugend und Schönheit. Bereits Griechen und Römer schmückten die jungfräuliche Braut mit einem Myrtenkranz. Im 16. Jahrhundert wurde das auch in Deutschland Sitte. Es war Brauch, aus dem Brautkranz einen Zweig zu bewurzeln und ihn dann behutsam zu umsorgen.

Was sind Polsterpflanzen?

a) horst- und krüppelwüchsige Stauden, die in höchster Höhe wachsen
b) karl- und krampfwüchsige Algen, die in tiefster Tiefe wachsen

Antwort: a)
Die höchste Höhe, in der noch eine blühende Pflanze gefunden wurde, ist 6400 Meter. Dort gibt es auf dem im Grenzgebiet von Tibet (China) und Indien gelegenen Berg Kamet (7756 Meter) die 1955 von N. D. Jayal gefundenen Polsterpflanzen *Ermania himalayensis* und *Ranunculus lobatus*.

Was ist das größte Lebewesen der Welt?

a) ein Baum   b) ein Tier
c) ein Pilz   d) eine Alge

Antwort: c)
Das im Malheur National Forest von Oregon (USA), entdeckte Exemplar der Art *Armillaria ostoyae*, Dunkler Hallimasch oder Honigpilz, lebt rund 90 Zentimeter unter der Erdoberfläche. Die Pilzkolonie hat einen Durchmesser von knapp fünf Kilometern, ist neun Quadratkilometer groß, 600 Tonnen schwer und bedeckt eine Fläche von 1000 Fußballfeldern. Experten schätzen das Alter des Pilzes auf mindestens 2400 Jahre. Der Hallimasch befällt Bäume und tötet sie.

Die größte blühende Pflanze ist eine chinesische Glyzine in Sierra Madre, Kalifornien (USA). Sie wurde 1892 gepflanzt und hat jetzt 152 Meter lange Zweige. Sie bedeckt fast 0,4 Hektar, wiegt 228 Tonnen und hat während ihrer fünf Wochen dauernden Blütezeit schätzungsweise 1,5 Millionen Blüten – und 30.000 zahlende Besucher.

Wo steht die größte fleischfressende Pflanze der Welt?

a) Little Shop of Horrors
b) Venezuela
c) Guatemala
d) Ibiza

Antwort: b)
Fast zwei Meter hoch wird die erst 1987 entdeckte größte fleischfressende Pflanze *Heliamphora tatei*. Abgeschlossen von der übrigen Welt, wächst sie im dichten Urwald Venezuelas auf dem Tafelberg Marahuaca Tempui. Hier wurde auch die größte Ansammlung fleischfressender Pflanzen überhaupt entdeckt. Sie ernähren sich allerdings nur von kleinen Insekten und wirbellosen Tieren.

Was ist die Lieblingsspeise der fleischfressenden Riesenpflanze *Nepenthes rajah*?

a) Mäuse
b) Mäusekot
c) Riesenfliegen
d) Katzen

Antwort: b)
Forscher entdeckten, dass sie ihre Kelche nicht zum Fangen von Beute entwickelte, sondern um den Kot von Baumspitzmäusen wiederzuverwerten.

In welcher Meerestiefe kann eine Pflanze noch gedeihen?

a) 77 m
b) 157 m
c) 269 m
d) 557 m

Antwort: c)
Die größte Tiefe, in der eine Pflanze gedeiht, ist 269 Meter, wie Mark und Diane Littler im Oktober 1984 vor der Insel San Salvador (Bahamas) feststellten. Die kastanienbraune Alge, die sie fanden, überlebt in dieser Tiefe, obwohl die Sonne dort bereits 99,9995 Prozent ihrer Kraft eingebüßt hat.

Die höchste Hecke der Welt ist die Meikleour-Rotbuchenhecke im schottischen Perthshire, die im Jahr 1745 von Jean Mercer und ihrem Ehemann Robert Murray Nairne gepflanzt worden war. In gestutztem Zustand ist die 530 Meter lange und kegelförmig gestaltete Hecke zwischen 25,4 und 36,6 Meter hoch. Geschnitten wird sie etwa alle zehn Jahre, was jedes Mal nicht weniger als sechs Wochen dauert.

Was ist ein Schwiegermutter-sessel?

a) ein Kaktus   b) ein Seeigel
c) ein Dornenbusch   d) ein Rosenbusch

Antwort: a)
Echinocactus grusonii ist ein Kaktus aus der Familie der *Cactaceae* und wird hierzulande mit Trivial-namen wie „Schwiegermuttersessel" oder hübscher „Goldkugelkaktus" versehen.

Wie viele Pflanzenarten sind vom Aussterben bedroht?

a) 25 %   b) 50 %
c) ca. 69 %   d) 75 %

Antwort: c)
8500 von 12.151 bekannten Pflanzenarten gelten als gefährdet (Stand 2009). Für 114 kommt jede Hilfe zu spät – sie sind bereits verschwunden oder existieren nur noch in ganz geringer Zahl. Dazu gehört das Ananasgewächs Königin der Anden (*Puya raimondii*), das in 80 Jahren nur einmal Samen erzeugt.

Die Flora Australiens ist durch die Zugehörig-keit Australiens zum Südkontinent Gondwana geprägt. Vor 40 Millionen Jahren driftete der Großkontinent nach Norden, und das Klima wurde trockener.

Auf den Namen *Spigelia genuflexa* haben Forscher ein neues Mitglied der bekannten Pflanzenwelt getauft, das ein Amateurbotaniker 2011 in Brasilien entdeckte. „Genuflexa" bedeutet „Sie beugt ihre Samenträger". Die nur 2,5 Zentimeter große Pflanze vergräbt ihre eigenen Samen.

Wie hoch ist der weltgrößte Kaktus?

a) 1,20 m b) 5,67 m
c) 17,67 m d) 24 m

Antwort: c)
Der größte Kaktus der Welt ist der Saguaro (*Cereus giganteus* oder *Carnegiea gigantea*), der in Arizona und Kalifornien (USA) sowie Mexiko wächst. Die grüne, kannelierte Stammsäule besitzt kronleuchterartige Zweige, die bei einem Exemplar, das am 17. Januar 1988 in den Maricopa-Bergen in der Nähe von Gila Bend, Arizona, gefunden wurde, 17,67 Meter in den Himmel ragen. Im April 1978 wurde ein 24 Meter hoher, astloser Kaktus in Cave Creek (Arizona) entdeckt. Im Juli 1986 wurde der schätzungsweise 150 Jahre alte Riesenkaktus jedoch von einem Sturm umgerissen.

Die am südlichsten blühenden Pflanzen sind das antarktische Haargras (*Deschampsia antarctica*) und die antarktische Perlwurz, eine Nelkenart (*Colobanthus crassifolius*). Das blühende Haargras wurde im März 1981 auf der Insel Refuge (68° S) entdeckt, die Nelke wiederum blüht auf der Antarktisinsel Jenny in der Margaret Bay (65° S).

Die vier Elemente

Warum heißt die Erde „Erde"?

a) Erst hieß der Boden so, danach wurde
   der Planet benannt.
b) Erda ist die germanische Göttin für
   Natur, Charme und Fruchtbarkeit.
c) Es gab schon genug Planeten mit Götter-
   namen, die Erde sollte sich abheben.
d) Das verdanken wir einem Facebook-
   Voting.

Antwort: a)
Ihren Ursprung hat das Wort „earth" oder „Erde" im
Germanischen „aarde", von dem auch das alteng-
lische „eorðe" abstammt. Verwandt ist ebenfalls das
lateinische „terra". Zwar bezeichnete „Erde" den
Boden, doch gemeint war die reale, materielle Welt
im Gegensatz zu der spirituellen, nicht greifbaren.
Erstmals dokumentiert wurde der Begriff als Bezeichnung für unseren Planeten im englischen Raum um
das Jahr 1400. Ungewöhnlich ist, dass fast alle anderen Planeten nach Göttern benannt wurden. Es gibt
außerdem Hinweise darauf, dass die Erde zunächst
nach griechischen Erdgöttern wie Gaia oder der römischen „Mutter Erde" („Terra Mater") benannt war.

Wie viele Jahre dauert es, bis erstklassige Erde auf natürliche Weise entsteht?

a) mehr als 2   b) mehr als 5
c) mehr als 50   d) mehr als 500

Antwort: d)
Es dauert über 500 Jahre, bis besonders fruchtbare
Erde entsteht. Dazu gehören verwitterte Stein-
schichten genauso wie angesiedelte Mikroorganis-
men und Verwesungsprozesse von natürlichem
Abfall.

> Die Erde ist nicht ganz rund, sondern hat durch
> ihre schnellen Drehungen eine Delle am Äqua-
> tor. Vielleicht auch, weil Reiner Calmund dort
> mal mit dem Fallschirm gelandet ist?

Wie viele Arten von Bakterien leben in einem Gramm Erde durchschnittlich?

a) 800-1000
b) 5000-7000
c) 5 Millionen
d) 3,7 Milliarden

Antwort: b)
Erde ist kein „Dreck",
sondern bietet
einen Nährboden
und Lebensraum
für viele Klein-
und Kleinst-
organismen.

Was ist der C-Horizont?

a) Karriereaussicht von C-Promis
b) mineralischer Untergrund
c) 3. Klasse der Grundschule in Behörden-
   sprache
d) fast waagrecht verlaufender, sehr
   seltener Regenbogen

Antwort: b)
Der Erdboden wird in verschiedene Bereiche (ähnlich wie Schichten) unterteilt, die als A-, B-, C- oder
H-, L- und O-Horizonte bezeichnet werden. Der
C-Horizont ist der tiefste Bereich des Erdbodens
mit wenig verändertem oder verwittertem Aus-
gangsgestein.

Die größte Höhle der Welt liegt in den USA:
Die Mammoth Cave in Kentucky hat 590 Kilometer Höhlengänge.

Was findet man im Erd-
inneren?

a) das Urmel
b) Wasser, sehr viel Wasser
c) Temperaturen von 2900 °C und eine
   riesige Eisenkugel
d) Nichts! Der Erdkern ist hohl.

Antwort: c)
Der Erdkern besteht aus einer festen Eisen-Nickel-
Kugel, umhüllt von einer flüssigen Eisenschicht. Zu
finden ist sie 5100 bis 6371 Kilometer unter der Erdoberfläche. Erst hier ist der Druck groß genug, um
die Metalle fest werden zu lassen. Wegen des Eisen-
kerns ist die Erde auch magnetisch.

Eine der trockensten Stellen der Erde ist Cala-
ma in der Atacama-Wüste in Chile. Der vermutlich trockenste (auch der kälteste und stillste)
Ort der Welt befindet sich im australischen
Territorium der Antarktis und heißt Ridge A.

1812 wurde in der weltgrößten Höhle, der Mammoth Cave, Salpeter für Schießpulver im Amerikanisch-Britischen Krieg gewonnen. Wie war er entstanden?

a) durch Fledermausausscheidungen
b) Die fehlende Durchlüftung verursachte
   Schimmel, der über die Jahrhunderte
   versteinerte.
c) Salzhaltige Höhlenwassertropfen wurden
   durch eine spezielle Gesteinszusammen-
   setzung mit Säure angereichert.
d) Salpeter ist ein Salz, das sehr selten
   natürlich vorkommt.

Antwort: a)
Riesige Fledermausschwärme und ihre Exkremente
waren schuld. Früher waren die Wände der Riesen-
höhle schwarz vor Fledermäusen, heute gibt es
kaum noch welche. Salpeter ist eine Bezeichnung für
die Nitrate der Salpetersäure, die über Tausende von
Jahren aus Fledermausguano entstanden.

Was ist der Pirouetteneffekt?

a) Zieht eine Eiskunstläuferin die Arme an, wird sie schneller. Breitet sie sie aus, wird sie langsamer. Die Erde hat zwar keine Arme, doch es gibt ein ähnliches Phänomen.

b) Springt eine Eiskunstläuferin in eine Pirouette, wird diese leicht schief. Übertragen auf die Erde kann so die Lage der Erdachse erklärt werden.

c) Das menschliche Auge kann bei einer Pirouette nicht richtig folgen und sieht die Eistänzerin verschwommen. Aus einem ähnlichen Grund kann es auch die Drehung der Erde nicht wahrnehmen.

d) Was sich dreht, schwebt leichter. Deswegen können Drehsprünge höher sein als Standsprünge. Ein Phänomen, das für die Umlaufbahn der Erde wichtig ist.

Antwort: a)
Der Pirouetteneffekt tritt auf, wenn Massen wie die Erdplatten auf der Erde in Richtung Rotationsachse verschoben werden. So drehte sich die Erde nach dem schweren Erdbeben vor der Küste Japans einen Tick schneller: genau 1,6 millionstel Sekunden. Gemessen an einer Umlaufzeit von 23 Stunden, 56 Mi-

nuten und 4,1 Sekunden ist die Änderung mehr als winzig; außerdem nimmt die Rotationsgeschwindigkeit seit Jahrmillionen konstant ab, was die Veränderung schon nach etwa einem Monat aufhebt. Die gern im Internet verbreitete These, dass sich die Erde im Winter etwas schneller als im Sommer dreht, weil die Blätter der Bäume auf der Nordhalbkugel zu Boden fallen, stimmt übrigens nicht.

Der tiefste Punkt der Erdoberfläche liegt im Pazifik, im Marianengraben. Die Stelle wird „Challenger Deep" genannt und ist etwa 10.916 Meter tief. 2012 ist *Titanic*-Regisseur James Cameron (*1954) dort mit einem speziellen U-Boot hinuntergetaucht.

Was ist Feuer?

a) heißes Holz
b) erhitztes Acetylenmonoxid
c) Oxidationsreaktion
d) Weiß ich doch nicht!

Antwort: c)
Erforderlich sind ein brennbarer Stoff wie Holz, ein Oxidationsmittel, das den Brand mit Sauerstoff nährt – oder der Luftsauerstoff selbst –, sowie Zündenergie in Form von Wärme, Funken oder Elektrizität. Das Feuer erlischt, wenn eine dieser drei Komponenten fehlt.

Bei extrem großen Feuern kann der Luftzug durch die Rauchbildung sogar Orkanstärke erreichen. Das bezeichnet man als Feuersturm.

Warum steigt Rauch nach oben?

a) weil er heiß ist
b) weil es ihm oben besser gefällt
c) weil er oben besser gesehen wird
d) weil er von der Flamme abgestoßen wird

Antwort: a)
Wegen ihrer hohen Temperaturen steigen die Verbrennungsgase als Rauch nach oben, weil sie eine geringere Dichte als die umgebende Luft haben. Dadurch entsteht ein Unterdruck, der wiederum von unten und der Seite Frischluft ansaugt, die mit ihrem Sauerstoff das Feuer nährt.

Warum ist Feuer hell?

a) Warum nicht?
b) weil Sauerstoffmoleküle grellgelb sind
c) weil es glüht
d) Es ist eine physikalische Erscheinung.

Antwort: d)
Elektronen der erhitzten Teilchen erlangen kurzzeitig ein höheres Energieniveau und fallen danach unter Abgabe eines Lichtquants (Photons) auf ihr ursprüngliches Energielevel zurück.

> Bei einer hinduistischen Heiratszeremonie muss das Paar siebenmal um ein Feuer laufen.

Wer oder was startete am 2. September 1666 das berühmte Große Feuer von London?

a) Der Hofbäcker von König Charles II. hatte am Abend zuvor vergessen, das Feuer in seinem Ofen in der Pudding Lane zu löschen.
b) Es war Brandstiftung.
c) Ein Beefeater (stoischer Tower-Torwächter) hatte im Dienst geraucht und seine Pfeife schnell beim Anblick einer Patrouille weggeschmissen.
d) Erboste Shakespeare-Fans hatten ein Theater angezündet, das in einer Skandalpremiere Hamlet nackt gezeigt hatte.

Antwort: a)
Vom Ofen des Hofbäckers Thomas Farynor sprang nachts ein Funke auf einen Holzhaufen über und entfachte einen Großbrand. In vier Tagen zerstörte das Feuer über 13.000 Gebäude und etwa 100.000 Menschen wurden obdachlos. Es endete erst, als es auf die Stadtmauern stieß. Hingerichtet für das Feuer wurde übrigens ein verrückter Franzose, der sich selbst beschuldigt hatte, beim Ausbruch aber gar nicht vor Ort gewesen war.

Wie viele Menschen starben im Großen Feuer von London?

a) 6 b) 650
c) 6500 d) 65.000

Antwort: a)
Erstaunlicherweise wurden nur sechs Todesfälle gemeldet. Die Dunkelziffer könnte allerdings weit höher liegen.

Wie heißt der Vulkan, der seit 25 Jahren durchgängig Lava spuckt?

a) Ätna b) Vesuv
c) Popocatepetl d) Kīlauea

Antwort: d)
Der Kīlauea steht auf Hawaii und war in den letzten 25 Jahren am aktivsten, denn so lange schon ist sein Schlund geöffnet und spuckt Magma.

Wer oder was sind die Feuerspringer von Montana?

a) spannender Oldie-Film mit dämlichem Titel
b) Käfer
c) Pioniere einer US-Trendsportart
d) bestimmte Pferderasse mit rötlicher Färbung, die besonders begabt im Springreiten ist

Antwort: a)
Richard Widmark spielte 1952 den Leiter einer Spezialeinheit der Feuerwehr, die Waldbrände per Fallschirmsprung bekämpft.

> Bäume können explodieren, wenn Wasservorräte im Stamm, z. B. bei Waldbränden, schnell verdampfen.

Was ist eine Wasserbrücke?

a) Brücke über einen besonders breiten Fluss
b) neuartige Zahnfüllung, die durch einen hohen Wasseranteil besonders flexibel ist
c) Sehenswürdigkeit in Dubai
d) physikalisches Experiment, bei dem durch Hochspannung ein schwebender Wasserfaden zwischen zwei Glasbehältern erzeugt wird

Antwort: d)
Erstmals beschrieben wurde dieses Phänomen des schwebend waagerecht fließenden Wassers schon 1893. Ein praktischer Nutzen hat sich für eine Wasserbrücke jedoch seither noch nicht finden lassen – zumal der Trick nur unter ganz bestimmten Versuchsvoraussetzungen vorübergehend funktioniert.

Was ist Wasser?

a) chemisches Element, das aus Wasserstoff und Sauerstoff besteht und auch
   H_2O genannt wird
b) Ursprung allen Lebens
c) Grundnahrungsmittel
d) lebenswichtiger Baustein unseres Körpers

Antwort: Alles ist richtig!

······································

Was hat einen größeren Wasseranteil als die Erde?

a) Fisch
b) Qualle
c) Kamel
d) Kaktus

Antwort: b)
Eine Qualle besteht zu 98 bis 99 Prozent aus Wasser.

> Ein Saguaro-Kaktus kann bis zu 8000 Liter
> Wasser in seinem Stamm speichern! Damit
> kann er zwei Jahre Dürre überstehen.

Welches Lebensmittel hat den höchsten Wasseranteil?

a) Fleisch
b) Wassermelone
c) Butter
d) Tomate

Antwort: d)
Butter hat nur 18 Prozent, Fleisch hat 60 bis 75 Prozent, Wassermelonen haben 90 Prozent und Tomaten –
übrigens ebenso wie Gurken – sind Spitzenreiter mit
98 Prozent Wasseranteil. Werte für holländische Ge-
wächshaustomaten wurden nicht überliefert …

Wie viel Prozent der Erdober-fläche werden von Wasser bedeckt?

a) 35 %   b) 57 %
c) 70 %   d) 86 %

Antwort: c)
Sowohl die Erdoberfläche als auch Menschen und Tiere
haben alle den gleichen Wasseranteil: etwa 70 Prozent!
Bei Frauen sind das ungefähr 50 Prozent und bei Männern ungefähr 60 Prozent des Körpergewichts. Vielleicht ist der Anteil so hoch, weil sich das erste Leben
auf der Erde im Wasser entwickelte, wo es vor den
ultravioletten Strahlen der Sonne geschützt war. Das
war vor etwa 3,8 Milliarden Jahren. Die Strahlen waren
zu dieser Zeit tödlich, weil die Erde noch nicht ihre
schützende Ozonschicht entwickelt hatte. Auch auf
anderen Planeten auf der Suche nach Leben wird immer zuerst nach Wasservorkommen geforscht.

······································

Bei wie viel Grad kocht Wasser?

a) 100 °C
b) 0 °C
c) Kommt darauf an, wo es gekocht wird.
d) Gar nicht, denn „kochen" ist der falsche
   Begriff!

Antwort: c)
Die meisten Leute wissen, dass Wasser bei 100 Grad
Celsius kocht – was auf Meereshöhe auch stimmt.
Der Siedepunkt verändert sich jedoch in Abhängig-
keit vom Luftdruck. Wasser auf dem Gipfel des Mount
Everest in niedrigerem Luftdruck kocht z. B. schon
bei nur 68 Grad Celsius, während es tief am Meeres-
boden, nahe den geothermalen Schloten, auch bei
Temperaturen weit über 100 Grad Celsius nicht siedet.

Wasservergiftung – gibt es das wirklich?

a) ja   b) nein

Antwort: a)

Eine Wasservergiftung gibt es tatsächlich, und in seltenen Fällen kann sie sogar bis zum Tod führen! Die meisten wissen, dass zu wenig zu trinken ungesund ist, doch auch zu viel Wasser kann zu massiven Problemen führen. Empfohlen werden – je nach Körpergewicht – zwei bis drei Liter Wasser am Tag. Trinkt man in kurzer Zeit jedoch wesentlich mehr, kann das Kopfschmerzen, Herzrhythmusstörungen und Nierenversagen verursachen. Der Körper stellt aufgrund der geringen Salzkonzentration auf ein Notprogramm um und hört auf, Urin zu produzieren, um nicht noch mehr Salz abzugeben. Zellen und Gehirn werden überschwemmt, die Lungenbläschen füllen sich mit Wasser. Gefährdet sind besonders unerfahrene Langstreckenläufer, die falsch informiert sind und zu schnell zu viel Flüssigkeit zu sich nehmen – oder vor dem Lauf auf Vorrat trinken wollen. Übrigens reicht Wasser zu trinken beim Marathonlauf nicht aus: Auch Salz und Minerale müssen ersetzt werden. Das geht mit sogenannten hypertonischen Getränken.

> Reines Wasser hat keinen Geruch und keinen Geschmack. Außerdem ist es mit einem Wert von 7 pH neutral.

Was hat einen höheren Wasseranteil im menschlichen Körper?

a) Gehirn   b) ein Knochen

Antwort: a)

> Bei einem durchschnittlichen Tagesverbrauch von zwei Litern werden in 80 Jahren Lebensdauer über 50.000 Liter Wasser getrunken.

Warum ist Meerwasser nicht trinkbar?

a) weil es zu salzig schmeckt
b) Es löscht den Durst nicht und kann Menschen sogar innerlich verdursten lassen.
c) Salz macht dick.
d) Ohne Pfeffer ist Salz schädlich.

Antwort: b)

Das Problem ist der hohe Salzgehalt von Meerwasser. Seevögel haben z. B. spezielle Drüsen in ihrem Kopf, um überschüssiges Salz herauszufiltern; Fische benutzen ihre Kiemen dazu. Der Salzgehalt des Meerwassers liegt bei bis zu 39 Gramm pro Liter; im menschlichen Blut ist die Höchstmenge dagegen neun Gramm pro Liter. Zuständig für das Regulieren des Salzhaushalts sind die Nieren, die mit solchen Mengen hilflos überfordert sind. Je mehr Salz wir aufnehmen, umso mehr Wasser brauchen die Nieren, um es auszuschwemmen. Dadurch entstehen auch Durstgefühle nach salzigem Essen. Harn kann nur ungefähr zwei Prozent Salz enthalten; Meerwasser hat jedoch etwa 3,5 Prozent. Wird kein Wasser getrunken, bedienen sich die Nieren aus den Wasservorräten des Körpers. Da zuerst die Nervenzellen betroffen sind, kann es zu Wahnvorstellungen und Lähmungen bis hin zum Koma kommen. Schiffbrüchige erliegen oft der Versuchung, Meerwasser zu trinken.

> In der Wüste sterben die meisten durch Ertrinken, auf dem Meer aber durch Verdursten.

Wie viel Prozent salziges Meerwasser gibt es auf der Erde?

a) 98 %   b) 70 %
c) 50 %   d) 13 %

Antwort: a)
Nur zwei Prozent des auf der Erde vorkommenden Wassers sind trinkbar. Davon ist ein Großteil in polaren Eiskappen und Gletschern gebunden.

Welches Meer hat den höchsten Salzanteil?

a) Totes Meer   b) Rotes Meer
c) Ostsee   d) Nordsee

Antwort: a)
Das Tote Meer ist eigentlich ein See, der keinen Abfluss hat und zwischen Israel, dem palästinensischen Westjordanland und Jordanien liegt. Es hat einen Salzanteil von durchschnittlich 28 Prozent, die Ostsee dagegen nur 0,2 bis zwei Prozent. Das Tote Meer trägt den menschlichen Körper durch den hohen Salzgehalt besonders gut, schmerzt aber auch bei kleinsten Hautverletzungen.

Gibt es ein Menschenrecht auf Wasser?

a) Na klar!
b) Auf Wasser nicht, aber auf Bier, zumindest in Bayern!
c) nur in Deutschland
d) Kein Menschenrecht, aber ein Patent. Gustave la Boite war der Erste, der eines anmeldete, weshalb sich bei jedem Verkauf einer französischen Mineralwasserflasche seine Erben freuen.

Antwort: a)
Auf Antrag Boliviens erklärte die UN-Vollversammlung am 28. Juli 2012 mit den Stimmen von 122 Ländern den Zugang zu sauberem Trinkwasser und sanitärer Grundversorgung zum Menschenrecht. 18 europäische Länder, Kanada und die USA enthielten sich ihrer Stimme. Einklagen kann man das Menschenrecht auf Wasser allerdings nicht.

> Täglich verbraucht jeder Deutsche durchschnittlich 4000 Liter Wasser.

Wie oft erneuert sich das Wasser auf der Erde?

a) alle 1000 Jahre   b) alle 10.000 Jahre
c) alle 100.000 Jahre   d) nie

Antwort: d)
Die Erde ist ein geschlossenes System, ähnlich einem Terrarium. Dasselbe Wasser, das bereits vor Millionen von Jahren auf der Erde existierte, ist auch heute noch vorhanden.

Die Erdatmosphäre (bestehend aus Luft) wird durch die Schwerkraft „festgehalten", sonst würde sie sich ins Weltall verflüchtigen.

Was ist Luft?

a) Gasgemisch u. a. aus Stickstoff (ca. 79 %) und Sauerstoff (ca. 21 %)
b) Gasgemisch u. a. aus Sauerstoff (ca. 79 %) und Stickstoff (ca. 21 %)
c) Gasgemisch u. a. aus Sauerstoff (ca. 79 %) und Kohlenmonoxid (ca. 21 %)
d) anderes Wort für Sauerstoff, den man zum Atmen benötigt

Antwort: a)
Als „Luft" wird das Gasgemisch der Erdatmosphäre bezeichnet, das zu etwa 79 Prozent aus Stickstoff und nur zu ca. 21 Prozent aus Sauerstoff besteht. Dazu kommen noch kleine Anteile von Argon, Kohlenstoffdioxid, Wasserstoff und anderen Gasen, alle unter einem Prozent.

Bei einem schönen Strandspaziergang liegen ca. 5500 Kilogramm Luft auf einem Menschen – das ist mehr, als ein Elefant wiegt! Gemessen wird dieser Luftdruck mit einem Barometer. Wir merken von diesem Druck aber nichts, weil es auch in unserem Körper Luft gibt, die einen Gegendruck ausübt.

Welches Gas ist nicht in Luft enthalten?

a) Krypton   b) Helium
c) Erdgas   d) Schwefelhexafluorid

Antwort: c)
Erdgas ist selbst ein Gasgemisch mit dem Hauptbestandteil Methan. Es bildet sich über Millionen von Jahren unter Luftabschluss, ist brennbar und wird wie Erdöl häufig zum Heizen verwendet.

Wie schwer ist Luft?

a) Das Gewicht der Luft in einem Milchglas entspricht einer Murmel.
b) Das Gewicht der Luft in einem Milchglas entspricht einer Kopfschmerztablette.
c) Das Gewicht der Luft in einem Milchglas entspricht einer Feder.
d) Luft hat gar kein Gewicht.

Antwort: c)
Luft hat eine eigene Masse, was sich sehr schön im Wasser mit Luftblasen beobachten lässt. Wo Masse ist, ist auch Gewicht: Ein Liter Luft wiegt ungefähr 1,3 Gramm.

Kunst und Kultur

EUROVISION SONG CONTEST

Eigentlich wollten ABBA beim Eurovision Song Contest 1974 mit ihrer Ballade *Hasta Mañana* antreten, die mehr dem Eurovision-Geschmack zu entsprechen schien. *Waterloo* wurde letztlich aber gewählt, weil sich hier beide Frauen die Vocals gleichwertig teilen und das als besseres Aushängeschild für das Bandkonzept angesehen wurde. *Waterloo* gewann.

Wer oder was ist *Kristina från Duvemåla*?

a) das 2. ABBA-Musical
b) das 2. Kind von Anni-Frid und Benny
c) das 2. Kind von Anni-Frid und Björn
d) das 2. Kind von Anni-Frid und Agnetha

Antwort: a)
Nach *Chess* hatte ein zweites Musical von Andersson und Ulvaeus, *Kristina från Duvemåla*, am 7. Oktober 1995 in Malmö Premiere. In Schweden ist es das erfolgreichste Musical aller Zeiten, kam aber bisher selten auf internationale Bühnen. Die Original-Dreifach-CD war 1997 die schwedische CD des Jahres und gewann sogar einen Grammy. Vorstellungen, in denen die einfache Bühnendekoration von den Schauspielern ständig umgebaut wird, dauern fast vier Stunden.

The Day Before You Came war der letzte je aufgenommene ABBA-Song, obwohl die letzte veröffentlichte Single *Under Attack* war.

Vor ABBA hatte das Quartett andere Namen. Welcher war nicht darunter?

a) Björn and Benny, Agnetha and Anni-Frid
b) Björn & Benny with Svenska Flicka
c) Les Suecos
d) Les Suédois

Antwort: d)
Am häufigsten traten die vier als „Björn and Benny, Agnetha and Anni-Frid" auf. In den USA kam Variante b) zum Einsatz (Svenska Flicka = schwedisches Mädchen). Les Suecos (spanisch: die Schweden) wurde in Mexiko verwendet.

Vor einem TV-Auftritt in der *Disco* im Februar 1976 gab es ein Fotoshooting für die *Bravo*. Dabei sollte neben jedem Bandmitglied ein großer silberner Initialbuchstabe stehen. Andersson stellte versehentlich das „B" auf den Kopf. Nachdem Fotograf Wolfgang Heilemann die Bandmitglieder über den Fehler informiert hatte, unterhielten sich Andersson und Ulvaeus kurz und bedankten sich für die „großartige Marketingidee". Kurz darauf entwickelte Grafiker Rune Söderqvist den ABBA-Schriftzug mit dem spiegelverkehrten „B", der am 13. August 1976 offiziell wurde und bei dem sich „die beiden ,B's harmonisch den beiden ,A's zuwenden".

Als ABBA zum Bandnamen wurde, gab es bereits eine erfolgreiche schwedische Fischkonservenmarke mit diesem Namen. Wem gehörte sie u. a.?

a) den ABBA-Bandmitgliedern
b) den Beatles
c) Ikea
d) Volvo

Antwort: d)
Abba Seafood (früher Abba AB) ist ein bereits 1838 gegründetes schwedisches Unternehmen mit Stammsitz Göteborg. Im Jahr 1906 wurde die Firma unter dem Namen AB Bröderna Ameln, kurz ABBA, registriert. 1981 wurde Abba in den Großkonzern Volvo eingegliedert, später in die 1970 gegründete Firma Procordia und 1995 an die norwegische Orkla ABA verkauft. Die wohl bekanntesten Produkte des Abba Seafood sind die Spezialitäten „Kalles kaviar", „Ejderns orökta kaviar", „Ejderns Drott-kaviar" und „Inlagd sill".

Wie viele Top-Ten-Hits hatten ABBA in den USA?

a) 0   b) 2
c) 4   d) 8

Antwort: c)
Viele glauben, dass ABBA in den USA ein Flop waren, doch das stimmt nicht ganz. *Waterloo* erreichte Platz 6, *Dancing Queen* war ihr einziger Nummer-1-Hit in den Staaten, *Take a Chance on Me* war Nr. 3 und *The Winner Takes It All* schließlich die Nr. 8 der US-Charts.

Am 6. April 1999, exakt 25 Jahre nachdem das Quartett den Grand Prix Eurovision gewonnen hatte, kam im Londoner Prince Edward Theatre das Musical *Mamma Mia* heraus. ABBA besuchte die Premiere. Buchautorin Catherine Johnson stellte den Generationenkonflikt zwischen einer traditionell denkenden jungen Frau kurz vor ihrer Hochzeit und ihrer emanzipierten Mutter mittels 27 ABBA-Songs dar. Verfilmt wurde das Musical 2008 mit Meryl Streep und Pierce Brosnan.

Nach Individualerfolgen in schwedischen Jazz-, Folk- und Popensembles traten die Paare Benny/Frida und Björn/Agnetha ab 1970 zunächst als Festfolk Quartet oder Engaged Couples in Göteborger Restaurants und Klubs auf. Der Stockholmer Plattenunternehmer Stig Anderson (Polar Records) brachte ihre Karriere auf Kurs, nachdem er Björn und Benny als Studioproduzenten angeheuert hatte und diese ihre Frauen Background singen ließen. Anderson animierte die Individualisten, sich zusammenzuschließen, und riet ihnen, nur die Anfangsbuchstaben ihrer Vornamen als Markenzeichen zu verwenden.

Welches ABBA-Mitglied ist das älteste?

a) Anni-Frid
b) Björn
c) Benny
d) Agnetha

Antwort: b)
Björn (25.4.1945), danach kommen Frida (15.11.1945), Benny (16.12.1946) und Agnetha (5.4.1950).

Was war die erste ABBA-Single in Großbritannien?

a) *Waterloo*
b) *Ring Ring*
c) *I Do, I Do, I Do, I Do, I Do*
d) *Dancing Queen*

Antwort: b)
Ring Ring wurde noch als Björn and Benny, Agnetha and Anni-Frid veröffentlicht und schaffte es nicht in die Charts. Geschrieben wurde es als Beitrag für den Grand Prix schon 1972/73, doch der Song schaffte es beim schwedischen Vorentscheid nur auf Platz 3. Auch ein Remix floppte in England – sogar direkt nach dem *Waterloo*-Eurovision-Sieg – und schien ihre internationale Karriere frühzeitig zu beenden.

Agnetha und Astrid Lindgren stammen beide aus Småland, einer südschwedischen Provinz, deren Bewohner als fleißig und geizig gelten (vergleichbar mit Schotten und Schwaben).

Welches ABBA-Mitglied wurde nicht in Schweden geboren?

a) Björn
b) Benny
c) Agnetha
d) Anni-Frid

Antwort: d)
Anni-Frid wurde 1945 in Norwegen geboren, aber im Frühjahr 1947 zog sie mit ihrer Großmutter nach Schweden. Ihr Vater war ein deutscher Soldat, den sie bis 1977 für tot hielt. Anni-Frids Mutter starb 1947 an Nierenversagen.

Das auf ABBA-Songs basierende Musical *Mamma Mia* lockte bis Ende 2006 etwa 25 Millionen Zuschauer an. Das Einspielergebnis wurde auf eine Milliarde Dollar geschätzt – mehr, als Andersson und Ulvaeus zu ihrer ABBA-Zeit verdienten.

Wann wurde ABBA in die Rock and Roll Hall of Fame aufgenommen?

a) nie, weil sie eine Popband sind
b) 1975
c) 1982
d) 2010

Antwort: d)
Fast 30 Jahre nach der Trennung wurde ABBA ausgezeichnet. Anni-Frid und Benny waren anwesend. „Ich spreche für alle von uns, wir sind zutiefst geehrt", meinte Andersson während der Zeremonie und begleitete Sängerin Faith Hill zu *The Winner Takes It All* auf dem Piano.

Nach ihrem Eurovision-Erfolg brauchten ABBA ein Jahr für den nächsten Hit: *S.O.S.* Sogar eine Tour war gefloppt, und Konzerte in Düsseldorf sowie Zürich mussten wegen zu geringer Ticketverkäufe abgesagt werden.

Als Teenager war David Bowie Gründer und Vorsitzender welches Vereins?

a) des Vereins für Männer mit verschiedenen Augenfarben
b) der Vereinigung gegen ein Verbot von lauter Rock-'n'-Roll-Musik
c) der Gesellschaft zur Verhinderung von Gewalt gegen langhaarige Männer
d) des Klubs für Südlondoner Taubenzüchter

Antwort: c)
Als 17-Jähriger wurde er als Gründer der *Society for the Prevention of Cruelty to Long-haired Men* sogar 1964 von der BBC interviewt und beschwerte sich, dass es unangenehm sei, als „darling" bezeichnet zu werden.

Der Mittelteil des Songs *Move On* vom Album *Lodger* (1979) ist der von Bowie für die fast bankrotte Band Mott The Hoople geschriebene Hit *All the Young Dudes* von 1972.

Mit welchem Star hat David Bowie Geburtstag?

a) John Lennon
b) Paul McCartney
c) Elvis Presley
d) Roy Orbison

Antwort: c)
Bowie wurde am 8. Januar 1947 und Elvis am 8. Januar 1935 geboren.

David Bowie hat zwei unterschiedlich farbige Augen, dazu ist die Pupille seines linken Auges gelähmt. Der Grund dafür soll eine Schulhofprügelei 1962 mit seinem noch heute guten Freund George Underwood gewesen sein – beide waren in dasselbe Mädchen verliebt.

Was haben Harry Potter und Lady Gaga gemein?

a) Beide Namen kommen in Bowie-Songs vor.
b) den von einem Bowie-Cover inspirierten Blitz auf der Stirn
c) In den Filmen und Videos gibt es Gastauftritte von David Bowie.
d) Beide sollten erst „Bowie" heißen.

Antwort: b)
Das Vorbild für die Harry-Potter-Narbe und für Lady Gagas ursprüngliches Make-up war der Blitz auf dem Albumcover von *Aladdin Sane* (1973).

Andy Warhol mochte den ihm gewidmeten, gleichnamigen Song vom Album *Hunky Dory* (1971) wegen der Zeile *Andy Warhol looks a scream* (... sieht wie ein Schrei aus) nicht und verließ beim ersten Treffen mit David Bowie den Raum. Später kam er zurück, bedankte sich und fotografierte Bowies Schuhe. Im Film *Basquiat* (1996) spielte Bowie den 1987 gestorbenen Pop-Art-Künstler.

Mit wem wird David Bowie keine Affäre nachgesagt?

a) Mick Jagger   b) Romy Haag
c) Blondie   d) Iman

Antwort: c)
Es gibt immer wieder Skandalbücher, die Jagger und Bowie eine Liaison nachsagen, doch Zeitzeugen wie Bette Midler berichten nur davon, dass sich beide angeregt über Ticketpreise und Bühnentechnik unterhielten.

Nachdem er 1997 sogenannte Bowie-Bonds-Aktien auf sein künstlerisches Werk herausgegeben hatte und 55 Millionen Dollar ausbezahlt bekam, wurde David Bowie eine Zeit lang zum reichsten Popstar der Welt, sogar noch vor Paul McCartney.

Wo wohnte David Bowie 1976 bis 1978 in Berlin?

a) in einer Zehlendorfer Luxusvilla
b) in Ostberlin
c) im Krawallzentrum Kreuzberg
d) in einer billigen Mietwohnung über einer Schöneberger Autoteilhandlung

Antwort: d)
Iggy Pop war Bowies Nachbar, beide hatten kaum Geld und fuhren in einem rostigen 1955er Mercedes herum, bis ihre Füße den Boden durchbrachen. In Bowies Wohnung in der Hauptstraße 155 ist noch heute eine Wandkritzelei seines kleinen Sohns zu sehen. Auf Samples vom *Low*-Album soll übrigens die Klospülung einer seiner Berliner Freundinnen zu hören sein.

Weil es mit dem Monkees-Sänger schon einen prominenten Davey Jones gab, brauchte der junge David Jones einen Künstlernamen. Er mochte „Jagger", weil es nach „dagger" (Dolch) klang. Daraufhin schlug sein Freund Marc Bolan (T-Rex) „Bowie" vor, nach dem Bowie-Knife (Messer).

David Bowie ist ...

a) heterosexuell.
b) bisexuell.
c) homosexuell.
d) transsexuell.

Antwort: a)
Als Ticket- und Plattenverkäufe 1971 stagnierten, dachten sich Bowies Manager und seine erste Frau eine Kampagne aus, die Bowie als schwul oder bisexuell vermarkten sollte, um ihn für die Presse interessanter zu machen. Es klappte ...

Am 3. Juli 1973 gab David Bowie sein letztes Konzert als *Ziggy Stardust*. Gaststar war Gitarrist Jeff Beck (spielte u. a. mit Eric Clapton, Rod Stewart und Stevie Wonder). Im Konzertmitschnitt fehlt Beck jedoch. Warum?

a) Ausgerechnet bei seinen Stücken fiel die Kamera aus.
b) Ihm waren seine Schlaghosen peinlich.
c) Er verspielte sich.
d) Schuld war ein Streit über seine Gage.

Antwort: b)
Erst Jahre später wurde bekannt, dass dies der eigentliche Grund war.

Das in *Heroes* 1977 beschriebene, sich an der Berliner Mauer küssende Liebespaar waren Bowies Produzent Tony Visconti und seine deutsche Freundin, Back-up-Sängerin Antonia Maaß, die sich vor dem direkt an der Mauer gelegenen Hansastudio vergnügten. Da Visconti verheiratet war, gab Bowie ihre Namen erst 2003 preis. 2012 marschierten die britischen Athleten zum Klang von *Heroes* bei der Eröffnungsfeier der Londoner Sommerolympiade ein.

Wen besang Mick Jagger im Stones-Hit *Angie*?

a) Angela Merkel
b) David Bowies Katze
c) David Bowies Ehefrau
d) Keith Richards' Baby
e) Marianne Faithfull

Antwort: d)
Es wurde zwar oft spekuliert, dass Jagger und Bowies damalige Frau Angie Bowie etwas miteinander hatten und der Song ihr gewidmet ist, doch Keith Richards stellte später klar, dass er das Lied 1973 nach seiner Tochter Angela benannt und Jagger den Text hinzugefügt hatte.

Wie ist der richtige Name von David Bowie?

a) David Robert Haywood Jones
b) Tony Visconti
c) James Osterburg
d) David Letterman

Antwort: a)

David Bowie und seine erste Frau Angela heirateten 1970 und ließen sich 1980 scheiden. Fünf Monate später bekam sie eine Tochter von dem Punkmusiker Drew Blood. Bowie erhielt das Sorgerecht für den gemeinsamen Sohn Zowie (*30.5.1971), der inzwischen als Filmregisseur Duncan Jones (*Moon, Source Code*) Karriere macht. Angie Bowie lebt in der Wüste Arizonas und schreibt Bücher über Bisexualität.

Wer starb kurz nach einem Duett mit David Bowie?

a) Little Richard
b) Bing Crosby
c) Freddie Mercury
d) John Lennon

Antwort: b)
Little Richard war Bowies Musikidol in seiner Jugend. Mit Freddie Mercury und Queen nahm er 1981 in deren Schweizer Studios nach einer sechsstündigen Jamsession *Under Pressure* auf. Der Rapper Vanilla Ice hatte damit als *Ice Ice Baby* 1990 einen Hit. 1975 entstand *Fame* mit John Lennon. Bing Crosby sang mit Bowie ein Weihnachtsmedley für

sein letztes TV-Special. Eigentlich war nur *Little Drummer Boy* geplant, doch Bowie weigerte sich, den Song zu singen. In 75 Minuten schrieben die Produzenten *Peace On Earth*, was ihm gefiel. Einen Monat später erlag Crosby einem Herzanfall auf einem Golfplatz.

Das Mädchen aus dem *China-Girl*-Video, Geeling Ng, war kein Model, sondern eine neuseeländische Kellnerin, die erst nach dem Dreh einer dem Film *Verdammt in alle Ewigkeit* nachempfundenen Liebesszene am Strand Bowies Freundin wurde. Heute ist sie TV-Moderatorin. Aufgrund der Nacktszene wurde *China Girl* zum ersten von BBC und MTV zensierten Musikvideo. Der Song stammt ursprünglich von Iggy Pop.

Was machte David Bowie aus Anlass der Mondlandung 1969?

a) Major Tom ins Weltall schießen
b) Astronautentraining
c) seinen ersten Farbfernseher kaufen
d) Aliens begrüßen

Antwort: a)
Space Oddity wurde zum ersten Bowie-Hit, da der Song weltweit im Radio zur Mondlandung gespielt wurde. Der darin beschriebene „Major Tom" wurde 1983 dank Peter Schilling völlig losgelöst zum Chart-Hit. Auch andere Musiker erwähnten „Major Tom" in ihren Songs: darunter Def Leppard, Falco, William Shatner (Captain Kirk) und die Sportfreunde Stiller.

Mit welchem Supermodel ist David Bowie verheiratet?

a) Alek Wek b) Naomi Campbell
c) Iman d) Tyra Banks

Antwort: c)
Die 1955 geborene somalische Diplomatentochter war das erste schwarze Supermodel und vertreibt eigene Kosmetik- und Modeprodukte. Gut in Erinnerung ist sie als Nofretete im Michael-Jackson-Video *Remember the Time* (1992). Bowie und Iman Abdulmajid sind seit 1992 verheiratet und leben in New York; 2000 wurde ihre Tochter Alexandria Zahra (Lexy) geboren.

Aladdin Sane, das Glamrock-Konzeptalbum von 1973, ist wie auch spätere Stücke (*Jump They Say* etc.) Bowies geliebtem älteren Halbbruder Terry gewidmet, der wegen paranoider Schizophrenie in eine geschlossene Anstalt eingewiesen wurde. Der Titel ist ein Wortspiel: „A lad insane" bedeutet „ein verrückter Typ". Terry Jones beging 1985 Selbstmord, und Bowie hatte Angst davor, selbst psychisch krank zu werden.

1997 brachte Elton John eine umgetextete Version von *Candle in the Wind* heraus, in der er den Tod von Lady Di betrauerte. Die Single *Something About the Way You Look Tonight*, auf deren Doppel-A-Seite *Candle in the Wind '97* zu finden war, wurde mit 45 Millionen verkauften Exemplaren zur erfolgreichsten Single aller Zeiten. Den Erlös spendete John wohltätigen Zwecken. Ursprünglich war der Song von 1973 Marilyn Monroe gewidmet.

Wie viele verschiedene Brillenmodelle hat Elton John auf der Bühne getragen?

a) 1000   b) 10.000
c) 20.000   d) 50.000

Antwort: c)
Bis zu einer Augen-OP 2002 war Elton John ein begeisterter Brillensammler, doch dann verkaufte er 4000 Sonnenbrillen in einer Benefizauktion.

Aufgrund seines Drogenkonsums musste sich Elton John 1986 einer Kehlkopfoperation unterziehen, durch die er sein einziges higes Falsett verlor und das Singen neu erlernen musste.

Wer ist Reginald Kenneth Dwight?

a) Elton John
b) Elton Johns Ehemann
c) Elton Johns Kater
d) Elton Johns erste Filmrolle

Antwort: a)
Am 25. März 1947 wurde Elton John unter diesem Namen im englischen Pinner, Middlesex, geboren.

1979 war Elton John der erste westliche Musiker, der in der Sowjetunion auf Tour ging. Seine Erfahrungen verarbeitete er später in *Nikita*.

Für welchen Disneyfilm komponierte Elton John 1994 die Musik?

a) *Aladdin*
b) *Die Schöne und das Biest*
c) *Der König der Löwen*
d) *Tarzan*

Antwort: c)
Can You Feel the Love Tonight gewann den Oscar als bester Filmsong; 1997 folgte ein erfolgreiches Musical.

Wer ist die Patentante von Elton Johns Baby Zachary Jackson Levon Furnish-John?

a) Madonna
b) Britney Spears
c) Lady Gaga
d) George Michael

Antwort: c)
Am 25. Dezember 2010 brachte eine Leihmutter das Baby zur Welt. Elton John und Ehemann David Furnish kommen beide als leiblicher Vater infrage und wissen selbst nicht, wer von ihnen beiden es ist.

George Michael ist schon 1985 als Background-sänger auf dem Elton-John-Hit *Nikita* zu hören. 1991 folgte das gemeinsame Duett *Don't Let the Sun Go Down on Me*.

Warum wurde das einzige Deutschlandkonzert von Elton Johns Tour 2008 abgesagt?

a) Die Stadt Aalen befürchtete eine Be-schädigung des Rasens im Aalener Stadion.
b) Elton John brach sich ein Bein.
c) Aufgrund von Anliegerbeschwerden der Berliner Waldbühne hätte das Konzert um 22 Uhr beendet sein müssen.
d) Es wurden zu wenig Tickets verkauft, weil sie völlig überteuert waren.

Antwort: a)
Aalen hat 70.000 Einwohner, das Stadion eine Kapa-zität von 13.271.

Rod Stewart nennt Elton John „Sharon", die-ser revanchiert sich mit dem Spitznamen „Phyllis" für Stewart.

Wie lautet der selbst gewählte zweite Vorname von Elton John?

a) Hercules
b) Conan
c) Arnold
d) Donald

Antwort: a)
Nicht der griechische Held war Namenspate, son-dern das Pferd in der britischen 60er-Jahre-Sitcom *Steptoe and Son*.

Mit welchem Beatle nahm Elton John 1974 eine Coverversion von *Lucy in the Sky with Diamonds* auf?

a) Paul McCartney
b) John Lennon
c) George Harrison
d) Ringo Starr

Antwort: b)
Lennon versteckte sich hinter dem Pseudonym Dr. Winston O'Boogie. Später widmete Elton John ihm den Song *Empty Garden*. 1974 war John Lennon nach einer verlorenen Wette auch Gast beim New Yorker Konzert von Elton John. Dies war Lennons letzter Liveauftritt.

> Elton John wuchs bei seiner Großmutter Ivy auf, die ihn zum Klavierspiel ermutigte. Schon mit elf begann er sein Studium an der Londoner Royal Academy of Music. Dort kreierte er auch seinen Künstlernamen aus den Vornamen des Saxofonisten Elton Dean und des Sängers „Long" John Baldry.

Wer spielte Mundharmonika auf Elton Johns *I Guess That's Why They Call It the Blues*?

a) Stevie Wonder
b) John Lee Hooker
c) Eric Clapton
d) Rod Stewart

Antwort: a)

Wie viele Justin Bieber gibt es in den USA?

a) 5   b) 18
c) 186   d) 1924

Antwort: b)

Wer stritt sich darum, den erst 14-jährigen Bieber unter Vertrag zu nehmen?

a) Beyoncé und Jay-Z
b) Usher und Justin Timberlake
c) Usher und Jay-Z
d) Rihanna und Justin Timberlake

Antwort: b)
Usher machte im Oktober 2008 das Rennen, weil sein Angebot weit höher ausfiel. Eine gute Investition …

Welches Instrument beherrscht Justin Bieber nicht?

a) Drums   b) Gitarre
c) Trompete   d) Saxofon

Antwort: d)
Gitarre, Drums, Trompete und Klavier hat er sich selbst beigebracht. Als Nächstes möchte er Geige spielen lernen.

Jede Sekunde taucht der Name Justin Bieber 60-mal neu bei Twitter auf. Er selbst twitterte Gratulationen an Goldmedaillengewinner der Olympischen Sommerspiele in London 2012. Der 17-jährigen US-Schwimmerin Missy Franklin bedeutete sein Tweet „genauso viel wie der Gewinn der Goldmedaille". Ende Juli 2012 hatte Bieber über 25 Millionen Twitter-Follower.

Wovor soll Justin Bieber panische Angst haben?

a) Schlangen   b) Fahrstühlen
c) Fans   d) Paparazzi

Antwort: b)
Justin Bieber leidet unter Klaustrophobie, seit er sieben Jahre alt ist.

Als Zwölfjähriger wurde Justin nur Zweiter bei einem lokalen kanadischen Talentwettbewerb. Danach fing seine Mutter an, Videos des singenden Justin auf YouTube zu stellen, die ihn schließlich berühmt machten.

Warum mag Justin Bieber keine Katzen?

a) Er hat mal geträumt, von einer Katze verspeist zu werden.
b) Er ist Mäusefan.
c) Er ist allergisch.
d) Sein Hund wurde von einer Katze gebissen.

Antwort: a)

Wie alt war Bieber, als seine Eltern geschieden wurden?

a) noch nicht geboren
b) 11 Monate
c) 4 Jahre
d) 11 Jahre

Antwort: b)
In seinem Song *Down to Earth* verarbeitet er die frühe Scheidung seiner Eltern. Justins Mutter war bei seiner Geburt 19 Jahre alt und lebte als Sekretärin mehr schlecht als recht. Biebers Vater heiratete wieder und hat zwei weitere Kinder.

Im Londoner Wembley-Stadion brach sich Justin Bieber im November 2009 den Fuß, als er den Support für Taylor Swift spielte.

Was hat Justin Bieber erst mit 13 gelernt?

a) küssen
b) pfeifen
c) mit den Fingern schnippen
d) schwimmen

Antwort: c)
Davor gab er Fingerschnippen immer als die eine Sache an, die er noch nicht kann.

Pro Woche gewinnt Justin Bieber etwa 200.000 neue Facebook-Freunde dazu. Nach dem Facebook-Regelwerk sollten diese Justin natürlich persönlich kennen ...

Welche Sprache außer Englisch spricht Justin Bieber fließend?

a) Deutsch
b) Rumänisch
c) Französisch
d) Spanisch

Antwort: c)
Wie viele Kanadier ist auch Justin zweisprachig aufgewachsen; seine Mutter ist die Frankokanadierin Pattie Mallette. Als sie mit Justin schwanger wurde, war sie 18.

Stimmt es, dass der Kanadier Justin Bieber am 1. März 1994 in London geboren wurde?

a) ja   b) nein

Antwort: a)
Allerdings nicht in London, England, sondern in London, Ontario, Kanada. Das hat etwa 367.000 Einwohner und sogar einen Fluss, der wie in der britischen Hauptstadt Thames heißt.

Den Nachnamen verdankt Bieber seinem Großvater väterlicherseits, der Deutscher ist. Sein Urgroßvater soll noch in Berlin leben.

Wie lautet Justins zweiter Vorname?

a) Drew
b) Barrymore
c) Selena
d) Gomez

Antwort: a)
Selena Gomez, selbst ein Disney-Teenagerstar, ist Biebers Freundin.

Mit 13 Jahren war Justin Bieber schon Straßenmusiker und trat vor einem Theater in Ontario, Kanada, auf.

Wie viel Gage bekam Sir Paul McCartney für seinen Auftritt bei der Eröffnungsfeier der Sommerolympiade in London 2012?

a) 0 Pfund   b) 1 Pfund
c) 100.000 Pfund   d) 1 Million Pfund

Antwort: b)
Eigentlich hatten sich alle Stars dazu bereit erklärt, gratis aufzutreten, doch die symbolische Ein-Pfund-Gage musste bezahlt werden, um die Künstlerverträge rechtskräftig werden zu lassen.

⋯⋯⋯⋯⋯⋯⋯⋯⋯⋯⋯⋯⋯⋯

Der erste eigene Song von Paul McCartney hieß *I've Lost My Little Girl*, den er mit 14 schrieb.

⋯⋯⋯⋯⋯⋯⋯⋯⋯⋯⋯⋯⋯⋯

Was war Paul McCartneys erste Reaktion, als er 1956 mit 14 Jahren vom Krebstod seiner Mutter Mary erfuhr?

a) Er versprach seiner Familie, berühmt zu werden.
b) Er fing an, Gitarre zu spielen.
c) Er fragte, wovon die Familie nun leben solle.
d) Er sperrte sich tagelang im Badezimmer ein.

Antwort: c)
Überliefert ist die Frage: „What are we going to do for money?" Nur zwei Jahre später starb John Lennons Mutter Julia bei einem Autounfall, was Paul und John noch enger zusammenschweißte.

Was war die Inspiration für John Lennons Song *Strawberry Fields Forever*?

a) ein Erdbeerfeld
b) ein Musikgeschäft
c) ein Kinderheim
d) ein Obstladen

Antwort: c)
Das Kinderheim *Strawberry Field* der Heilsarmee steht noch heute in Liverpool nahe dem Haus, in dem er aufwuchs. Kurz vor seinem Tod spendete Lennon eine große Summe, danach wurde ein Gebäude „Lennon Hall" genannt. Auch Johns Witwe Yoko Ono spendet regelmäßig für das Kinderheim.

⋯⋯⋯⋯⋯⋯⋯⋯⋯⋯⋯⋯⋯⋯

Der Bandname The Beatles hat mehrere Ursprünge. Im Marlon-Brando-Film *The Wild One* hieß eine Motorradgang „The Beetles" (die Käfer). Lennon wiederum soll das Wortspiel Beat/Beetles eingefallen sein, nachdem ihm der Name mit einem flammenden „a" im Traum erschien.

⋯⋯⋯⋯⋯⋯⋯⋯⋯⋯⋯⋯⋯⋯

Schon 1965 drehten die Beatles die ersten Musikvideos der Popgeschichte, u. a. zu *Strawberry Fields Forever* und *Penny Lane*.

Wie hießen die Musiker, bevor sie zu den Beatles wurden?

a) The Quarrymen
b) The Silver Beatles
c) The Rolling Beatles
d) The Bonny Beatles

Antwort: a)
Die „Steinbrucharbeiter" benannten sich nach John Lennons Schule, der Quarry Bank High School, und waren ab 1956 eine Band von Schulfreunden des 15-jährigen Lennons. Da sie noch kaum Instrumente beherrschten, wurde improvisiert.

Im Sommer 1957 wurde der ihm von gemeinsamen Schulfreunden vorgestellte Paul McCartney von John Lennon trotz anfänglicher Zweifel als neuer Quarryman akzeptiert. Für ihn sprach, dass er Elvis ähnelte und sich Texte gut merken konnte – gegen ihn, dass Lennon ihn als Konkurrenz betrachtete.

Welches Instrument kam bei den Quarrymen nicht zum Einsatz?

a) Waschwannenbass
b) Teekistenbass
c) Waschbrett mit Fingerhüten
d) Badewannenbass

Antwort: d)
Bevorzugt spielten sie Elvis-Stücke nach. Beim ersten größeren Auftritt in einem der drei Liverpooler Jazzklubs stürmte der Besitzer die Bühne und forderte: „Cut off that bloody Rock 'n' Roll!"

Nachdem *Penny Lane* ein Hit wurde, verschwand das Liverpooler Straßenzeichen so häufig, dass sich die Anwohner ihre Adresse lieber auf ihre Häuser malten.

Wo fand am 18. Oktober 1957 das erste gemeinsame Konzert von Lennon und McCartney statt?

a) im Schulhof
b) in einem Pub
c) auf einem Parteifest der konservativen Torries
d) auf einem Parteifest der linken Labour Party

Antwort: c)
Lennon und McCartney trugen cremefarbene Anzüge, der Rest der Quarrymen konnte sich keine leisten und kam in T-Shirts.

In den USA besetzten die Beatles am 4. April 1964 die ersten fünf Plätze der Single-Hitparade, angeführt von *Can't Buy Me Love*.

Wo lernten sich George Harrison und Paul McCartney kennen?

a) im Schulbus
b) auf einem Elvis-Konzert
c) im Religionsunterricht
d) in Lennons Hühnerstall

Antwort: a)
Harrison musste bei Lennon dreimal vorspielen, bis er 1958 in die Band aufgenommen wurde. Zwar überzeugte er als Gitarrist, doch er sah Lennon einfach zu jung aus.

Als im Dezember 1960 bei Vertragsstreitigkeiten über ihr Engagement im Hamburger Kaiserkeller herauskam, dass George Harrison noch minderjährig war, wurde er aus Deutschland verwiesen.

Wie viele Gitarristen hatten die Beatles anfangs?

a) 0   b) 1
c) 2   d) 3

Antwort: d)
Bis Bassist Stuart Sutcliffe die Band verließ, spielten John, Paul und George Gitarre, danach stieg Paul auf Bass um.

Ringos Sohn Zak Starkey ist auch Drummer (Oasis, The Who), und dessen Tochter Tatia ist Bassistin der Londoner Band Belakiss.

Obwohl die Beatles 1962 einen Plattenvertrag unterschrieben, wurden die Aufnahmen erst 1982 als *The Complete Silver Beatles* veröffentlicht. Schuld daran soll Drummer Pete Best gewesen sein, der angeblich nicht gut genug war und kurz darauf durch Ringo Starr ersetzt wurde. Best hatte der Band zu einigen Auftritten in einem Liverpooler Klub verholfen, den seine Mutter im Keller führte. Erst in den 1990ern wurde Best durch Beatles-Neuveröffentlichungen Millionär und eröffnete den inzwischen geschlossenen Klub seiner Mutter neu. Dort gibt es noch Wandgemälde der Beatles.

Wer versteckt sich hinter dem Pseudonym Mike McGear?

a) James Paul McCartney
b) Peter Michael McCartney
c) John Lennon
d) Julian Lennon

Antwort: b)
Michael McCartney ist der zwei Jahre jüngere Bruder von Paul, der auch Musiker ist. Seine Band Scaffold hatte einige Hits in den 60ern und 70ern. 1974 veröffentlichten die Brüder zusammen das Album *McGear*.

Um den Beatlemania-Fans zu entkommen, verkleideten sich die Musiker auf ihrer ersten Tour 1963 in Birmingham als Polizisten. In Plymouth gelang die Flucht durch das Kanalsystem der Stadt, während die Polizei auf den Straßen Wasserwerfer einsetzte.

Wer erfand die Pilzkopffrisur?

a) John Lennon
b) Paul McCartney
c) George Harrison
d) Ringo Starr
e) Stuart Sutcliffe

Antwort: e)
John Lennon hatte seinen Freund Stuart Sutcliffe zum Kauf eines Basses überredet, weil er ihn gern in die Band aufnehmen wollte. Der Kunststudent fühlte sich in der Musik allerdings nie ganz wohl. Noch vor deren Durchbruch verließ er die Beatles, um in Hamburg bei seiner Freundin, der Fotografin Astrid Kirchherr, zu wohnen und zu malen. Im April 1962 starb er an einer Gehirnblutung auf dem Weg ins Krankenhaus. Seine tragische Geschichte wurde 1994 in *Backbeat* verfilmt. Die Frisur hatte er bei einem befreundeten Fotografen, Jürgen Vollmer, abgeschaut.

Ihr erstes Hamburger Engagement hatten die Beatles im Stripclub Indra, wo sie bis zu neun Stunden lang täglich auftraten.

Wie lange bestanden die Beatles?

a) 5 Jahre   b) 10 Jahre
c) 15 Jahre   d) 20 Jahre

Antwort: b)
Von 1960 bis 1970. Länger brauchte es nicht, um die Beatles als erfolgreichste Band der Rock- und Popgeschichte zu etablieren. Leider war auch das Jahr 1980 ein Meilenstein: John Lennon wurde in New York von einem verrückten Fan erschossen.

In Adelaide wurden die Beatles 1964 von 300.000 Fans empfangen – die größte Menschenmenge, die sich bis dato in Australien versammelt hatte.

Was gilt als erstes Heavy-Metal-Stück der Welt?

a) *Satisfaction* von den Stones
b) *Bohemian Rhapsody* von Queen
c) *Helter Skelter* von den Beatles
d) *Hey Jude* von den Beatles

Antwort: c)
1968 nahm McCartney sich vor, das lauteste und härteste Lied aller Zeiten zu schreiben – das noch im selben Jahr auf dem *White Album* veröffentlichte *Helter Skelter* war das Ergebnis, das von vielen als erstes Heavy-Metal-Stück angesehen wird. Negativ besetzt wurde es durch den Massenmörder Charles Manson, der damit auf wirre Weise seine Morde (u. a. an Schauspielerin Sharon Tate, der hochschwangeren Ehefrau von Regisseur Roman Polanski) begründete, die einen Bürgerkrieg zwischen Schwarz und Weiß anzetteln sollten.

Der Titel *Lucy in the Sky with Diamonds* ist nicht LSD-Fantasien entsprungen, sondern so beschrieb John Lennons vierjähriger Sohn Julian ein selbst gemaltes Bild. Paul McCartney widmete ihm aus Anlass der Scheidung der Lennons den Song *Hey Jude*.

Wer war der Produzent der ersten professionellen Beatles-Aufnahmen, die die Band 1961 als *The Beat Brothers* gemeinsam mit Tony Sheridan machte?

a) Paulchen Kuhn   b) Max Greger
c) Bert Kaempfert   d) James Last

Antwort: c)
Der gebürtige Hamburger Bert Kaempfert (1923-80) war mit James Last der bekannteste Chef eines Unterhaltungsorchesters in Deutschland. Aus seiner Feder stammen Welthits, die von Frank Sinatra und Al Martino gesungen wurden: *Strangers in the Night* und *Spanish Eyes*. Mit seinem Instrumental von 1961, *Wonderland by Night*, wurde er zum ersten Deutschen an der Spitze der US-Charts überhaupt. Für Elvis bearbeitete er *Muss i denn zum Städtele hinaus* als *Wooden Heart*.

2012 wurde McCartney als Letzter der Beatles mit einem Stern auf dem Hollywood Walk of Fame geehrt.

Wer spielte 1968 anonym das Gitarrensolo in *When My Guitar Gently Weeps* von George Harrison?

a) Eric Clapton   b) Stevie Ray Vaughan
c) George Harrison   d) John Lennon

Antwort: a)
Beim Warten auf seinen Freund Clapton schrieb Harrison auch gleich noch *Here Comes the Sun*.

Bob Dylan führte die Beatles 1964 in den Konsum von Marihuana ein.

Wer war schuld am Ende der Beatles?

a) Yoko Ono   b) Linda McCartney
c) Allen Klein   d) Lennon/McCartney

Antwort: c)
Der zwielichtige Geschäftsmann Allen Klein war in den 1960ern sowohl Manager der Stones als auch der Beatles. Nur McCartney war gegen den Vertrag, der Klein zum Manager auf Lebenszeit gemacht und ihm viele wichtige Songrechte verliehen hätte. McCartney blieb nur eines übrig: Am 10. April 1970 verkündete er, gleichzeitig mit einer gerichtlichen Klage gegen die anderen Bandmitglieder und den Vertrag, die Trennung der Band und stellte einen Tag später sein Soloalbum vor. McCartney und Lennon komponierten nie wieder zusammen und zeigten sich nicht gemeinsam in der Öffentlichkeit. Die letzte gemeinsame musikalische Aktivität der beiden fand 1974 während einer spontanen Jamsession mit Stevie Wonder statt.

In den letzten Jahren seines Lebens entwickelte Elvis Presley eine Vorliebe für Toast mit Erdnussbutter und reifen Bananen sowie für einen „Fool's Gold Loaf": warmes Baguette, gefüllt mit Erdnussbutter, Traubenkonfitüre und Speck.

Elvis war auch begeisterter Schauspieler. In wie vielen Kinofilmen war er zu sehen?

a) 17   b) 33
c) 48   d) 59

Antwort: b)
Darunter waren nur zwei Konzertfilme.

Bei Elvis' Obduktion wurden 14 verschiedene Drogen und Medikamente gefunden.

In Deutschland hatte Elvis zu Lebzeiten tatsächlich nur einen Nummer-eins-Hit – welchen?

a) *In the Ghetto*   b) *Hound Dog*
c) *Muss i denn ...*   d) *Love Me Tender*

Antwort: a)

In der Boeing 707, die Elvis zu seinem Privatjet umbauen ließ, gab es neben einem Schlafzimmer auch eine Bar, einen Konferenzraum und zwei Badezimmer.

Wie viele Songs hatte Elvis aufgenommen, als er 1977 mit 42 Jahren starb?

a) 287
b) 390
c) über 700
d) über 1000

Antwort: c)

Elvis hält den Weltrekord mit über 69 zu Lebzeiten veröffentlichten Alben, von denen er etwa eine Milliarde verkaufte. Fast 40 seiner Songs landeten in den US-Top-Ten. Das bedeutete 58 Gold-, 39 Platin- und 19 Multiplatin-Platten.

Wie viele Fernseher hatte Elvis in seinem Wohnzimmer?

a) 0   b) 1
c) 3   d) 5

Antwort: c)
In seinem Wohnzimmer in Graceland gab es drei Bildschirme, die gleichzeitig liefen – Elvis hatte sich das von US-Präsident Lyndon B. Johnson abgeschaut.

Seinen ersten Auftritt hatte Elvis als Fünftklässler auf einem Volksfest.

Wie viel Geld bezahlte Elvis für seine erste Gitarre?

a) 0 Dollar b) 1 Dollar
c) 7 Dollar d) 67 Dollar

Antwort: c)
Er kaufte sie 1948 als 13-Jähriger in einem Werkzeugladen seiner Heimatstadt Tupelo, Mississippi.

> Rund 700 000 Besucher pilgern jährlich nach Graceland. Nur das Weiße Haus hat mehr Besucher. Als 22-Jähriger hatte Elvis das Anwesen für umgerechnet 75.000 Euro gekauft.

Wenn man alle je von Wolfgang Amadeus Mozart komponierten Stücke acht Stunden am Tag hintereinander hören müsste – wie lange würde das dauern?

a) 5 Tage b) 17 Wochen, 3 Tage
c) 3,5 Jahre d) über 4 Jahre

Antwort: d)
Es würde 1487,5 Tage dauern, das sind etwas über vier Jahre.

> Mozart fing mit vier Jahren an zu komponieren. Er konnte Noten lesen und schreiben, bevor er Buchstaben beherrschte. Mit neun schrieb er seine erste Symphonie, mit zwölf seine erste Oper.

Wie hieß Mozart bei seiner Geburt?

a) Wolfgang Amadeus Bacherl
b) Wolfgang Hieronimus Mozart
c) Wolfgang Leopold Amadeus Mozart
d) Joannes Chrysostomus Wolfgangus Theophilus Mozart

Antwort: d)
Die ersten beiden Vornamen benutzte er nie. Stattdessen nannte er sich später Wolfgang Amadeo Mozart, aus dem die französische Variante Amadé wurde. Die heute geläufige lateinische Version des Namens, Amadeus, benutzte er selbst nie. „Amadeo" war Mozarts Übersetzung des Namens Theophilus (Gottlieb/der Geliebte).

Mozarts Rufnamen waren Wolferl, Woferl oder Wolfie. Seine fünf Jahre ältere Schwester Maria Anna Walburga Ignatia wurde Nannerl genannt. Von sieben Geschwistern hatten nur zwei die Geburt überlebt. Mozart selbst hatte sechs Kinder, von denen nur zwei nicht im Kindesalter starben.

Was ist die Mozarteiche?

a) ein Baum, unter dem Mozart gern komponierte
b) eine Variation der Mozartkugeln
c) ein besonders wohltönendes Geigenholz
d) eine hölzerne Stimmgabel

Antwort: a)
Zwischen 1767 und 1769 hielt sich Mozart öfter im Benediktinerkloster Seeon in Oberbayern auf und widmete ihm auch zwei Offertorien. Die Mozarteiche, unter der er häufig komponierte, steht noch heute dort.

Die Forschung ist sich immer noch nicht sicher, wer der maskierte Fremde war, der Mozart im Juli 1791 besuchte, um ein Requiem in Auftrag zu geben. Mozart konnte es nicht mehr vollenden, denn er starb aufgrund nicht geklärter Ursachen am 5. Dezember 1791, einen Monat vor seinem 36. Geburtstag. Das letzte mit ihm uraufgeführte Werk war *Die Zauberflöte* am 30. September.

Welche beiden Länder teilen sich die Melodie ihrer Nationalhymnen?

a) Estland und Finnland
b) Deutschland und Österreich
c) England und Schottland
d) USA und Kanada

Antwort: a)
Die Nationalhymne Estlands wird auf die gleiche Melodie gesungen wie die Nationalhymne Finnlands. Die Melodie wurde 1848 von dem Deutschen Fredrik Pacius (1809–1891) komponiert. Als Estland 1917 unabhängig wurde, übernahm man die Hymne von den Finnen.

Die frühesten bekannten Musikinstrumente sind die Knochenflöten vom Geißenklösterle auf der Schwäbischen Alb. Sie sind rund 35.000 Jahre alt. Die meisten Anthropologen und Evolutionspsychologen sind sich jedoch einig, dass die Musik schon lange vorher zum Alltag des Menschen und seiner Vorfahren gehörte.

Studien haben belegt, dass Mozarts Klaviersonate die Chance auf einen epileptischen Anfall erkennbar senken kann.

Was war das erste Musikinstrument im Weltall?

a) Hundepfeife
b) Triangel
c) Nasenflöte
d) Mundharmonika

Antwort: d)
Am 16. Dezember 1965 spielte der US-Astronaut Walter Marty „Wally" Schirra jr. (1923-2007, Sohn von Schweizern) an Bord der Gemini 6 auf seiner heimlich in die Kapsel geschmuggelten Mundharmonika das Weihnachtslied *Jingle Bells*.

Der schottische Dudelsack ist zwar sicher die bekannteste, aber längst nicht die einzige Sackpfeife. Es gibt ihn auch in Spanien (dort heißt er Gaita), in Irland (Uillean Pipe), Frankreich (Cabrette) und im schweizerischen Tessin (Piva).

Die anatomischen Voraussetzungen für einen differenzierten Gesang haben sich vermutlich vor rund zwei Millionen Jahren entwickelt, als sich mit dem *Homo ergaster* der aufrechte Gang durchsetzte. Infolgedessen sank der Kehlkopf. Gleichzeitig veränderte sich durch die Umstellung der Nahrung hin zu mehr fleischlicher Kost der Kauapparat, die Mundhöhle wurde größer und konnte ein breiteres Spektrum an Lauten produzieren. Manche Wissenschaftler sehen die Ursprünge der Musik daher als eine kommunikative Anpassung an das Leben in größeren sozialen Gruppen, doch auch sexuelle Lockversuche können eine Rolle gespielt haben.

Wer war Johann Adolph Hasse?

a) der Erfinder des Keyboards
b) der populärste deutsche Komponist anno 1751
c) Heino
d) Goethes Hofkomponist

Antwort: b)
Im Jahr 1751 veröffentlichte die Künstlervereinigung Mizlersche Sozietät ein Ranking der berühmtesten deutschen Komponisten. Bach stand auf Platz 7, Händel auf 3, Telemann auf dem 2. Platz. Platz 1 fiel an Johann Adolph Hasse (1699-1783), zu jener Zeit Hofkapellmeister in Dresden.

Der Schlager *Es geht alles vorüber, es geht alles vorbei* durfte in Deutschland ab 1943 nicht mehr gespielt werden, weil illegale Radiosender den Refrain um die Zeile „sogar Adolf Hitler und seine Partei" erweitert hatten.

Wer gilt als Erfinder der mathematisch-rationalen Musiktheorie?

a) Platon
b) Aristoteles
c) Kopernikus
d) Pythagoras

Antwort: d)
Ihm wird in der Legende *Pythagoras in der Schmiede* die Entdeckung der Intervallproportionen zugeschrieben.

Beethovens später so berühmt gewordene *Fünfte Sinfonie* erhielt bei ihrer Uraufführung (22. Dezember 1808 in Wien) vernichtende Kritiken. Erst Jahre später setzte sich das Werk in der Musikwelt durch – den ersten größeren Beifall bekam sie 1812, ebenfalls in Wien.

Waren die Stones und die Beatles wirklich verfeindet?

a) ja
b) nein

Antwort: b)
Das erste Treffen der Beatles mit den Rolling Stones, die kurz vor der Veröffentlichung ihrer ersten Single standen, fand am 14. April 1963 im Crawdaddy Club des Londoner Station-Hotels statt. Später überließen John Lennon und Paul McCartney, die sich mit Mick Jagger und Keith Richards angefreundet hatten, der Gruppe ihre Komposition *I Wanna Be Your Man*. Der Titel erschien als zweite Stones-Single und erreichte Platz 12 der britischen Charts. 1967 sangen Lennon und McCartney im Background von *We Love You*.

Im Stones-Video *Anybody Seen My Baby?* spielte die 22-jährige Angelina Jolie 1997 eine Stripperin mit blonder Perücke. Mick Jagger soll ihr danach lange nachgestellt haben.

Wer hat die Band The Rolling Stones 1962 zusammengestellt?

a) Brian Jones
b) Mick Jagger
c) Keith Richards
d) Bill Wyman

Antwort: a)
Gitarrist Brian Jones war ein beispielhafter Rebell, der mit 16 schon mehrere Babys gezeugt hatte und mithilfe einer Anzeige eine klassische Bluesband im Chicagoer Stil von Muddy Waters zusammenstellen wollte.

Der erste, der sich auf Brian Jones' Anzeige nach Bandmitgliedern meldete, war der schottische Boogie-Woogie-Pianist Ian Stewart. Bandmanager Andrew Loog Oldham beschloss jedoch im Mai 1963, sechs Mitglieder seien zu viel. Bis zu seinem Tod 1985 blieb Stewart inoffizielles Bandmitglied bei Liveshows und im Studio sowie der Stones-Tourmanager.

Wonach sind die Rolling Stones benannt?

a) nach rollenden Haschsteinen, eine jamaikanische Spezialität
b) nach einem Muddy-Waters-Song
c) nach *Papa Was a Rollin' Stone* von den Temptations
d) nach einem Albtraum von Keith Richards

Antwort: b)
Brian Jones' großes Vorbild war Muddy Waters, zu dessen Songs *Rollin' Stone (Catfish Blues)* zählte.

Brian Jones war der kreativste und musikalischste der Stones, aber auch der unberechenbarste. Bei einer Versöhnungsparty soll er Mick Jagger mit einem Messer bedroht haben, bis sich beide im Swimmingpool rauften. Ende der 1960er sah Jones seine Band nur noch als blasse Beatles-Kopie und verfiel zunehmend den Drogen, besonders als Keith Richards ihm die Freundin, Model Anita Pallenberg, ausspannte. Im Juni 1969 wurde er aus der Band geworfen, weniger als einen Monat später ertrank Jones mit 27 Jahren in seinem Pool. Bis heute kursieren Mordgerüchte.

Wer vermittelte den Stones ihren ersten Plattenvertrag?

a) Beatles-Manager Brian Epstein
b) Keith Richards
c) Paul McCartney
d) George Harrison

Antwort: d)
Harrison legte ein gutes Wort für die Stones beim Chef der Plattenfirma Decca ein. Auch ihr Manager wurde ihnen von den Beatles empfohlen.

Am 12. Juli 1962 fanden rund 80 Männer und 30 Frauen den Weg in einen Londoner Keller namens Marquee Club und wurden dort Zeugen des ersten öffentlichen Auftritts der Rolling Stones. 2012 feierten die Stones ihr 50-jähriges Bandjubiläum mit einer Tour.

Bill Wyman, der Ex-Bassist der Stones, hat ein Restaurant in London, das, wie das Album der Stones, *Sticky Fingers* heißt.

Wer erfand das Wort „Groupie"?

a) Mick Jagger   b) Keith Richards
c) Bill Wyman   d) Charlie Watts

Antwort: c)
1965 soll er australische Fans auf einer Tour so genannt haben.

Madonnas Großeltern väterlicherseits kamen 1919 aus dem italienischen Dorf Pacentro in den Abruzzen in die USA. Dort wurde 1988 eine vier Meter hohe Statue von ihr errichtet. 2009 wurde die Region von einem Erdbeben heimgesucht, und Madonna spendete 500.000 Dollar.

Warum wurde Madonnas Pepsi-Werbespot nur einmal ausgestrahlt?

a) Sie gab in Interviews damit an, nur Coca Cola zu trinken.
b) Man konnte ihre Achselhaare zu deutlich sehen.
c) Der dazugehörige Song war ein Flop.
d) Schuld war die *Like-a-Prayer*-Kontroverse: Im Video küsst Madonna einen dunkelhäutigen Jesus und tanzt vor brennenden Kreuzen.

Antwort: d)

Bei welchem renommierten Regisseur hatte Madonna eine Minirolle?

a) Clint Eastwood   b) Roman Polanski
c) Woody Allen   d) Martin Scorsese

Antwort: c)
Normalerweise ist eine Rolle bei Woody Allen äußerst karriereförderlich, doch der Film *Shadows And Fog* von 1991 fand trotz hohen Budgets kaum Beachtung. Madonnas Minisexszene als Seiltänzerin Marie ist aber auch so kurz, dass man sie verpasst, wenn man blinzelt ...

Felix Howard, der 13-jährige Teenager aus dem Video *Open Your Heart*, ist jetzt selbst im Musikbusiness erfolgreich und schrieb Songs für Amy Winehouse, Kylie Minogue und die Sugarbabes.

Als was bezeichnete Elton John Madonna in einem Interview im Jahr 2012?

a) als billige Hure
b) als Jahrmarktsstripperin, deren Karriere längst vorbei ist
c) als Botox-Schlampe
d) als alte Hexe

Antwort: b)
Elton John ist eng mit Lady Gaga befreundet, die von Madonna des Songdiebstahls bezichtigt wurde, denn ihr *Born This Way* klinge genau wie *Express Yourself*. Ironischerweise haben beide irgendwie recht ...

Mit wem sang Madonna 1989 das Duett *Love Song*?

a) Michael Jackson
b) Prince
c) Stevie Wonder
d) Britney Spears

Antwort: b)
Michael Jackson war aber Madonnas Begleitung bei der Oscar-Verleihung 1991.

> Madonna heißt wirklich Madonna. Benannt wurde sie nach ihrer franko-kanadischen Mutter, die Madonna Louise Ciccone hieß und 1963 starb, als Madonna fünf Jahre alt war. Madonna hat fünf Geschwister. Danach heiratete der Vater die Haushälterin der Familie; aus dieser Ehe stammen zwei weitere Kinder.

Wo jobbte Madonna in New York?

a) McDonald's   b) Kentucky Fried Chicken
c) Burger King   d) Dunkin' Donuts

Antwort: d)
Allerdings wurde sie gefeuert, weil sie einem Kunden Marmelade ins Gesicht spritzte.

> 1977, im Alter von 19 Jahren, ging Madonna mit 30 Dollar in der Tasche nach New York. Sie wohnte zusammen mit Kakerlaken, hing in Discos herum und finanzierte sich durch Nacktfotos und reiche Liebhaber.

1981 ergatterte Madonna ihren ersten Job als Background-sängerin bei welchem deutschen Sänger?

a) Otto von Wernherr
b) Udo Lindenberg
c) Marius Müller-Westernhagen
d) Peter Maffay

Antwort: a)
Otto von Wernherr ist ein obskurer Avantgardekünstler der New Yorker Klubszene, der mit starkem deutschen Akzent und Sprechgesang Elektronikmusik herausbrachte und auch am Kunstfilm-Klassiker *Liquid Sky* als Alienjäger mitwirkte. Auf drei seiner Songs (u. a. *Cosmic Climb*) ist Madonna mit Minimalbeiträgen schlechter Qualität im Hintergrund zu hören. Seit sie berühmt ist, versucht er mit zahlreichen Remixen, diese gewinnbringend *als Madonna (& Otto von Wernherr) In The Beginning* zu vermarkten.

Madonnas (16.8.1958) Sternzeichen ist der Löwe. Im Video zu *Like a Virgin* posierte sie 1984 neben einem echten Löwen in Venedig.

Nach einer
turbulenten
Ehe mit Alben-
wldmungen (*True Blue* 1984) und Schlägereien
trennten sich Madonna und der von ihr als
„coolest guy in the universe" bezeichnete
Sean Penn an Silvester 1988.

Was bringt Madonnas Vater, Silvio Ciccone, heraus?

a) Madonna-Parfum
b) Madonna-Ikonen
c) Madonna-Wein
d) Madonna-Käse

Antwort: c)
Es gibt fünf Sorten: Pinot Grigio, Pinot Noir, Gewürz-
traminer, Cabernet Franc und Chardonnay. Die Flaschen kosten zwischen 25 und 40 Dollar.

Wer hat Madonna ihren letzten Mann, den englischen Regisseur Guy Ritchie, vorgestellt?

a) das Ehepaar Bowie
b) das Ehepaar Sting
c) das Ehepaar Elton John
d) Cyndi Lauper

Antwort: b)
Immerhin hielt die Ehe mit acht Jahren doppelt so
lang wie ihre erste mit Sean Penn.

Nach Madonna wurde 2006 eine neu entdeckte
Art von Tardigraden (Bärtierchen) benannt,
welche in extremen Konditionen überleben
können, die die meisten anderen Spezies um-
bringen würden: *Echiniscus madonnae*.

Das Video zu Britneys erstem Video *Baby One More Time* wurde 1999 an der kalifornischen Venice High School gefilmt. Welcher Film wurde bereits 1977 dort gedreht?

a) *Buffy – Der Vampirkiller*
b) *Fame*
c) *Grease*
d) *Flashdance*

Antwort: c)
In *Grease* mit John Travolta hieß sie allerdings Rydell High School.

Britney Spears hatte Gastauftritte in den Sitcoms *Sabrina – total verhext!*, *Will & Grace* und *How I Met Your Mother*, außerdem wurde ihr 2010 eine ganze Episode von *Glee* gewidmet, in der sie auch auftrat.

2004 heiratete Spears in Las Vegas ihren Kindheitsfreund Jason Alexander. Die Ehe wurde innerhalb von 58 Stunden annulliert und schaffte es damit ins *Guinnessbuch der Rekorde*.

Mit wem zusammen moderierte Britney Spears schon als Elfjährige für zwei Jahre den US-*Mickey-Mouse-Club*?

a) Justin Timberlake und Christina Aguilera
b) Justin Timberlake
c) Christina Aguilera
d) Justin Timberlake und Cameron Diaz

Antwort: a)
Timberlake war später auch Spears' angeblich erster Freund.

Woher kommt Max Martin, der mit Britney Spears an fast jedem ihrer Alben arbeitete?

a) Schweden
b) Norwegen
c) USA
d) Österreich

Antwort: a)
Der Stockholmer wurde bekannt als Ace-of-Base-Komponist und arbeitete auch für N'Sync, die Backstreet Boys, Pink und Katy Perry.

Dufte? Britney Spears hat zwischen 2004 und 2011 elf Parfüms unter ihrem Namen vermarktet und davon rund 1,5 Milliarden Stück verkauft.

Britney geht nicht aus, sondern hat einen Privatklub in ihrer Villa – komplett mit DJs, Glitzerkugel und Catering.

Welche bekannte Sängerin schrieb den Spears-Song *Don't Let Me Be the Last to Know* (2000)?

a) Dolly Parton   b) Christina Aguilera
c) Taylor Swift   d) Shania Twain

Antwort: d)
Twain schrieb das Lied zusammen mit ihrem Exmann Robert Lange.

Britneys zweiter Vorname ist der eigentliche Jungenname Jean wie der von Marilyn Monroe.

Zu welchem Videospiel komponierte Michael Jackson die Musik?

a) *Final Fantasy 5*
b) *Super Mario Bros.*
c) *Tomb Raider 2*
d) *Sonic the Hedgehog 3*

Antwort: d)
Erst nach Michaels Tod wurde bekannt, dass er 1994 den Soundtrack zu Segas Spieleklassiker zusammen mit dem offiziellen Komponisten Brad Buxter geschrieben hatte. Jackson war Spielefan, wollte aber nicht genannt werden, weil die damaligen Spielkonsolen (Sega Mega Drive) soundtechnisch schlecht ausgestattet waren. Zu hören sind übrigens Akkorde, die Jackson 1995 in dem Song *Stranger in Moscow* wiederverwendete.

1985 schnappte Michael Jackson Paul McCartney die Beatles-Songrechte vor der Nase weg, nachdem sie zwei Jahre zuvor zwei Duette gesungen hatten: *Say Say Say* und *The Girl Is Mine*.

Warum nannte Michael Jackson seine Söhne Prince Michael und Prince Michael II.?

a) als Versöhnung mit seinem alten Rivalen Prince
b) als Referenz an seinen Großvater Prince
c) Er war schließlich der King of Pop!
d) Es klang gut.

Antwort: b)

Am liebsten komponierte Michael Jackson auf den Bäumen seiner Neverland Ranch, auf die er kletterte.

Welcher Fred-Astaire-Film war Vorbild für das *Smooth-Criminal*-Video von Michael Jackson?

a) *Tanz mit mir* (1937)
b) *Let's Dance* (1950)
c) *Vorhang auf!* (1953)
d) *Daddy Langbein* (1955)

Antwort: c)
Regie führte Liza Minnellis Vater, Vincente Minnelli. Im Film gibt es eine längere Szene mit dem tanzenden Fred Astaire in der Rolle eines Detektivs, die *Smooth Criminal* inspirierte. Außerdem tauchen einige Filmzeilen in *Dangerous* auf.

Wann zeigte Michael Jackson zum ersten Mal seinen Moonwalk?

a) 1977 b) 1979
c) 1983 d) 1985

Antwort: c)
Abgeschaut hatte er sich den Laufstil bei Pantomimen. Während seiner Performance von *Billie Jean* in der Sondersendung *Motown 25* anlässlich des 25-jährigen Bestehens seines früheren Plattenlabels am 25. März 1983 zeigte Jackson erstmals den Moonwalk.

Billie Jean sollte erst *Not My Lover* heißen, da Produzent Quincy Jones Verwechslungen mit der US-Tennisspielerin Billie Jean King vermeiden wollte. Jackson benötigte ungefähr drei Wochen allein für die Komposition des Basslaufs bei *Billie Jean*. Seinen Gesang nahm er dagegen in nur einem Take auf.

Wer schrieb *You Are Not Alone* (1995)?

a) LL Cool J b) Quincy Jones
c) R. Kelly d) Bobby Brown

Antwort: c)

Michael Jackson war der „Schwiegersohn" von Elvis – zumindest von 1994 bis 1996, als er mit Presley-Tochter Lisa Marie verheiratet war.

Auf dem *HIStory*-Album benutzte Michael Jackson zum ersten Mal Schimpfwörter in neuen Songs wie *Scream*. Davor war *Dirty Diana* das höchste der Gefühle gewesen ... In diesen Stücken der Compilation verarbeitete der Sänger seinen ersten angeblichen Kinderschänder-Skandal von 1993.

Warum trennte sich Michael Jackson von Motown?

a) Ihm wurde mehr Geld geboten.
b) Er wollte sich auch von der Band seiner Brüder, Jackson 5, trennen.
c) Er durfte dort keine selbst geschriebenen Songs aufnehmen.
d) Er wollte seine eigene Plattenfirma gründen.

Antwort: c)
Weder die Jackson 5 noch Michael durften bei Motown selbst geschriebene und selbst produzierte Stücke veröffentlichen, da man dies lieber den eigenen Songwritern und Produzenten überlassen wollte. Firmenchef Berry Gordy vertrat die Ansicht, dass die Jackson 5, und damit auch Michael, nicht das Potenzial zum Songschreiben und Produzieren hatten.

Bei Erscheinen von *HIStory* (1995) wurden drei auf jeweils ca. 500.000 limitierte Spezialauflagen für Deutschland, Frankreich sowie Holland hergestellt. Sie beinhalten exklusive, ca. 20 Sekunden kurze Audio-Messages an die Fans der jeweiligen Länder. In der deutschen Version war die Botschaft als 16. Track auf der ersten CD versteckt.

Am ersten Tag nach seinem Tod im Juni 2009 verkaufte Amazon so viele Michael-Jackson-CDs wie in den elf Jahren zuvor.

Michael Jackson hatte 1991 eine Sprecher-Gastrolle bei den *Simpsons*. Welches Pseudonym benutzte er?

a) Michael Minnelli
b) Michael Taylor
c) Robert Burdoch
d) John Jay Smith

Antwort: d)
Erst später gab *Simpsons*-Macher Matt Groening zu, dass Michael Jackson 1991 die Rolle

des Leon Kompowsky in der Episode *Komplett verrückter Vater* sprach. Das Problem war, dass Jacksons Plattenfirma keine Nebenprojekte erlaubte, Michael aber den Song *Do the Bartman* beigesteuert hatte. Den Gesang der Jackson-Songs übernahm deshalb der Stimmenimitator Christopher „Kipp" Lennon. Kompowsky war ein dicker Verrückter, der sich einbildete, Michael Jackson zu sein.

1999 bezahlte Jackson 1,5 Millionen Dollar für den Originaloscar des Filmklassikers *Vom Winde verweht*. Einen noch besseren Preis erzielte die rote Lederjacke aus dem *Thriller*-Video, die 2011 für 1,8 Millionen Dollar versteigert wurde. Entworfen wurde sie von Deborah Landis, der Ehefrau des *Thriller*-Regisseurs John Landis.

Eigentlich waren viel mehr Songs für *Thriller* geplant: Insgesamt wurden 30 Stücke für das Album geschrieben, doch nur neun schafften es auf die LP. Einige dieser nicht veröffentlichten Songs tauchten in den letzten Jahren im Internet auf – darunter *Hot Street*, (*She's*) *Trouble*, *Carousel* und *Nite Line*.

Michael Jacksons wievieltes Soloalbum war *Thriller*?

a) 1.
b) 3.
c) 5.
d) 6.

Antwort: d)

Das erste Soloalbum – *Got to Be There* – hatte Michael bereits mit 13 aufgenommen. Trotzdem blieb er Mitglied der Jackson 5.

Die Jackson 5 hätten auch Jackson 9 heißen können, denn nicht alle Geschwister waren Bandmitglieder (z. B. nicht die Schwestern Janet und LaToya).

Welcher italienische Sänger verklagte Michael Jackson 1999 erfolgreich wegen eines Plagiats?

a) Al Bano
b) Zucchero
c) Adriano Celentano
d) Eros Ramazotti

Antwort: a)

Der Grund: Weite Passagen des Hits *Will You Be There* stimmten mit Al Banos Lied *I cigni di Balaka* überein.

Warum musste Michael Jackson bei der Grammyverleihung 1984 ein Toupet tragen?

a) Er hatte sich zu viel Botox in die Stirn gespritzt.
b) Sein Haar hatte bei Dreharbeiten Feuer gefangen.
c) Er hatte seine Haare blond färben wollen und sie waren ihm ausgefallen.
d) Sein Friseur bekam den gewünschten Look anders nicht hin.

Antwort: b)

Jackson drehte seinen zweiten hoch dotierten Werbeclip für Pepsi, als unkontrolliert umherfliegende Feuerwerkskörper seine Haare in Brand setzten. Daraufhin musste er sich mehreren Operationen unterziehen und litt sein Leben lang an Schmerzen und den ihm später zum Verhängnis werdenden Schlafstörungen.

Im Juni 2010 wurde bekannt, dass Michael Jackson seit seinem Tod etwa eine Milliarde US-Dollar verdient hatte. Das ist nicht nur mehr, als alle anderen toten Künstler je erhielten, sondern auch mehr, als alle lebenden in diesem Jahr verdienten. Außerdem tauchen ständig neue Lieder auf. Am 25. Juni 2011 veröffentlichte der ehemalige Bee-Gees-Sänger Barry Gibb auf seiner Homepage das Lied *All in Your Name*, eine unveröffentlichte Zusammenarbeit mit Michael Jackson aus dem Jahr 2002. Und auch die verbliebenen Queen-Mitglieder kündigten im November 2011 an, einigen Aufnahmen von Jackson und Freddie Mercury den letzten Schliff zu geben.

Was macht eigentlich Michael Jacksons berühmter Schimpanse Bubbles?

a) Bubble Tea
b) Er ist leider in den 90ern gestorben.
c) Er lebt immer noch einsam auf der Neverland Ranch.
d) Er lebt in einem Affencenter und kann auf Zeit adoptiert werden.

Antwort: d)
Der 1983 in einem Versuchslabor geborene Schimpanse war vier Jahre mit Michael Jackson auf Tour und beherrscht sogar den Moonwalk! Jackson trennte sich 2003 von Bubbles, nachdem der Affe zunehmend aggressiver und für Menschen gefährlich geworden war. Bis 2005 lebte er bei seinem Trainer in Kalifornien. Im März 2005 gab dieser ihn an das Center for Great Apes in Wauchula (Florida) ab. Der Schimpanse wiegt 170 Pfund und kann für einen Preis von 10.000 Dollar für ein Jahr lang „adoptiert" werden. Man erhält ein Zertifikat, jedoch nicht die Möglichkeit, ihn aus seinem gewohnten Umkreis zu entfernen. Der Adoptierende darf eine Nacht auf dem Gelände verbringen. 1988 verewigte der Künstler Jeff Koons Michael Jackson und Bubbles in einer lebensgroßen Porzellanstatue, die 2001 für 5,1 Millionen Dollar versteigert wurde.

Bei seiner Autopsie wurde bestätigt, dass Jackson wirklich an der seltenen Hautkrankheit Vitiligo (Weißfleckenkrankheit oder Scheckhaut) litt, die seine Haut zunehmend weiß erscheinen ließ. Die Presse hatte ihm unterstellt, dies erfunden zu haben.

Im frühen Hollywood waren Kinos schon verboten, bevor es dort überhaupt welche gab.

Warum zog es die noch junge Filmbranche von New York nach Hollywood?

a) besseres Wetter
b) ein Patentkrieg
c) Nähe zu Mexiko
d) aus allen 3 Gründen

Antwort: d)
Besseres Wetter ermöglichte längere Drehtage, und besonders gut und billig ließ es sich in Mexiko filmen. Dazu kam, dass Glühbirnenerfinder Thomas A. Edison (1847-1931) an der Ostküste einen erbitterten Patentrechtskampf mit allen Filmschaffenden führte, denn seine Gesellschaft Motion Picture Patents Trust wollte für den Einsatz aller Kameras und Scheinwerfer bezahlt werden und setzte ihre finanziellen Interessen sogar oft mit Zerstörung und Gewalt durch.

Der spätere Monumentalfilmregisseur Cecil B. DeMille (1881–1959) drehte von 1912 bis 1914 den ersten abendfüllenden Hollywoodspielfilm: *The Squaw Man*. Dafür wurden die meisten Innenszenen in einem Pferdestall an der Ecke von Sunset Boulevard und Vine Street gedreht. Dort steht heute eine Bank, doch ein Wandgemälde erinnert noch an vier Szenen des Films. Ein erster Kurzfilm war schon 1910 in Hollywood entstanden: *In Old California* von D. W. Griffith (1875–1948).

Was war statt Hollywood zuerst auf den berühmten großen Buchstaben über der Stadt zu lesen?

a) Holywood
b) No Parking
c) Disneyland
d) Hollywoodland

Antwort: d)
1923 wurde das Hollywood Sign von Verleger und Makler Harry Chandler für 21.000 Dollar errichtet, um den Immobilienmarkt in den umliegenden Hügeln anzukurbeln. Ursprünglich sollte es nur 18 Monate stehen bleiben; inzwischen sind es rund 90 Jahre. 1945 wurde „land" abmontiert, sodass nur Hollywood übrig blieb. Die Buchstaben sind je 15 Meter hoch und 137 Meter lang. Seit 1939 erhellen 4000 Glühbirnen sie jede Nacht; für die Auswechslung gibt es extra einen Angestellten.

Es dürfen nicht mehr als 2000 Schafe gleichzeitig den Hollywood Boulevard entlanggetrieben werden!

Wer veranstaltete 1977 eine Auktion, um die Instandsetzung der herunterbröckelnden Buchstaben des Hollywood-Schriftzugs zu finanzieren?

a) Arnold Schwarzenegger   b) Larry Flynt
c) Sylvester Stallone   d) Hugh Hefner

Antwort: d)
Die vom *Playboy*-Gründer organisierte Benefizauktion dauerte drei Tage und war ein voller Erfolg. Alice Cooper ersteigerte z. B. das „0". Seit 1995 gibt es eine Stiftung, die sich um den Erhalt der Buchstaben kümmert.

Wessen Stern ist nicht direkt auf dem Walk of Fame zu finden?

a) John Lennon   b) Elvis Presley
c) Donald Duck   d) Muhammad Ali

Antwort: d)
Muhammad Ali wollte nicht, dass Leute auf seinem Namen herumlaufen, die keinen Respekt vor ihm haben. Deshalb wurde sein Stern 2002 als bisher einziger nicht auf dem Gehweg, sondern in die Fassade des Kodak Theatre, das 2012 in Dolby Theatre umbenannt wurde, eingelassen.

Es dauerte zehn Jahre, bis der Filmklassiker *Casablanca* in die deutschen Kinos kam. Erst 1952 lief eine gekürzte Version an, in der alle Bezüge auf die Zeit des Nationalsozialismus fehlten. Verleiher Warner Bros. meinte, *Casablanca* sei sonst „nicht zur Vorführung in Deutschland geeignet". Auch ungekürzt ist der berühmte Satz „Play it again, Sam" kein einziges Mal zu hören, und da Ingrid Bergman Humphrey Bogart um fünf Zentimeter überragte, stand dieser in vielen Szenen auf Kisten, um „Sieh mir in die Augen, Kleines" sagen zu können ...

Gegründet wurde Hollywood 1887 als kleine geplante Wohnstadt von Horace Wilcox und seiner Frau Daeida. Die strengen Prohibitionisten aus Kansas wollten die junge Gemeinde alkoholfrei halten. Nachdem die Nestor-Filmgesellschaft 1911 dort ein Büro errichtet hatte, war es damit vorbei. Viele Bewohner waren den Showleuten deshalb feindlich gesinnt und stellten in ihren Vorgärten Schilder auf, auf denen „No dogs, no actors" stand. Aus den 200 Morgen Farmland der Wilcoxes entstand Hollywood. Sie selbst dachten sich Straßennamen aus und Daeida dekorierte und bepflanzte die Gegend. Sie starb 1914 als „Mother Hollywood".

Wer erfand den Countdown bei einem Raketenstart?

a) Neil Armstrong
b) Fritz Lang
c) Stanley Kubrick
d) George Méliès

Antwort: b)
Der Countdown beim Raketenstart ist eine Erfindung des deutschen Regisseurs Fritz Lang (1890-1976). In seinem Science-Fiction-Film *Frau im Mond* von 1929 kam ein Raketenstart vor. Um diesen besonders spannend zu gestalten, ließ er die letzten zehn Sekunden bis zum Start rückwärtszählen.

Das Wort „Film" (engl. Häutchen, dünne Schicht) stand ursprünglich für das elastische Material von Fotofilmen, die die Fotoplatten ersetzten.

Wer sollte die Rolle der Scarlett O'Hara in *Vom Winde verweht* ursprünglich spielen?

a) Bette Davis
b) Jean Harlow
c) Greta Garbo
d) Marlene Dietrich

Antwort: a)

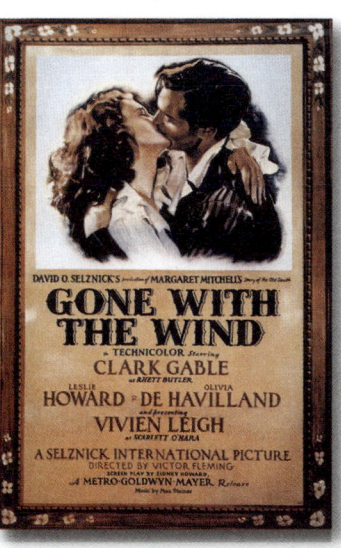

Bette Davis lehnte ab, weil sie glaubte, an der Seite von Errol Flynn spielen zu müssen, den sie nicht mochte. Clark Gable stimmte der Rolle des Rhett Butler 1939 erst zu, als sein Honorar erhöht wurde. Damit konnte er seine Scheidung von der älteren Theatermanagerin Josephine Dillon finanzieren, die ihn nach Hollywood gebracht hatte, und war frei für eine Ehe mit Kollegin Carole Lombard, mit der er an zwei drehfreien Tagen für eine Billighochzeit durchbrannte. Lombard kam 1942 bei einem Flugzeugabsturz ums Leben.

Der Name für das Zauberland Oz im *Zauberer von Oz* entstand, als sein Schöpfer, der US-Schriftsteller Lyman Frank Baum (1856–1919), in seinen Aktenschrank schaute und dort A–N und O–Z sah.

Mr. Bean, Rowan Atkinson, war schon 20 Jahre vor seinem Einsatz als 007-Parodie Johnny English einschlägig tätig. Im Bond-Streifen *Sag niemals nie* von 1983 spielt er einen britischen Diplomaten, der auf den Bahamas Kontakt mit James Bond (Sean Connery) aufnimmt.

In *Jenseits von Afrika* (1985) kamen die Löwen tatsächlich nicht aus Afrika. Warum?

a) Der Film wurde in Mexiko gedreht.
b) Der Regisseur mochte das Aussehen von asiatischen Löwen lieber.
c) Ein Gesetz in Kenia verbot die Arbeit mit kenianischen Löwen.
d) Nachdem ein Stuntman gebissen wurde, kamen nur ausgestopfte Löwen zum Einsatz.

Antwort: c)
Sie wurden aus Kalifornien nach Kenia importiert, weil ein kenianisches Gesetz den Einsatz wilder Tiere für Filmaufnahmen verbot.

Wann und wo fand die erste Filmvorführung gegen Geld statt?

a) 22.3.1895 in Paris
b) 1.11.1895 in Berlin
c) 28.12.1895 in London
d) 29.3.1896 in New York

Antwort: b)
Die erste öffentliche Filmvorführung gegen Geld wird den Brüdern Skladanowsky zugeschrieben. Am 1. November 1895 präsentierten sie mit ihrem Bioskop eine 15-minütige Aufführung von kurzen Filmen im Rahmen eines Unterhaltungsprogramms im Berliner Variété Wintergarten. Schon am 22. März 1895 hatten die französischen Brüder Lumière ihren selbst gebauten Kinematografen vorgeführt, dafür jedoch keinen Eintritt verlangt.

Die meistverfilmte Horrorgestalt ist Graf Dracula, den über 160 Schauspieler verkörperten – allen voran der Ungar Bela Lugosi (1882–1956). Lugosi lebte übrigens von 1919 bis 1921 in Berlin und spielte kleinere Rollen in verschiedenen Karl-May-Stummfilmen wie *Die Todeskarawane*. Er wurde in einem Dracula-Kostüm beerdigt, obwohl er ihn nur in zwei Filmen dargestellt hat.

Eine erfolgreiche Bollywood-Produktion (Bollywood = Hollywood + Bombay) soll alle neun sogenannten Rasas, die traditionell überlieferten Bestandteile indischer Kunst, enthalten: Liebe, Heldentum, Ekel, Komik, Schrecken, Wundersames, Wut, Pathos und Friedvolles. Pro Jahr entstehen etwa 250 neue Hindi-Filme, die alle zumindest in den letzten 30 Jahren eins gemein haben: Armut kommt darin nicht vor.

Wie oft gewann Alfred Hitchcock den Oscar?

a) nie
b) 1-mal
c) 3-mal
d) 6-mal

Antwort: a)
Er nahm es – typisch englisch – mit trockenem Humor: „Immer die Brautjungfer, nie die Braut."

Hitchcocks erste eigene Regiearbeit, *Number 13*, blieb 1922 unvollendet, da das Filmstudio aus Kostengründen geschlossen wurde.

Welcher Teil des Körpers fehlte bei Alfred Hitchcock?

a) Nerven
b) Zehe
c) Finger
d) Bauchnabel

Antwort: d)
Er hatte so viele Bauchoperationen, dass der Nabel quasi im Narbengewebe verschwand.

Warum wurde Hitchcocks Film *Psycho* von der US-Filmzensur beanstandet?

a) zu gruselige Musik
b) aus Furcht vor psychischen Dauerschäden bei Zuschauern
c) zu viel Blut
d) sichtbare Toilette

Antwort: d)

> Alfred Hitchcock wurde am 13. August 1899 in London als jüngster Sohn eines Gemüsehänd-lers geboren, der starb, als Alfred 15 war. In seiner Kindheit war Hitchcock oft einsam, weil er dicklich und katholisch war.

Was war 1920 der erste Job Alfred Hitchcocks im Film-business?

a) Drehbuchschreiber
b) Praktikant
c) Beleuchter
d) Zeichner von Zwischentiteln

Antwort: d)
Hitchcock hatte sich mit einer Mappe von Illustratio-nen beworben, nachdem er gehört hatte, dass das US-Filmstudio Paramount Famous Players-Lasky eine Filiale in London eröffnen wollte. Zwei Jahre lang zeichnete er Titel, entwarf Kostüme und Dekoratio-nen. Nachdem er auch Drehbücher bearbeiten durf-te, eröffnete sich 1922 die erste Regie-Chance: Der Regisseur von *Always Tell Your Wife* war gefeuert worden, und es fehlte noch die Schlussszene.

Was oder wer ist MacGuffin?

a) Hitchcocks 3. Hund, eine Deutsche Bull-dogge
b) der 2. Vorname Hitchcocks
c) ein von Hitchcock geprägter Filmbegriff
d) Hitchcocks Englischlehrer, der Vorbild für viele seiner Mörder war

Antwort: c)
Damit werden beliebige Personen oder Objekte be-zeichnet, die die Filmhandlung vorantreiben, ohne selbst von Interesse zu sein. Das kann ein Geheim-dokument sein oder eine Tasche mit Beute. Beispiele sind die 39 Stufen aus Hitchcocks gleichnamigem Film oder die 40.000 Dollar in *Psycho*.

> Hitchcock war stolz darauf, dass er, seine Frau Alma und ihr Hund Sarah an drei aufeinander-folgenden Tagen Mitte August Geburtstag hat-ten. Der West-Highland-Terrier schlief übrigens auf eigenem Kissen in der Mitte des Ehebettes.

Wovor hatte Hitchcock Angst?

a) Duschen   b) Vögeln
c) Höhen   d) Eiern

Antwort: d)
Ei, ei, ei: Hitchcock litt unter Ovophobie – der Angst vor Eiern! Diese wiederum werden von bösen Vögeln gelegt ...

Wo entdeckte Hitchcock seine Hauptdarstellerin Tippi Hedren (*Die Vögel, Marnie*)?

a) im Werbefernsehen
b) auf der Straße
c) im Taubenzüchterverein
d) bei einem Interview, das er für einen Lokalsender gab

Antwort: a)
Sie war in einem Werbespot für den Diätdrink Sego zu sehen. Später bezichtigte Tippi (*1930) Hitchcock der sexuellen Nötigung. Als sie seine Avancen nicht erwiderte, beendete er die Zusammenarbeit. Im August 2012 zeigte HBO einen Fernsehfilm über Tippis Erinnerungen an Hitchcock, mit Sienna Miller in der Hauptrolle: *The Girl*. Auch Tippis Tochter wurde berühmt – als Melanie Griffith (*1957).

Die Furcht einflößenden Vogelschreie in *Die Vögel* von 1961 stammen aus Berlin: der Musiker und Physiker Oskar Sala (1910–2002) hatte 1930 mit dem Ingenieur Friedrich Trautwein eins der ersten elektronischen Instrumente überhaupt entwickelt: das Trautonium, den Vorläufer des Synthesizers.

Hitchcocks letzte Zusammenarbeit mit dem Regisseur Graham Cutts führte ihn 1924/25 nach Deutschland: Der Film *Die Prinzessin und der Geiger* entstand in den Babelsberger Filmstudios – damals die modernsten der Welt. Dabei hatte Hitchcock die Möglichkeit, Friedrich Wilhelm Murnau bei den Arbeiten an *Der letzte Mann* zu beobachten, und war so beeindruckt, dass er einige Techniken Murnaus für die Szenenbilder seiner eigenen Produktion übernahm.

Ein Markenzeichen Alfred Hitchcocks waren seine Cameo-Auftritte: Seit 1927 in *Der Mieter* ist Hitchcock in jedem seiner Filme kurz zu sehen. Der Grund war pragmatisch: In seinen ersten Filmen mangelte es an Statisten.

Was war an Hitchcocks erstem Farbfilm ebenfalls neu?

a) Die Kameras drehten sich.
b) Jedes Wort wurde gesungen.
c) Die Einstellungen waren bewusst lang.
d) Er war in 3-D.

Antwort: c)
Cocktail für eine Leiche (1948) mit James Stewart blieb vor allem wegen eines anderen Experiments Hitchcocks in Erinnerung: Jede Einstellung dieses kammerspielartigen Films dauerte so lange, wie es das Filmmaterial in der Kamera erlaubte, also rund zehn Minuten. Durch geschickte Übergänge sollte der Eindruck entstehen, dass sich die Geschichte in Echtzeit und von nur einer Kamera gefilmt ereignet.

Zwei frühe Filme des Jungregisseurs Hitchcock waren nur möglich, weil er deutsche Investoren dafür fand. Das expressionistische Melodram *Irrgarten der Leidenschaft* (1925) und der in Tirol gedrehte *Bergadler* (1926) liefen auch nur in deutschen Kinos. Zum kleinen Filmteam gehörte neben Hitchcock fast nur noch Assistentin und Cutterin Alma Reville, die 1926 seine Frau wurde. 1928 wurde Tochter Patricia geboren, die später in mehreren Hitchcock-Filmen mitspielte. Alma überlebte Hitchcock um zwei Jahre.

Wo wurde 2011 ein lang verschollen geglaubtes filmisches Frühwerk von Hitchcock gefunden?

a) in einem Safe in Neuseeland
b) auf einem Dachboden in Louisiana
c) im Keller eines alten Kinos in London
d) im Nachlass von Michael Jackson

Antwort: a)
Das Melodram *White Shadow* (1923), bei dem der 24-Jährige als Autor, Regieassistent und Artdirector fungierte, erzählt die Geschichte von zwei gegensätzlichen Zwillingsschwestern. Die sechs Filmrollen stammen aus dem Nachlass eines neuseeländischen Filmvorführers.

Wie viele Screwball-Komödien drehte Hitchcock?

a) 0
b) 1
c) 6
d) 10

Antwort: b)
Mr. und Mrs. Smith entstand 1941 mit Carole Lombard und Robert Montgomery, die ein Anwaltsehepaar spielen. Zu der Regie hatte ihn Carole Lombard überredet, die Hitchcock mit Humor aufzulockern versuchte: Am ersten Drehtag holte sie drei Kühe mit Namensschildern der Hauptdarsteller ins Studio, weil Hitchcock die Schauspieler als „Vieh" bezeichnet hatte. Bei Publikum und Kritik kam der Film gut an, doch er blieb Hitchcocks einzige echte Komödie. Lombard war u. a. mit Clark Gable verheiratet und starb 1942 mit 33 Jahren bei einem Flugzeugabsturz.

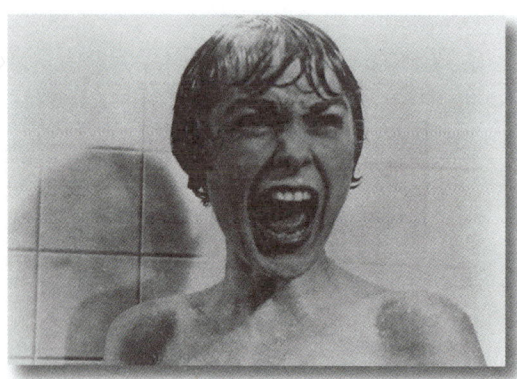

> Die berühmte 45-Sekunden-Duschszene in *Psycho* wurde eine ganze Woche lang gedreht. Danach habe sich Hauptdarstellerin Janet Leigh (1927–2004) eine Zeit lang vor dem Duschen geängstigt.

> Das Geräusch, das E. T. beim Laufen macht, wurde erzeugt, indem jemand Götterspeise zerdrückte.

In welchem Film gibt es Cameo-Auftritte von George Lucas, Steven Spielberg, Carrie Fisher und Glenn Close?

a) *Hook*   b) *The Color Purple*
c) *Indiana Jones 4*   d) *Jurassic Park*

Antwort: a)
Lucas und Fisher sind ein schwebendes, sich küssendes Paar, und Spielberg führt die Piraten an, als sie Hooks Schiff stürmen. Auch Close ist eine Piratin.

> Steven Spielberg ist der Stiefvater von Grey's-Anatomy-Star Jessica Capshaw (33). Seit den Dreharbeiten zu *Indiana Jones und der Tempel des Todes* 1984 sind er und seine damalige Hauptdarstellerin Kate Capshaw ein Paar mit insgesamt sechs Kindern.

Welcher Batman-Darsteller war als Kind schon ein Spielberg-Star?

a) Val Kilmer
b) Michael Keaton
c) George Clooney
d) Christian Bale

Antwort: d)
1987 bekam der Engländer als 13-Jähriger die Hauptrolle in *Das Reich der Sonne*.

Gemessen am Einspielergebnis ist Steven Spielberg der erfolgreichste Regisseur aller Zeiten.

Wie kam Steven Spielberg zu dem Nachnamen?

a) Er spielte in seiner Kindheit gern auf einem Berg.
b) von dem Graf von Spielberg in der Steiermark
c) von der kleinen Stadt Spielberg an der deutsch-polnischen Grenze
d) von einem Berg bei Bozen

Antwort: b)
Spielbergs Vorfahren waren Mitte des 17. Jahrhunderts aus der Ukraine in die österreichische Steiermark eingewandert und dort dem Grafen von Spielberg unterstellt, der im 1570 erbauten Schloss Spielberg residierte. Dies gab auch der Stadt Spielberg bei Knittelfeld ihren Namen. In der 5000-Einwohner-Gemeinde wurde der Marktplatz in Steven-Spielberg-Platz umbenannt.

In seinem frühen Film *Duell* ist das Wort „Grebleips" auf einem Truck zu lesen – Spielberg rückwärts.

Um sich aus den Fesseln der Hollywood-Studios zu befreien, gründeten die Brüder Charles und Sydney Chaplin zusammen mit Schauspielkollegen 1919 die erste unabhängige Filmfirma: UA – United Artists. Heute gehört UA zu Sony.

Der 1889 in London geborene Charlie Chaplin ist künstlerisch vorbelastet. Was waren seine Eltern von Beruf?

a) Zirkusartisten
b) Maler
c) Sänger
d) Pantomimen

Antwort: c)
Seine Eltern traten in britischen Music Halls auf. Kurz nach Charlies Geburt verließ der alkoholkranke Vater Charles Chaplin sen. die Familie, und die Mutter musste Charles jr. und den vier Jahre älteren Halbbruder Sydney allein durchbringen. Bei einem Auftritt blieb ihr die Stimme weg, und der fünfjährige Charlie musste einspringen.

Nach vielen Affären und drei Ehen wurde Chaplin 1943 45-jährig mit Ehefrau Nr. 4, der 18-jährigen Tochter des US-Dramatikers Eugene O'Neill (*Eines langen Tages Reise in die Nacht*), Oona, glücklich. Tochter Geraldine Chaplin (*1944, selbst Schauspielerin) folgten sieben weitere Kinder. Oona war 1941 auch J. D. Salingers (*Der Fänger im Roggen*) große Liebe und Muse.

Chaplin bewies Humor, indem er einmal selbst an einem Charlie-Chaplin-Doppelgänger-Wettbewerb teilnahm. Allerdings landete er nur auf Platz 3 ...

Chaplin drehte viele Filme ohne ...

a) Unterhosen.
b) Ton und Drehbuch.
c) Schlaf.
d) Budget.

Antwort: b)
Tonfilmen stand Chaplin skeptisch gegenüber und drehte bis weit in die 1930er-Jahre Stummfilme, die ohne Drehbuch improvisiert wurden. Seine erfolgreichste Filmfigur, der *Tramp*, trat nie in einem Tonfilm auf.

Zwei Monate nach seinem Tod wurde Chaplins Leiche von Erpressern entführt, die kurz darauf gestellt wurden. Seitdem ist das Grab in der Schweiz einbetoniert. Das Theaterstück *Kidnappin' Chaplin* von Martin Kolozs verarbeitet diese Geschichte.

Was gründete Charlies Halbbruder Sydney 1919 als Erster in den USA?

a) eine Fluglinie
b) eine Mobilfunkfirma
c) eine Firma für Multiplexkinos
d) eine Schauspielergewerkschaft

Antwort: a)
Chaplin Airlines. Zusammen mit einem Piloten gründete Sydney die nicht lange bestehende erste Fluggesellschaft der USA. Als Manager von Charles erwies er sich als geschickterer Geschäftsmann, der seinem Bruder die höchstdotierten Verträge vermittelte. In frühen Filmen wie *Gewehr über* traten beide auf.

Charlie Chaplin gewann zwar mehrere Oscars, jedoch nie als Schauspieler oder Regisseur – einen für den besten Soundtrack sowie zwei Ehrenoscars.

Wer war Charlie-Chaplin-Imitator?

a) Stan Laurel   b) Oliver Hardy
c) Buster Keaton   d) Peter Sellers

Antwort: a)
Im November 1917 verklagte Charlie erfolglos mehrere Filmstudios, die mit Chaplin-Imitatoren zahlreiche Filme produziert hatten. Der bekannteste Imitator war Billy West in rund 50 Filmen. Auch Chaplins ehemaliger Kollege bei der Pantomimengruppe Karno, Stan Jefferson (Stan Laurel aus *Dick und Doof*), trat auf der Bühne als Chaplin auf.

Schon in seinem zweiten Film, *Kid Auto Races at Venice*, trug Charlie 1914 das von Kollegen zusammengeliehene Outfit, das ihn berühmt machen sollte: zu weite Hosen, zu enger Gehrock, Melone, Spazierstock, kaputte Schuhe und ein kleiner Schnurrbart in einem blass geschminkten Gesicht – die Karikatur eines englischen Gentlemans.

Mit welchem Star des Regisseurs Ernst Lubitsch war Chaplin kurz verlobt?

a) Marlene Dietrich   b) Greta Garbo
c) Pola Negri   d) Camilla Horn

Antwort: c)
Sie hatten 1922 eine stürmische Affäre in Berlin. Die Polin war einer der ersten Vamps des Kinos und hatte auch eine Affäre mit Rudolph Valentino. Pola Negri starb mit 92 in Texas. Berühmt wurden 1987 ihre letzten Worte an einen jungen Arzt: „You don't know who I am?!"

> 1913 wurde Chaplin auf einer Pantomimen-Theatertour in der Rolle eines Betrunkenen entdeckt und bekam seinen ersten Filmvertrag.

Warum musste Sydney Chaplin seine Schauspielkarriere beenden?

a) Er soll einem Regisseur die Frau ausgespannt haben.
b) Er soll einer Kollegin die Brustwarze abgebissen haben.
c) Er wurde aus den USA ausgewiesen.
d) Er wurde festgenommen.

Antwort: b)

> Die von Charles Chaplin selbst geschriebene, melancholische Ballade *Smile* aus *Moderne Zeiten* (1936) war in der Version von Nat King Cole das absolute Lieblingslied von Michael Jackson.

Wie hieß Chaplins Rolle in *The Great Dictator* (1940)?

a) Adenoid Hynkel
b) Alfroid Hinkefuß
c) Android Schinkel
d) Hammfred Hittler

Antwort: a)
In seinem ersten, kommerziell gleich sehr erfolgreichen Tonfilm parodierte Chaplin Hitler als Adenoid Hynkel (Anton Hynkel in der deutschen Fassung) mit lustigem Pseudodeutsch wie „Schtonk!", was 1992 Titel einer deutschen Komödie über die gefälschten Hitler-Tagebücher wurde. Mit dem *Diktator* nahm Chaplin vielleicht auch Rache dafür, dass Hitler sein Schnauzbärtchen kopiert und verunstaltet hatte. Darüber hinaus soll Hitler Chaplin als „kleinen Juden" und – für Chaplin viel schlimmer – als „langweilig" beschimpft haben.

In den 1950er-Jahren entwickelte sich in den USA mit Rock 'n' Roll und Filmen wie *Rebel Without A Cause* (*... denn sie wissen nicht, was sie tun*) die erste Jugendbewegung. Teenager wollten nicht mehr wie Kinder behandelt werden und suchten sich ihre eigenen Idole. Eines der größten war James Dean (1931–55), der nur 24 Jahre alt wurde.

Womit schickte James Deans Vater ihn zu Großmutter und Tante auf deren Ranch in Indiana, als Jimmy neun Jahre alt war?

a) mit einem Champion-Reitpferd
b) mit einem Lottoschein, der hoch gewonnen hatte
c) mit dem Sarg seiner Mutter
d) mit seinem Testament

Antwort: c)
Mutter Mildred Marie Wilson Dean (1911–40) hatte die künstlerische Begabung ihres Sohnes früh erkannt und ihn an einer privaten Schauspielschule angemeldet, wo Dean Stepptanz, Geigenspiel und Töpfern lernte. Äußerlich ließ Jimmy sich nichts anmerken, doch mit dem Krebstod der Mutter mit 29 Jahren wurde er nie fertig. Sein Vater, ein Zahntechniker, zeigte kaum Gefühle und schickte James zusammen mit dem Sarg seiner Mutter zu dessen Großmutter und Tante, auf deren Farm in Indiana James fortan aufwuchs. Die Beerdigung besuchte der Vater nicht, und bald redete James Tante und Onkel mit „Mom" und „Dad" an. Sie ermutigten ihn, sich weiter künstlerisch zu betätigen, doch er brach oft in Tränen aus und gab das Geigenspiel und Tanzen bald ganz auf.

Was verlor James Dean bei einem Sturz von der Scheune seiner Großmutter?

a) sein Gehör   b) sein Lachen
c) 1 Finger   d) 4 Zähne

Antwort: d)
Der Frauenschwarm trug deswegen zeitlebens eine Zahnprothese, wodurch er eine undeutliche Aussprache hatte.

Eine erste kleine Nebenrolle als Johannes der Täufer in dem christlichen Oster-Fernsehfilm *Hill Number One* von 1951 bescherte James Dean seinen ersten Fanklub an einer katholischen Mädchenschule in Los Angeles, die er besuchte, um Autogramme zu geben.

Was gewann James Dean 1949 mit 17?

a) eine Castingshow
b) einen Gesangswettbewerb
c) einen Vorlesewettbewerb
d) ein Reitturnier

Antwort: c)
Dean gewann mit Charles-Dickens-Geschichten einen Vorlesewettbewerb als Bester aus Indiana. Seine Schule, an der er auch ein Basketballstar war, feierte ihn wie einen Helden, als er zum nationalen Finale fuhr. Dort erreichte er nur den 6. Platz, weil er durch Improvisationen das Zehn-Minuten-Zeitlimit überschritt. Doch die Liebe zu Büchern blieb: Kurz vor seinem Tod plante Dean *Der kleine Prinz* zu verfilmen.

> Von Lehrern wurde der stark kurzsichtige James Dean als unauffälliger, braver, schüchterner und netter Junge beschrieben, der viel Zeit vor dem Radio mit Hörspielen und Unterhaltungssendungen verbrachte und davon träumte, Schauspieler zu werden.

Womit wurde James Dean für seinen sehr guten Schulabschluss belohnt?

a) mit seinem 1. Auto
b) mit 100 Dollar
c) mit der Teilnahme an einem Autorennen
d) mit dem Besuch eines Autorennens

Antwort: d)
Später nahm er selbst an Rennen teil, nicht nur im Film. 1955 starb er tragischerweise bei einem Autounfall, als ihm ein entgegenkommender Wagen die Vorfahrt nahm. Angeblich hatte dieser Deans Porsche nicht gesehen, da die Scheinwerfer nicht eingeschaltet waren. Im Krankenhaus konnte nur noch Deans Tod festgestellt werden. Der Unfall wurde nachgestellt und das Gerücht, Dean sei mit seinem Porsche zu schnell unterwegs gewesen, widerlegt.

> Seine erste Broadwayrolle als emotional verkrüppelter Südstaatenjunge bekam James Dean 1952 in *See the Jaguar*. Das Stück floppte und wurde nach nur vier Tagen abgesetzt, doch Dean erhielt gute Kritiken. Anfang 1954 feierte er an seinem 23. Geburtstag in *The Immoralist* seinen Durchbruch am Broadway und schrieb mit einem Tanz mit einer Schere Theatergeschichte.

> Anfangs hatte Dean Probleme, Jobs als Schauspieler zu finden. Bei Castings hieß es immer, er sei mit 1,73 Metern zu klein. Um Kontakte zu knüpfen, besuchte er viele Hollywoodpartys und jobbte als Platzanweiser und Parkwächter.

Wo wohnte James Dean in New York, als er sich als Bühnenschauspieler versuchte?

a) bei einer Tante
b) in einem Motel
c) in einer Jugendherberge
d) beim YMCA

Antwort: d)
Aus Geldsorgen wohnte er beim YMCA (christlicher Verein junger Männer, bekannt aus dem gleichnamigen Discohit) und arbeitete in einer Bar als Tellerwäscher. Dean bekam ein paar kleine Fernsehrollen und wurde einer der 15 ausgewählten Schüler, die am renommierten Actors Studio von Lee Strasberg das Schauspielhandwerk erlernen durften.

Was verdiente James Dean in seiner ersten Rolle?

a) nichts   b) 1 Dollar
c) 25 Dollar   d) 1000 Dollar

Antwort: c)
1950 bekam er seine erste bezahlte Rolle in einem Pepsi-Werbespot.

> Zwei Stunden vor seinem Tod war James Dean von der Polizei wegen überhöhter Geschwindigkeit angehalten worden; zwei Wochen vorher hatte er lässig mit Zigarette im Mund einen Werbefilm zur Verkehrssicherheit gedreht.

Bei wem nahm James Dean Tanzstunden in New York?

a) Madonna
b) Eartha Kitt
c) Tina Turner
d) Fred Astaire

Antwort: b)
Bei der bekannten Sängerin und Schauspielerin Eartha Kitt (1927-2008), die als „Königin der Nachtklubs" und in der Rolle der Catwoman berühmt wurde.

> Marilyn Monroe (1.6.1926–5.8.1962) war die ultimative Blondine, dabei wurde sie als Norma Jeane Baker gar nicht blond geboren.

Was war der Beruf von Marilyns Mutter?

a) Putzfrau   b) Friseuse
c) Filmcutterin   d) Schauspielerin

Antwort: c)
Marilyn war das ungewollte dritte Kind ihrer Mutter Gladys Pearl Mortensen, einer Filmcutterin. Gladys hatte psychische Probleme und finanzielle Sorgen. Sie gab Marilyn zu Pflegeeltern, bis diese sieben Jahre alt war und Nachbarn Normas kleinen Hund erschossen hatten. Danach holte Gladys die Tochter zu sich, erlitt jedoch bald darauf einen Nervenzusammenbruch.

Monroes Mutter hieß Gladys Pearl, die Mutter von Elvis Gladys Love.

Wer war Marilyns offizieller Vater?

a) Martin Edward Mortensen
b) James Baker
c) James Monroe
d) Charles Stanley Gifford

Antwort: a)
Der offizielle Vater Martin Edward Mortensen war Norweger; die Eltern hatten sich jedoch schon lange vor Marilyns Geburt getrennt. Sie selbst meinte, ihre Mutter habe ihr Fotos von einem anderen Mann gezeigt, der wie Clark Gable aussah: Charles Stanley Gifford, Gladys' Vorgesetzter im Filmstudio.

Marilyn Monroe drehte 29 Filme in 16 Jahren – davon 24 in den ersten acht Jahren.

Wie alt war Marilyn, als sie zum ersten Mal heiratete?

a) 16   b) 17
c) 18   d) 28

Antwort: a)
Marilyns Mutter hatte einer Adoption nie zugestimmt, und so heiratete die 16-Jährige unter Druck den Nachbarsjungen Jim Dougherty, um aus dem Waisenhaus zu entkommen. Sie wollte ein Kind, doch er hielt sie für zu jung.

Clark Gable und Jean Harlow

Jean Harlow inspirierte Marilyns Künstlernamen, denn Monroe reimt sich auf Harlow und war der Geburtsname ihrer Mutter. Den Vornamen Marilyn mochte sie nie und hätte lieber Jeane behalten.

Wer weckte Marilyns Liebe zum Kino?

a) ihre Mutter
b) ihr Vater
c) die beste Freundin ihrer Mutter
d) ihr 1. Ehemann

Antwort: c)
Marilyn kam mit sieben Jahren in die Obhut von Gladys' bester Freundin, Grace McKee, die mit ihr ins Kino ging und ihr weissagte, Marilyn würde selbst ein Filmstar wie Jean Harlow werden – Hollywoods erste berühmte Blondine. Als Grace heiratete, kam die neunjährige Marilyn ins Waisenhaus. Zwei Jahre später holte Grace sie zurück, doch Männer in ihrem Umkreis entwickelten ein Interesse an dem Mädchen und belästigten es, was vermutlich zu Marilyns späteren psychischen Problemen beitrug.

Die Schule durfte Marilyn aufgrund gesetzlicher Bestimmungen als schon verheiratete Frau nicht abschließen. Als ihr junger Ehemann in die Armee eingezogen wurde, arbeitete Marilyn in einer Munitionsfabrik, um Minifallschirme zu kontrollieren. Dort wurde sie 1945 von einem Fotografen entdeckt, der die Truppenmoral mit Pin-up-Girls verbessern wollte.

Was war Marilyns Durchbruch?

a) ihr erster Film
b) ihre Pin-up-Fotos
c) die Ehe mit Baseballstar Joe DiMaggio
d) die Verleihung des Oscars für den besten Ton

Antwort: d)
Ihr Auftritt bei der Oscarverleihung machte sie einem breiten Publikum bekannt. Doch auch die Veröffentlichung ihrer wahren Geschichte, die im Jahre 1952 die Titel der großen Magazine zierte, trug zu ihrem rasanten Aufstieg bei. Eine Cinderella-Geschichte folgte, denn Baseballstar Joe DiMaggio verliebte sich in sie und große Filmrollen folgten.

Marilyn Monroe liebte es zu schauspielern, hatte dabei jedoch stets großes Lampenfieber, sodass sie oft zu spät kam oder sich mit Aufputschmitteln einstimmte. Sie erschuf das dumme Blondchen mit Herz, träumte aber davon, in großen dramatischen Rollen Anerkennung zu finden. Sie nahm Schauspielunterricht bei dem berühmten Lehrer Lee Strasberg, der sie und Marlon Brando als seine größten Talente lobte.

Einen ihrer ersten erfolgreichen Filmauftritte hatte Marilyn 1949 im letzten Film welcher berühmten Komiker?

a) Olsen-Bande b) Stan & Laurel
c) Marx Brothers d) Monty Python

Antwort: c)
In *Die Marx Brothers im Theater* (*Love Happy*) spielte Marilyn zum ersten Mal eine Sexbombe, die der Detektiv Groucho aufsucht. Die kleine Sprechrolle bekam sie, nachdem sie beim Casting laut Groucho so heiß laufen sollte, dass Rauch aus seinen Ohren kam. Harpo riet ihr daraufhin, nicht allein durch unbewachte Gegenden zu spazieren.

Als ihre Nacktfotos 1952 von der Presse entdeckt wurden, vermied Marilyn mit entwaffnender Ehrlichkeit einen Skandal: Sie war jung und brauchte das Geld für ihre Miete. Trotz der Fotos wirkte Marilyn immer noch unschuldig genug für das Publikum der 1950er-Jahre, das sogar Mitleid mit ihr hatte.

Was war Marilyn Monroes berühmtester „Makel"?

a) Narbe b) Schönheitsfleck
c) O-Beine d) X-Beine

Antwort: b)
Schon im 17. Jahrhundert war ein aufgemaltes Muttermal Mode beim Adel. Marilyn belebte diese Tradition neu und etablierte sie als Trend: Ein Schönheitsfleck in der Nähe des Mundes signalisierte Flirtbereitschaft, in Augennähe stand er für heiße Leidenschaft.

Privat fand Marilyn Monroe nie ihr Glück. Schuld daran waren auch drei gescheiterte Ehen und mindestens drei Fehlgeburten. Ihr Tod mit 36 im August 1962 galt offiziell als Selbstmord, doch Mordgerüchte kursieren auch 50 Jahre später noch.

Wo machte Brad Pitt seinen Schulabschluss in Springfield, Missouri?

a) Kickipoo High School
b) Kickapoo High School
c) Kickopoo High School
d) Kickikatepetl High School

Antwort: b)
Seinen Schulabschluss machte Brad Pitt 1982 und studierte danach Journalismus und Werbung. Kurz vor seinem Abschluss brach er ab und ging nach Hollywood.

In Hollywood hielt sich Brad Pitt mit diversen Minijobs über Wasser, u. a. als Kellner, Limousinen-Verkäufer, verkleidetes Hähnchen der Restaurantkette El Pollo Loco und Chauffeur der Stripgruppe Women of the Pole.

Womit wurde Brad Pitt u. a. berühmt?

a) Aerosmith-Video b) Cher-Video
c) Jeans-Werbespot d) Parfüm-Werbespot

Antwort: c)
In dem Levis-Spot 1991 wird Pitt in Unterwäsche aus dem Gefängnis entlassen und von einer heißen Freundin im Cabrio abgeholt, die ihm ein Paar Jeans zuwirft.

Brad Pitts Auftritt in *Thelma & Louise* etablierte ihn 1991 mit nacktem Oberkörper als männliches Sexsymbol.

In welchem Serienklassiker war Brad Pitt 1987/88 zu sehen?

a) Dallas b) Denver Clan
c) Falcon Crest d) Beverly Hills 90210

Antwort: a)
In vier Dallas-Episoden spielte er den 24-jährigen Randy, den ersten Freund von Jennas (Priscilla Presley) Tochter Charlie (Shalane McCall, sie arbeitet heute in einer kalifornischen Bücherei).

Während der Dreharbeiten zu *Sieben* (1995) brach sich Pitt den Arm, was in die Filmhandlung eingebaut wurde. Während der Dreharbeiten zu *Troja* (2003) zerrte sich Pitt ausgerechnet die Achillessehne, als er Achilles spielte.

Mit wem war Brad Pitt nicht verlobt?

a) Juliette Lewis b) Gwyneth Paltrow
c) Jennifer Aniston d) Angelina Jolie

Antwort: a)
Mit Kollegin Juliette Lewis war Pitt drei Jahre zusammen, mochte aber ihre Scientology-Zugehörigkeit nicht. Brangelina gaben im April 2012 ihre Verlobung bekannt.

In seinem Testament verfügte J. R. R. Tolkien, dass seine Fantasy-Trilogie *Der Herr der Ringe* nicht von Disney verfilmt werden darf. Damit wollte er verhindern, dass sein düsteres Werk verniedlicht in die Kinos kommt. Das geschah dennoch 1977 mit zwei Animefilmen.

Wer entwarf die Rohzeichnung von Micky Maus?

a) Walt Disney b) Uli
c) Ugh d) Ub

Antwort: d)
Walt Disney hatte sich nach dem Ersten Weltkrieg mit dem Zeichner Ubbe „Ub" Iwerks zusammengetan, um gemeinsam Kurzfilme zu produzieren. „Ub" galt als Schnellster und Bester seiner Art.

Die mit Abstand meisten Oscars gewann Walt Disney. Er erhielt 60 Nominierungen für den begehrtesten Filmpreis der Welt und gewann 26 Auszeichnungen.

Wer war die erste Stimme von Micky Maus?

a) die kleine Tochter von Walt Disney
b) der kleine Sohn von Walt Disney
c) Walt Disney
d) Ub Iwerks

Antwort: c)
Von 1927 bis 1946 lieh Walt selbst Micky seine Stimme.

Walter Elias „Walt" Disney wurde am 5. Dezember 1901 in Chicago geboren. Sein Vater,
ein Kanadier irischer Abstammung, war Bau-
unternehmer, und Walt hatte eine Schwester
und drei Brüder. Sie wuchsen auf einer Farm
mit Farmarbeit auf, doch schon mit 14 belegte
Walt seinen ersten Zeichenkurs. Im Ersten
Weltkrieg diente er als Ambulanzfahrer der
US-Armee in Frankreich.

Wann kam das erste Disney-Comicheft heraus?

a) 1919   b) 1927
c) 1930   d) 1937

Antwort: c)
Der erste Micky-Comicstrip erschien im Januar 1930
und stellte Pluto als Mickys Hund vor.

Vor Micky gab es eine andere Hauptfigur von Disney, die nur wegen eines Rechtsstreits verschwand. Wer war es?

a) Oswald the Lucky Rabbit
b) Gary the Gay Bunny
c) Waltraud the Whacky Worm
d) Eddie the Eager Eagle

Antwort: a)
Micky war ursprünglich nur eine Notlösung, denn
die Rechte an seinem ersten Star, Oswald the Lucky
Rabbit, hatte Disney an frühere Geldgeber verloren.
Zunächst sah Micky auch noch aus wie Oswald, nur
mit kürzeren Ohren und längerem Schwanz. Zuerst
wurden seine Augen umrandet, 1929 bekam er weiße
Handschuhe. Micky war zwar äußerst populär, doch
zeitweise liefen ihm Nebenfiguren wie der 1937 er-
fundene Donald Duck den Rang ab. 1940 gelang Micky
in *Fantasia* mit spektakulären Bildern zu klassischer
Musik ein furioses Comeback. Finanziell floppte das
Meisterwerk zunächst und trat seinen eigentlichen
Siegeszug erst in den 1960ern an.

„Hotdog" war das erste von Micky gesprochene
Wort: 1929 im Tonfilmdebüt *Karnival Kid*.

Was verkaufte Walt Disney, um die ersten Tonfilme mit Micky Maus zu finanzieren?

a) seine rechte Niere   b) seinen Ehering
c) sein Haus   d) sein Auto

Antwort: d)

In Italien wurde 1935 behauptet, dass Kinder Angst vor einer riesigen Maus auf der Leinwand hätten.

Welche Disney-Figur kam schon in den ersten Filmen vor?

a) Micky Maus   b) Donald Duck
c) Goofy   d) Kater Karlo

Antwort: d)
Black Pete (Kater Karlo alias Peg Leg Pete) wurde später zum Hauptwidersacher von Micky. Die ersten Disney-Filme kombinierten sogar schon Schauspieler mit Zeichentrickfiguren, wie später in *Mary Poppins* perfektioniert.

Joseph Goebbels war Disney-Fan und schenkte Hitler Micky-Maus-Filme zu Weihnachten. Dabei war Micky klar auf der Seite der Amerikaner mit Anti-Nazi-Filmen wie *Der Fuehrer's Face* (gewann 1943 einen Oscar) oder *The Ducktators*. Außerdem war „Mickey Mouse" das Codewort für den D-Day.

Wie heißt Entenhausen im US-Original?

a) Duckburg
b) Duckhausen
c) Ducktown
d) Duckcity

Antwort: a)

Anfang 1931 hält Micky Maus Einzug in den deutschen Sprachgebrauch: Der berühmte bayerische Komiker Karl Valentin (1882–1948) bezeichnete in einem Bühnensketch seine Partnerin Liesl Karlstadt (1892–1960) so.

Wie sollte Micky Maus eigentlich heißen?

a) Manfred   b) Mortimer
c) Mini   d) Willie

Antwort: b)
Fast hätte Micky Mortimer Mouse geheißen, dabei klingt Micky so viel passender. Das fand auch Walts Frau Lillian, die Mortimer als zu blasiert ablehnte und Micky vorschlug. Die Ehe blieb glücklich und brachte zwei Töchter hervor.

Schon 1953 gab es einen 3-D-Film mit Donald, *Working for Peanuts*, der aber erst 2007 zur Aufführung kam.

Wo wurden Donald-Duck-Comics angeblich anfangs verboten?

a) Deutschland   b) Österreich
c) Italien   d) Finnland

Antwort: d)
Der Grund soll gewesen sein, dass Donald keine Hosen trägt!

Clarence Nash

Die Originalstimme Donalds war in allen Sprachversionen und 150 Filmen mit wenigen Ausnahmen von 1934 bis zu seinem Tod 1985 der US-Radiosprecher Clarence Nash (1904–85) aus Watonga, Oklahoma. In seinem Heimatort ist eine Straße nach ihm benannt. Seinen Nachfolger als Donald-Stimme, den Comiczeichner Tony Anselmo (prägte u. a. den *König der Löwen*), hat Nash persönlich ausgewählt und eingearbeitet. Anselmo ist bis heute der aktive und offizielle Donald-Schnatterer.

Donald Duck hat einen zweiten Vornamen. Wie heißt er?

a) Donaldinho
b) McDonald
c) Dagobert
d) Fauntleroy

Antwort: d)
Zum ersten Mal tauchte der Enterich 1931 im Buch *The Adventures of Mickey Mouse* auf.

Donald Duck erschien in mehr Zeichentrickfilmen als jede andere Figur und ist nach Batman (*1939), Superman (*1938) und Spider-Man (*1962) die am viertmeisten veröffentlichte Comicfigur in Printheften.

Wie heißen die 1938 erfundenen Neffen Tick, Trick und Track im US-Original?

a) Groucho, Chico and Harpo
b) Huey, Dewey and Louie
c) Stan, Laurel & Hardy
d) Trick, Track and Truck

Antwort: b)
Die Neffen leben übrigens bei Donald, weil sich ihre Mutter Della auf einer Expedition befindet. Der Vater ist nicht bekannt. Auch andere Namen wurden geändert: Daniel Düsentrieb ist Gyro Gearloose, die Panzerknacker heißen die Beagle Boys. Der 1947 von Duck-Zeichner Carl Barks (1901–2000) eingeführte Onkel Dagobert heißt Scrooge McDuck, was zeigt, wovon die Charaktere inspiriert wurden: von Charles Dickens' *A Christmas Carol*.

Donalds Geburtstag ist laut seinem Erfinder Walt Disney ein Freitag, der 13., da Donald ein ewiger Pechvogel ist. Deswegen lautet auch sein Autokennzeichen: 313.

Micky-Merchandise gibt es seit 1930. Die Produktion einer Micky-Uhr rettete sogar eine kurz vor dem Ruin stehende Firma.

Was ist der Erikativ?

a) eine Zwischenform von Dativ und Genetiv
b) der Ehrenvorsitzende der Donaldisten
c) eine nach der deutschen Disney-Übersetzerin benannte Grammatikform
d) der Fachbegriff für Sprechblasen

Antwort: c)
Die deutsche Übersetzerin und Chefredakteurin der Duck-Abenteuer in *Micky Maus* war von 1951 bis 1988 Erika Fuchs aus Rostock (1906–2005). Ihr Einfluss auf die deutsche Sprache ist riesig, z. B. mit Sprüchen wie „Dem Ingeniör ist nichts zu schwör" oder Begriffen wie „zitter", „grübel" oder „klimper". Dafür wurde sogar eine eigene Grammatikform erfunden: der Erikativ. Ärzte-Sänger Farin Urlaub widmete ihr 2005 sein zweites Soloalbum *Am Ende der Sonne.* Anders als im amerikanischen Original, das mehr auf Slang und unverständliches Donald-Geschnatter setzt, hat Erika Fuchs in der deutschen Version zahlreiche Literaturzitate und -anspielungen auf Klassiker wie Schiller und Goethe versteckt.

1978, anlässlich seines 50. Geburtstags, war Micky die erste Comicfigur überhaupt, die einen Stern auf dem Walk of Fame am Hollywood Boulevard bekam.

Wie entstand *Phantomias*?

a) Italienische Fans wollten Donald nicht mehr als Loser sehen.
b) Er basiert auf einem Disney-Krimifilm.
c) Er entstand aus einer Traumsequenz.
d) Er ist ein Spider-Man-Cross-over.

Antwort: a)
In den 1960ern beschwerten sich italienische Leser, dass Donald immer so ein Verlierertyp sei. Prompt entwickelte der italienische Disney-Ableger *Phantomias*, Donalds geheime Superhelden-Rächer-Identität, basierend auf *Fantômas*, einer französischen Kriminalromanreihe.

Als George Lucas nach Deutschland kam, um den dritten *Star-Wars*-Film *Episode VI – Die Rückkehr der Jedi-Ritter* zu promoten, wurde er von einem Reporter gebeten, den populärsten Satz des Filmes wiederzugeben. Er antwortete: „May the force be with you!" Sein Dolmetscher übersetzte es mit: „Am 4. Mai sind wir bei euch!"

In Sydney gaben 70.000 Einwohner bei einer Umfrage 2001 an, der Religion der Jedi anzugehören. Ihre Hoffnung, schon bei 10.000 Anhängern offiziell als Religion anerkannt zu werden, erfüllte sich jedoch nicht.

Was ist ein Wilhelm Scream (Wilhelmsschrei)?

a) ein besonders hoher Schrei
b) ein besonders tiefer Schrei
c) ein Schrei, der entstanden wäre, wenn Wilhelm Tell wesentlich tiefer gezielt hätte ...
d) ein Insider-Joke unter Soundspezialisten

Antwort: d)
Der menschliche Schrei stammt aus einer kommerziellen Klangbibliothek und findet immer wieder Verwendung. Seine Premiere hatte er 1951 in *Die Teufelsbrigade*, als ein Mann von einem Alligator gefressen wird. Seitdem ist er ein echtes Soundklischee und in Filmen wie *Formicula* (1954) oder *Der brennende Pfeil* (1954) zu hören. Der *Star-Wars*-Sounddesigner Ben Burtt machte den Wilhelm Scream zu einem Running Gag und verwendete ihn in den drei Originalfilmen gleich fünfmal.

Zu den beliebtesten Figuren bei *Star Wars* gehört der Roboter R2-D2. Wie heißt er in Italien?

a) D2R2
b) R3D3
c) I1T2
d) C1P8

Antwort: d)
Dämliche deutsche Synchronisationen sind tatsächlich noch zu toppen ...

Das bekannte Geräusch der Lichtschwerter in den *Star-Wars*-Filmen wurde während der Dreharbeiten des ersten Teils (heute Teil vier) 1977 zufällig entdeckt und war ursprünglich ein Tonfehler. Das Geräusch ist eine Mischung aus der Interferenz von einem alten Fernseher und dem Stand-by-Geräusch eines Projektors.

Welcher berühmte Regisseur hat den Eröffnungstext von *Star Wars* mitgeschrieben?

a) Steven Spielberg
b) Brian de Palma
c) Ridley Scott
d) Stanley Kubrick

Antwort: b)
De Palma (*1940) ist berühmter durch seine Mafia- und Gangsterfilme wie *Scarface*.

Wie sollte Luke Skywalker erst heißen?

a) Luke Starsearcher
b) Laura Skywalker
c) Luke Starkiller
d) Lucky Luke

Antwort: c)
Skywalker entsprach dem verträumten Look von Darsteller Mark Hamill besser als das martialische Starkiller ...

Wer trat in allen *Star-Wars-*Filmen auf?

a) Anthony Daniels und Kenny Baker
b) George Lucas
c) Mark Hamill und Carrie Fisher
d) Christopher Lee

Antwort: a)
Obwohl Christopher Lee gefühlt in jedem Film des Universums irgendwann auftaucht, waren es Daniels und Baker. Allerdings sah man sie nicht, denn sie spielten C-3PO und R2-D2.

Im Kostüm von Darth Vader steckte David Prowse, ein englischer Gewichtheber. Die Stimme steuerte allerdings – wie in vielen anderen Filmen auch – James Earl Jones bei. Da er einen Riesenflop befürchtete – wie viele andere auch –, wollte er nicht in den Credits (Abspann) genannt werden.

Von den Werken welches Regisseurs wurde *Star Wars* maßgeblich beeinflusst?

a) Akira Kurosawa
b) Woody Allen
c) Francis Ford Coppola
d) Rainer Maria Fassbinder

Antwort: a)
Offensichtlich erinnerten Lucas japanische Samurais an Space-Aliens ... Zwar lassen sich auch Elemente aus den *Buck-Rogers-* und *Flash-Gordon-*Verfilmungen erkennen, doch besonders beeinflusst wurde Lucas von Akira Kurosawa (1910–98) mit Filmen wie *Die verborgene Festung* oder *Die Sieben Samurai*. Die von Toshiro Mifune gespielten Charaktere erinnern an Han Solo, und auch ein kleiner Yoda-Charakter ist zu finden! Interessant ist auch, dass Kurosawa seinerseits westliche Western und Krimis als Vorbilder hatte.

George Lucas änderte das Drehbuch des letzten *Star-Wars-*Films, um ein Happy End zu zeigen. Ursprünglich sollte Han Solo (Harrison Ford) sterben, doch Lucas hatte den Spielzeug- und Merchandise-Markt entdeckt, dafür selbst Patente erworben und sah ein glückliches Ende als verkaufsfördernder an.

Leias berühmte Schneckenfrisur wird auch oft als Donut-Hairstyle oder Cinnamon Buns (Zimtbrötchen) bezeichnet. Lucas ließ sich dafür von alten mexikanischen Bildern inspirieren. Carrie Fisher hasste die Frisur, weil sie meinte, ihr Gesicht wirke dadurch dick – außerdem dauerte das Frisieren täglich zwei Stunden.

Mit welchem Sänger war Carrie Fisher (Prinzessin Leia) kurz verheiratet?

a) Donovan   b) Paul Simon
c) Art Garfunkel   d) Bruce Springsteen

Antwort: b)
Die Ehe dauerte von 1983 bis 1984, doch die Trennung nahm Simon so mit, dass er eine Mehrzahl seiner Solosongs über Fisher schrieb.

In der von Carrie Fisher mitgeschriebenen TV-Komödie *These Old Broads* von 2001 spielen sie, Liz Taylor und Debbie Reynolds neben Shirley MacLaine und Joan Collins komische Versionen von sich selbst. Der Film war Taylors letzte Filmrolle.

Wie ist der Nachname von Prinzessin Leia?

a) Organa   b) Organza
c) Organ   d) Orgel

Antwort: a)

Wer waren Carrie Fishers Mutter und Stiefmutter?

a) Debbie Reynolds und Elizabeth Taylor
b) Elizabeth Taylor und Debbie Reynolds
c) Nancy Reagan und Joan Collins
d) Joan Collins und Nancy Reagan

Antwort: a)
Debbie Reynolds (*1932), eine kalifornische Schönheitskönigin, hatte 1952 ihren Durchbruch an der Seite von Gene Kelly in dem Musical *Singin' in the Rain*. Von 1955 bis 1959 war sie mit dem ebenfalls erfolgreichen Sänger Eddie Fisher (1928-2010) verheiratet; aus dieser Ehe stammt Tochter Carrie. Noch im Jahr der Scheidung heiratete Fisher Liz Taylor, die damit die Stiefmutter der zweijährigen Carrie wurde – zumindest bis zur Trennung von Fisher und Taylor fünf Jahre später, 1964. Einen großen Hit hatte Eddie Fisher mit der englischen Version des Lilli-Palmer-Hits *O mein Papa: Oh! My Pa-Pa*. Damit war er 1954 acht Wochen lang die Nr. 1 der US-Charts.

Im Filmklassiker *Blues Brothers* hat Carrie Fisher einen Gastauftritt, wird im Abspann aber nur als „Mystery Woman" genannt.

Außer George Lucas schienen alle fest davon überzeugt zu sein, dass *Star Wars* ein totaler Flop wird. Besonders Sir Alec Guinness (Obi-Wan Kenobi, 1914–2000) regte sich über das „Kauderwelsch" der Dialoge auf und weigerte sich, Werbung für den Film zu machen. Gleichzeitig hatte er aber einen sehr guten Deal ausgehandelt, der ihm zwei Cent jedes verkauften Kinotickets garantierte ...

An einem Morgen in den frühen 1970ern kam George Lucas die Idee zu Chewbacca, als er spazieren ging und seinen Hund angeschnallt als Beifahrer im Auto seiner Frau sah. Das russische Wort „собака" (sobaka) bedeutet „Hund". Dieser Hund schrieb ohnehin Filmgeschichte: Er hieß Indiana und war das Namensvorbild für Indiana Jones.

Wie hieß Carrie Fishers 2011 veröffentlichtes Buch?

a) *Prinzessin Leia. Warum ich die Schneckenfrisur hasste*
b) *Prinzessin Leia schlägt zurück. Mein verrücktes Leben zwischen Kokain, Elektroschocktherapie und einem schwulen Ehemann*
c) *Prinzessin Leia, Paul Simon, Harrison Ford und der Rest der coolen Gang*
d) *Prinzessin Leia. Ein Star unter Sternen*

Antwort: b)

2011 drehte VW mit *The Bark Side* den vielleicht witzigsten Werbespot der Geschichte, der 2012 beim Superbowl in den USA Premiere hatte. Zwölf Hunde, die auch noch Ähnlichkeit mit *Star-Wars*-Charakteren haben, bellen die Filmmusik *Imperial March*.

Was ist die Chewbacca-Verteidigung?

a) eine haarige Kampftechnik beim Wrestling
b) ein juristisches Manöver
c) beißen und kratzen
d) mürrische Laune am Morgen

Antwort: b)
Der Ausdruck Chewbacca-Verteidigung (Chewbacca defense) stammt aus der *South Park*-Folge *Kohle für den Chefkoch* von 1998. Seither hat er sich als Begriff für eine juristische oder politische Verteidigung mit unsinnigen Argumenten etabliert.

Um welche Nebenfigur des *Star-Wars*-Universums hat sich ein eigener Kult gebildet?

a) Bobby Shower
b) Bobby Dick
c) Boba Fett
d) Bobby McFatso

Antwort: c)
Boba Fett ist der beste Kopfgeldjäger des Weltalls und nach Darth Vader der größte Bösewicht. Ursprünglich entstand er auch als Urfassung von Darth Vader, der zuerst als selbstständiger Kopfgeldjäger konzipiert war. Er zählt mit drei Auftritten in sechs Filmen zu den Nebenfiguren, ist für echte Fans aber einer der Größten. Schauspieler Jeremy Bulloch bekam die Boba-Rolle übrigens nur, weil ihm das Kostüm wie angegossen passte – er musste weder vorspielen noch vorsprechen.

Welcher der elf *Star-Trek*-Spielfilme war der einzige, der einen Oscar erhielt?

a) *Star Trek II: Der Zorn des Khan*
b) *Star Trek III: Auf der Suche nach Mr. Spock*
c) *Star Trek IV: Zurück in die Gegenwart*
d) *Star Trek* (2009)

Antwort: d)
Zwar war auch *Star Trek IV: Zurück in die Gegenwart* für vier Oscars nominiert, doch die Neuversion erhielt aus ebenfalls vier Nominierungen wenigstens den Preis für das beste Make-up.

> Der Himmel der Vulkanier heißt Sha Ka Ree. Pate für diesen Namen stand Sean Connery, der ursprünglich für die Rolle von Spocks Halbbruder Sybok vorgesehen war.

Wer hatte einen Gastauftritt im letzten *Star-Trek*-Film von 2009?

a) Leonard Nimoy b) William Shatner
c) Patrick Stewart d) Gene Roddenberry

Antwort: a)
Ein Jahr später erklärte der 79-jährige Nimoy (*1931) seinen Rücktritt von der aktiven Schauspielerei.

Nach der Absetzung von *Star Trek* spielte Leonard Nimoy in der Geheimagentenserie *Kobra, übernehmen Sie* als Paris mit. Er löste damit Martin Landau ab, der eine zu hohe Gage gefordert hatte. Das Internetgerücht, dass Landau eigentlich die Rolle des Spock spielen sollte, stimmt nicht.

Wer war Captain Christopher Pike?

a) der erste Kapitän des *Raumschiff Enterprise*
b) der letzte Kapitän des *Raumschiff Enterprise*
c) die erste Leiche im *Star-Trek-*Universum
d) der Erfinder von *Star Trek*

Antwort: a)
Gene Roddenberry hatte 1964 den *Star-Trek-*Pilotfilm *Der Käfig* (*The Cage*) gedreht, in dem es noch keinen Captain Kirk gab. Captain Pike (Jeffrey Hunter, 1929–69) war auch ein ganz anderer Typ: sehr kühl und rational. Die Präsentation beim Sender NBC war ein Desaster. Das Budget war weit überschritten, er war zu lang, zu anspruchsvoll und zu internationalistisch. Dennoch erhielt *Star Trek* eine neue Chance, und ab 1966 wurde die Serie drei Staffeln lang im US-Fernsehen ausgestrahlt. Nur Fanpost verhinderte oft die Absetzung, denn die Einschaltquoten waren gering.

Die Registriernummer der USS Enterprise ist NCC-1701.

Wen heiratete Captain Picard in der letzten TV-Folge?

a) Deanna Troi
b) Beverly Crusher
c) Data
d) William T. Riker

Antwort: b)
Allerdings geschah dies nur in einer alternativen Realität, und das Paar wurde sogar wieder geschieden.

In Riverside, Iowa, gibt es einen Gedenkstein, der den zukünftigen Geburtsort von Captain James T. Kirk am 22.3.2228 markiert.

Wie lautet der zweite Vorname von Captain Kirk?

a) Titan
b) Tolga
c) Tucky
d) Tiberius

Antwort: d)

Walter Koenig wurde 1936 als Sohn litauischer Juden in Chicago geboren und hieß erst Königsberg. Trekkies kennen ihn als Pavel Chekov. Seine deutsche Stimme war Elmar Wepper. In den 1990ern spielte Koenig in einer anderen Science-Fiction-Serie mit: als Alfred Bester in *Babylon 5*.

Wer ist der einzige Schauspieler, der als Gast in allen *Star-Trek*-Serien außer der Originalserie auftaucht?

a) Jonathan Frakes
b) Brent Spiner
c) Michael Dorn
d) Patrick Stewart

Antwort: a)
Frakes (*1952) spielte von 1987 bis 1994 Commander William T. Riker in allen sieben Staffeln der zweiten *Star-Trek*-Serie *Raumschiff Enterprise: Das nächste Jahrhundert*. Außerdem führte er auch in einigen Folgen und Filmen der Serie Regie. Seinen Durchbruch feierte Frakes 1985 im TV-Vierteiler *Fackeln im Sturm* an der Seite von u. a. Patrick Swayze, wo er auch seine Frau Genie Francis kennenlernte. Das Paar hat zwei Kinder. Einen frühen Auftritt Frakes' kann man in Folge 169 (*Der schöne Traum*) der *Waltons* sehen – dort spielte er 1977 einen jungen Marineleutnant.

Um den Warp-Antrieb aus der Fernsehserie *Star Trek* auf der Erde nutzen zu können, müsste man auf Knopfdruck aus dem Nichts heraus exotische Materie mit negativer Energiedichte in einem sehr kleinen Raumgebiet entstehen lassen, wobei diese Materie die Masse von vielen Tausend Sonnen haben müsste. Allerdings hat man bisher noch gar keine Materie mit negativer Energiedichte entdeckt, und die etablierten Theorien liefern auch keinen Anhaltspunkt für deren Existenz. Zudem würde das Erzeugen von Materie aus dem Nichts sogar dem Massenerhaltungssatz widersprechen. Der Warp-Antrieb ist also – derzeit – nicht realisierbar.

Was fehlte James Doohan (1920–2005), dem Bordingenieur Scotty der Original-Enterprise?

a) der große Zeh am linken Fuß
b) ein echter schottischer Akzent
c) der Mittelfinger der rechten Hand
d) Haare

Antwort: c)
Der Kanadier war ein echter Captain, allerdings nicht im Weltall, sondern im Zweiten Weltkrieg. Am D-Day wurde er versehentlich von einem kanadischen Wachtposten angeschossen und verlor seinen Finger.

Der im letzten *Star-Trek*-Film von 2009 gezeigte Maschinenraum dient Budweiser eigentlich als Bierbrauerei.

Einige der in der *Star-Trek*-Serie gezeigten Bilder und Nebel des Alls sind nicht am Computer entstanden, sondern stammen vom Hubble-Weltraumteleskop.

Was war *Star-Trek*-Macher Gene Roddenberry u. a., bevor er seine TV-Karriere startete?

a) Tellerwäscher
b) (Bomber)pilot
c) männliche Stewardess
d) Astronom

Antwort: b)
Roddenberry war Bomberpilot der Flying Fortress genannten, schwersten US-Bomberflugzeuge B-17. Nach dem Krieg arbeitete er bis 1949 als Pilot bei der Pan Am. Bis 1956 war er Polizeisergeant in L. A. und bereitete Reden für seinen Vorgesetzten vor. Viele Erfahrungen verarbeitete er in Drehbüchern.

Im Berlin der frühen 1990er hieß ein beliebter illegaler Technoklub *Praxis Dr. McCoy*.

Mit wem war Gene Roddenberry von 1969 bis zu seinem Tod verheiratet?

a) Uhura
b) Deanna Troi
c) Lwaxana Troi
d) Spock

Antwort: c)
Majel Barrett (1932–2008) spielte schon im *Star-Trek*-Pilotfilm den ersten Offizier, was später Spock übernahm. In der Originalserie war sie dann die Krankenschwester Christine Chapel. In der *Next-Generation*-Serie spielte Barrett die betazoidische Botschafterin Lwaxana Troi, Mutter von Crewmitglied Deanna Troi.

Spot, Datas Katze in *Raumschiff Enterprise: Das nächste Jahrhundert*, wurde von sechs verschiedenen Katzen gespielt.

Wie bzw. wo wurde Gene Roddenberry bestattet?

a) im Weltraum
b) mit dem Captain-Sessel der Enterprise
c) im Atlantik
d) am fiktiven Geburtsort von Captain Kirk

Antwort: a)
Gene Roddenberry starb am 24. Oktober 1991 an Herzversagen. Am 21. April 1997 beförderte eine Pegasus-XL-Rakete einen Teil seiner Asche und der von 20 anderen Personen in die Erdumlaufbahn. Damit war Roddenberry einer der ersten Menschen, die im Weltraum bestattet wurden. Die Kapsel mit der Asche verglühte im Jahr 2004 in der Atmosphäre. Eine weitere Weltraumbestattung ist für das Jahr 2012 geplant, bei der der andere Teil seiner Asche zusammen mit der seiner 2008 verstorbenen Witwe in den Weltraum geschossen werden soll.

1959 versuchte Gene Roddenberry, seine erste selbst konzipierte Serie *333 Montgomery Street* im Fernsehen unterzubringen, und produzierte dafür einen Pilotfilm, der jedoch abgelehnt wurde. In diesem Film spielte DeForest Kelley die Hauptrolle, der später als Dr. Leonard McCoy in *Raumschiff Enterprise* berühmt werden sollte.

Was erhielt Gene Roddenberry 1985 als erster Autor und Produzent überhaupt?

a) eine Einladung zu einer Reise auf den Mond
b) einen Oscar
c) einen Stern auf dem Walk of Fame
d) einen Planeten mit seinem Namen

Antwort: c)
1994 wurde von der Internationalen Astronomischen Union (IAU) auch ein Mondkrater nach ihm benannt, und ein Asteroid trägt ebenfalls seinen Namen.

1966 wollte Nichelle Nichols (*1932) aus *Raumschiff Enterprise* aussteigen, doch Martin Luther King überredete sie zum Weitermachen. Er war überzeugt, dass ihre Fernsehpräsenz für das Selbstverständnis der schwarzen Amerikaner sehr wichtig sei. Etwas über 40 Jahre später wurde der erste afroamerikanische US-Präsident gewählt.

Majel Barrett ist die einzige Schauspielerin, die in allen *Star-Trek*-Serien und -filmen zu sehen ist: In der originalen Serie, *The Next Generation* und *Deep Space Nine* hatte sie eine Schauspielrolle und in sämtlichen Serien und Filmen lieh sie den Bordcomputern der Förderationsraumschiffe ihre Stimme. Außerdem war sie geschäftsführende Produzentin von *Mission Erde* und *Andromeda*, die auf Entwürfen ihres Mannes, *Star-Trek*-Erfinder Gene Roddenberry, beruhten. In *Babylon 5* spielte sie die Rolle der Lady Morella, einer Centauri.

Wodurch wurde die Episode *Platons Stiefkinder* (*Plato's Stepchildren*) bekannt?

a) durch die Rechenkünste von Captain Kirk
b) durch den Gesang von Captain Kirk
c) durch das erste Auftauchen von Klingonen
d) durch den Kuss von Uhura und Captain Kirk

Antwort: d)
Star Trek schrieb nicht nur TV-Geschichte, indem die Serie am 22. November 1968 den ersten Kuss zwischen einem Weißen und einer Schwarzen überhaupt im US-Fernsehen zeigte. Um die TV-Zensur zu umgehen, wurde der Kuss geschickt durch die Haltung der Köpfe verdeckt. In seinen Memoiren zitiert Shatner seine Filmpartnerin Nichols mit den Worten: „Unsere Lippen haben sich nie berührt." Der Kuss führte dazu, dass mehrere Fernsehsender in den Südstaaten die Ausstrahlung dieser Folge verweigerten.

Was verbindet Shatner und Nimoy im wahren Leben?

a) Sie sind entfernte Cousins.
b) Sie haben zusammen einen Entzug gemacht.
c) Sie lernten sich schon im Kindergarten kennen.
d) Beide waren Kinderstars und haben jüdische Eltern und Großeltern, die aus der Ukraine stammen.

Antwort: d)
Nimoy wurde in Boston geboren, Shatner im kanadischen Montreal, doch in den unendlichen Weiten des Weltalls trafen sie sich.

> Kommunikationsoffizier Nyota Penda Uhura (Nichelle Nichols) war das einzige weibliche Crewmitglied der Originalserie. Die Namen Uhura (Freiheit), Penda (lieben, mögen) und Nyota (Stern) stammen aus der afrikanischen Sprache Suaheli.

Wie viele Kinder hat Captain Kirk?

a) 0   b) 1
c) 2   d) 15

Antwort: b)
Zumindest weiß man nur von einem: Kirk hatte mit der Wissenschaftlerin Dr. Carol Marcus einen Sohn namens David, der im dritten *Star-Trek*-Film auf dem Genesis-Planeten von Klingonen ermordet wurde.

> William Shatner hatte in *Star Trek VI: Das unentdeckte Land* für die Szene vor dem klingonischen Gericht ein Double für sein Hinterteil. Er fand es zu dick.

Was bedeutet das Wort „Bonanza" eigentlich?

a) ergiebige Goldgrube
b) rauchender Colt
c) Männer mit Schlapphüten
d) Glücksfall

Antwort: a) und d)
„Bonanza" ist ein englisches Wort spanischen Ursprungs.

Bonanza lief von 1959 bis 1973 im US-Fernsehen. Auf deutschen Bildschirmen war die erste Folge am 13. Oktober 1962 zu sehen. Nach nur 13 Folgen wurde die Serie von der ARD aber wegen „zu großer Brutalität" eingestellt. Ab dem 27. August 1967 zeigte das ZDF sämtliche Folgen in Farbe.

Die Familie Cartwright ist ein Haushalt mit vier Männern. Wer von ihnen war Hoss?

a) der Vater
b) der älteste Sohn
c) der mittlere Sohn
d) der jüngste Sohn

Michael Landon

Antwort: c)
Vater Benjamin „Ben" Cartwright (Lorne Green) hatte die Söhne Adam (Pernell Roberts), Eric „Hoss" Cartwright und als jüngsten Joseph „Little Joe" (Michael Landon).

Ein wiederkehrendes Schema ist das kollektive Bestreben der vier Cartwrights, Durchreisenden bei ihren Problemen zu helfen. Außerdem sind sie für Moral und gegen Verherrlichung von Gewalt.

Im Trailer zur TV-Serie wird die ungefähre Lage der Ranch angedeutet: Demnach befindet sie sich zwischen dem Lake Tahoe und dem Washoe Lake, grenzt im Osten an Carson City und erstreckt sich gegen Norden in den Bereich zwischen Virginia City und Reno. Ein Teil der Straße von Carson City nach Virginia City fällt in das Gebiet der Ponderosa. Die Karte aus dem Vorspann der Serie ist allerdings so gezeichnet, dass nicht Norden, sondern Osten oben ist. Zu erkennen ist dies an der Windrose oben links.

Wie viele Mütter hatten die Cartwright-Söhne?

a) 1   b) 2
c) 3   d) 4

Antwort: c)
Der Wilde Westen war wirklich wild!

In jeder Folge traten ein oder zwei Gaststars auf, die meist aus anderen Serien der 1950er- und 60er-Jahre bekannt waren. Darunter waren James Coburn, Charles Bronson, Telly Savalas (*Kojak*), Leonard Nimoy und DeForest Kelley (beide *Star Trek*).

Wie heißt die Ranch der Cartwrights?

a) Ponderosa   b) Panderosa
c) Ponderossa   d) Punderrosa

Antwort: a)

Wie hieß der chinesische Koch der Cartwrights?

a) Hope Solo   b) Hop Sing
c) Ho Chi Men   d) Hung Kung

Antwort: b)

Die Berliner Country-Pop-Band The Boss Hoss
ist nach *Bonanza* benannt. Auch die Titelmelo-
die der Serie war ein Hit, besonders in der
1962 von Johnny Cash gesungenen Version.

Hoss-Darsteller Dan Blocker (*1928) starb im
Mai 1972 überraschend mit 43 Jahren während
einer Gallensteinoperation. Nach dem frühen
Tod des vierfachen Vaters wurde *Bonanza* im
Januar 1973 eingestellt. Robert Altman, der
bei einigen frühen Folgen von *Bonanza* Regie
geführt hatte und seitdem mit Blocker befreundet war, widmete seinen Film *Der Tod
kennt keine Wiederkehr* dem verstorbenen
Freund, nachdem es für diesen Film nicht
mehr, wie ursprünglich geplant, zu einer er-
neuten Zusammenarbeit kommen konnte. Dan
Blocker hatte zwei Söhne und Zwillingstöchter,
deren Vornamen alle mit dem Buchstaben „D"
beginnen. Ein Sohn und eine Tochter wurden
ebenfalls Schauspieler, ein weiterer Sohn ist
Produzent.

Wer war Eugene Maurice Orowitz?

a) der Regisseur von *Bonanza*
b) der Beleuchter von *Bonanza*
c) Hoss
d) Little Joe

Antwort: d)
Den Künstlernamen Michael Landon hatte der aus
New York kommende Orowitz (1936–91) im Telefonbuch gefunden. Einen weiteren Erfolg hatte Landon
als Produzent, Drehbuchautor und Hauptdarsteller
von *Unsere kleine Farm*. Wie Ben Cartwright war
Landon dreimal verheiratet, bis er mit 54 an Krebs
starb. Aus den drei Ehen stammen acht leibliche Kinder. Filmtochter Melissa Gilbert (*1964) aus *Unsere
kleine Farm* nannte ihren 1995 geborenen Sohn
Landon, zu Ehren von Michael.

Die Frage, die 1980 Millionen rätseln ließ: Wer schoss auf J. R. in der Serie *Dallas*?

a) Sue Ellen
b) Bobby
c) Cliff Barnes
d) Kristin Shepard

Antwort: d)
Kristin war es, die auf J. R. schoss und ihrer Schwester Sue Ellen die Pistole unterschob. Am 21. März 1980 brachte die Folge *House Divided* höchste Einschaltquoten in den USA. Einen Sommer lang wurde gerätselt. Kristin wurde von 1979 bis 1981 in Dallas größtenteils von Mary Crosby (*1959) gespielt, einer Tochter von Bing Crosby. Ihre Nichte Denise Crosby wiederum spielte in den ersten 23 Folgen von *Star Trek – The Next Generation* das Crewmitglied *Tasha Yar*.

Unter der Sonne Kaliforniens (*Knots Landing*) war ein Spin-off von *Dallas*, in dem auch Kristin Shepard (Mary Crosby) und J. R. (Larry Hagman) wieder auftauchten. Der mittlere Ewing-Bruder Gary (Ted Shackelford) und seine Frau waren nach Kalifornien gezogen und spielten die Hauptrollen. Die Serie, in der auch Alec Baldwin ein Jahr lang zu sehen war, lief von 1979 bis 1993 und war in den USA sogar teils erfolgreicher als das Original.

Larry Hagman und Ken Kercheval (Cliff Barnes) sind die beiden einzigen Schauspieler, die während der ganzen *Dallas*-Serie von 1978 bis 1991 ununterbrochen mitspielten. Seit Juni 2012 gibt es übrigens in den USA eine von Kritikern gut aufgenommene *Dallas*-Fortsetzung mit J. R. und einigen alten Charakteren, die sich um die Enkelsöhne der Ewings dreht.

Wem gehörte die echte Southfork-Ranch in Texas, die als Kulisse für *Dallas* diente?

a) J. R.
b) J. G.
c) G. I.
d) C. B. S.

Antwort: a)
Ursprünglich gehörte die texanische Ranch tatsächlich einem J. R., eigentlich Joe R. Duncan. Nachdem die Serie weltweit bekannt wurde, nahm der Besucherstrom zur Farm derart überhand, dass er sich gezwungen sah, die Farm zu verkaufen. Sie ist heute als Museum für die Fernsehserie eingerichtet. U. a. wird die Pistole gezeigt, mit der auf J. R. Ewing geschossen wurde. Ursprünglich hieß die Ranch Duncan Acres. Nur die ersten fünf Folgen der ersten Staffel wurden auf einer anderen Ranch gedreht: der Cloyce Box Ranch, die später einem Brand zum Opfer fiel. Die Innenszenen wurden allerdings teils Monate später in Hollywoodstudios aufgenommen. So gibt es in vielen Szenen beim Wechsel von außen nach innen deutliche Unterschiede bei der Frisur der Darsteller oder in der Anordnung ihrer Kleidung.

Sieben *Dallas*-Folgen (aus den ersten 54) wurden in Deutschland nicht gezeigt. Die ARD lehnte das Senden dieser Folgen ab, da sie zu „langweilig" seien. Tatsächlich enthielten diese Folgen jedoch Gewaltszenen und einen Homosexuellen, was dem deutschen Publikum nicht „zugemutet" werden sollte. Das Publikum bemerkte die Kürzungen jedoch. So sitzt Jock in einer Folge im Rollstuhl und J. R. geht an Krücken – beides ohne erkennbaren Grund. Die vorige Episode *The Dove Hunt*, in der beide niedergeschossen werden, war gestrichen worden.

Wie viele *Dallas*-Folgen waren ursprünglich geplant?

a) 5
b) 15
c) 87
d) 100

Antwort: a)
Zunächst war nur eine Miniserie geplant, mit einer abgeschlossenen Handlung in jeder Folge. Schnell jedoch sahen die Produzenten, dass mehr Potenzial in den Figuren steckte.

Wie *Psycho* wurde auch *Dallas* durch eine Duschszene berühmt (bzw. noch berühmter). Warum?

a) Der tot geglaubte Bobby feierte seine Auferstehung, und eine ganze Staffel wurde zum Traum erklärt.
b) Bobby war der erste Mann im US-Fernsehen mit Ganzkörper-Nackteinsatz.
c) Bobby starb unter der Dusche.
d) Bobby und J. R. duschten gemeinsam.

Antwort: a)
1986 wurde tatsächlich die gesamte neunte Staffel am Ende als ein Traum dargestellt. Viele Zuschauer fühlten sich dadurch veräppelt und schalteten ab. Patrick Duffys Ausstieg aus der Serie hatte zuvor schon zu einem Quotentief geführt, sodass sich Larry Hagman persönlich für die Rückkehr seines Serienbruders eingesetzt hatte.

Wie viele Kinder hatte Jock Ewing?

a) 2
b) 3
c) 4
d) 5

Antwort: c)
Die Söhne waren J. R., Bobby, Gary Ewing und der uneheliche Ray Krebbs.

In der ursprünglichen *Dallas*-Miniserie sollte eine der Hauptfiguren sterben. Welche?

a) J. R.
b) Sue Ellen
c) Bobby
d) Pam

Antwort: c)
Die Handlung der Original-Miniserie war *Romeo & Julia* nachempfunden, mit Pam und Bobby als Liebespaar inmitten der verfeindeten Familien. Gerade zwischen J. R. und Bobby entwickelte sich jedoch eine Dynamik, die Bobby unverzichtbar machte.

> Nachdem Sue-Ellen-Darstellerin Linda Gray vor der neunten Staffel gefordert hatte, wie ihre Kollegen Larry Hagman und Patrick Duffy auch wenigstens in einer Folge Regie führen zu dürfen, wurde sie gefeuert. Larry Hagman erzwang ihre Rückkehr, indem er damit drohte, selbst bei *Dallas* auszusteigen.

Wie oft wurde die Southfork-Ranch in allen 356 Folgen im Winter gezeigt?

a) 0-mal
b) 1-mal
c) 5-mal
d) 23-mal

Antwort: b)
Nur in den ersten fünf Folgen gab es einmal Schnee – sonst herrschte immer Sonnenschein. Zumindest, bis Fiesling J. R. auftauchte und sein berühmtes hämisches Lachen ertönte ...

Die Maske von *GZSZ* verbraucht pro Jahr: 15.000 Wattestäbchen, 250 Haargummis, 25 Kilogramm Mehl, 250 Packungen Kleenex, 1 Liter Kunstblut, 1650 Haarklammern, 12.000 Babytücher, 150 Tuben Lippenpflege, 6 Liter Nagellack, 10 Liter Nagellackentferner und 1200 Anschlussfotos für weitere Dreharbeiten.

Was war der bisher am weitesten entfernte Drehort von *Gute Zeiten, schlechte Zeiten*?

a) New York   **b)** Harz
c) London   **d)** Kapstadt

Antwort: d)
Bei *GZSZ* gab es bisher 2500 Außendrehtage an
2000 Drehorten. Der am weitesten entfernte Drehort
bis jetzt war 2003 in Südafrika. Ein sehr teurer
Außendreh fand außerdem in einem ICE statt, der
stundenlang mit der *GZSZ*-Crew um Berlin kurvte.

In 2 Studios sind insgesamt auf knapp 2000 Quadratmetern u. a. 71 Türen, 98 Stühle, 68 Fenster,
12 Sofas, 12 Betten, 17 Barhocker, 7 Küchen,
16 Schreibtische und über 500 erfundene und
extra angefertigte Produkte im Einsatz.

Die Rekordeinschaltquote von 6,73 Millionen
Zuschauern wurde mit der 1500. Folge am
22. Juni 1998 erreicht, in der auch der damalige
Ministerpräsident Niedersachsens, Gerhard
Schröder, einen Gastauftritt hatte.

Auf welcher Seifenoper basiert *GZSZ*?

a) *Neighbors* aus Australien
b) *The Restless Years* aus Australien
c) *Good Times, Bad Times* aus England
d) *Happy Days* aus den USA

Antwort: b)
Das Vorbild lief von 1977 bis 1981. Die ersten 230 Drehbücher wurden fast originalgetreu übernommen,
deswegen spielt *GZSZ* anfangs auch nur in einer
beliebigen Stadt. Erst später kam der Bezug zu
Berlin hinzu.

Wie viel Vorlauf haben die *GZSZ*-Folgen beim Dreh?

a) 1 Woche
b) 7 Wochen
c) 2 Monate
d) 3 Monate

Antwort: b)
Für eine täglich ausgestrahlte Folge ist das ganz schön knapp ...

Viele junge Schauspieler starteten ihre Karrieren in *GZSZ* – darunter „Wanderhure" Alexandra Neldel (1996–99 als Katja Wettstein), Saskia Valencia (1993–97, war als Saskia Rother die erste Lesbe in einer deutschen TV-Serie), Dschungelkönig Peer Kusmagk (2002–03 als Ben Bachmann), Nina Bott (1997–2005 als Cora Hinze), Jan Sosniak (1994–96 als Tom Lehmann) und Ex-Mädchenschwarm Andreas Elsholz (Heiko Richter von 1992 bis 96).

Wer startete durch eine Rolle bei *GZSZ* keine erfolgreiche Gesangskarriere?

a) Jeanette Biedermann
b) Susan Sideropoulos
c) Yvonne Catterfeld
d) Oliver Petszokat

Antwort: b)
Susan blieb der Serie dafür am längsten treu: Erst bei ihrer zweiten Schwangerschaft stieg sie 2011 aus, nachdem sie zehn Jahre lang die als Sexbombe vermarktete Verena Koch gespielt hatte.

Die beiden einzigen Darsteller, die von der ersten Folge an bis mehr oder weniger heute mitspielen, sind Frank-Thomas Mende (*1949) alias Familienvater Clemens Richter sowie Lisa Riecken (*1949) in der Rolle der altgedienten Lehrerin Elisabeth Meinhart. Ihre Rollen sind allerdings wie viele andere inzwischen nach Kanada ausgewandert und erscheinen nur noch selten, wie zur 5000. *GZSZ*-Folge im Mai 2012. Die nächsten Dienstältesten sind damit Dr. Jo Gerner (Wolfgang Bahro, *1960, seit Folge 185, 1993 dabei) und Leon Moreno (Daniel Fehlow *1975, der zwar seit 1996 dabei ist, aber öfter pausierte).

Was war der erste Satz in der ersten deutschen Daily Soap?

a) Was ist denn?   b) Es nervt!
c) Huhu!   d) Wo bin ich?

Antwort: a)
Gesprochen wurde er von Clemens Richter (Frank-Thomas Mende) am 11. Mai 1992.

500.000 Besucher haben bis heute das Original-*GZSZ*-Außenset besucht. Der am weitesten angereiste Besucher kam aus Brisbane, Australien.

Ursprünglich gedreht wurde ab dem 16. März 1992 in Berlin-Tempelhof auf dem ehemaligen UFA-Gelände; 1995 zog die Crew um nach Potsdam-Babelsberg.

Der im österreichischen Linz geborene Frank Elstner (*1942) war nicht nur der Erfinder von *Wetten dass..?*, er moderierte die Show auch bis zur 40. Sendung von 1981 bis 1987.

Wie heißt Frank Elstner eigentlich?

a) Jan Ulli Wosniak
b) Timm Maria Franz Elstner
c) Lutz Bert Friedrich Elstner
d) Frank Elster

Antwort: b)
Seine Eltern waren Schauspieler, und er wuchs in Baden-Baden und Rastatt auf. Schon als Kind wirkte Elstner in Radiohörspielen mit – u. a. sprach er Bambi. Da Elstner später eine Radioshow mit einem Kollegen moderierte, der Tom hieß, wurde er gebeten, sich einen anderen Namen als Timm auszudenken. Er entschied sich für den Namen seines Bruders, Frank. Seine jüngste Tochter, Enya Elstner (*1997, benannt nach der irischen Sängerin), ist auch Schauspielerin.

Der Originalschriftzug der Sendung enthält gleich drei Rechtschreibfehler. So fehlt nach dem „dass" das Leerzeichen, und die Auslassungspunkte bestehen nur aus zwei Punkten statt korrekt aus drei. Im Sendungslogo wird außerdem noch auf das Komma verzichtet.

Wer war nicht Gast der allerersten *Wetten-dass..?*-Sendung am 14. Februar 1981?

a) Curd Jürgens
b) Barbara Valentin
c) Freddie Mercury
d) Engelbert

Antwort: c)
Engelbert sang 31 Jahre vor seinem Eurovision-Desaster gleich drei Lieder zur Premiere.

Frank Elstner hat das Konzept für *Wetten dass..?* in einer schlaflosen Nacht innerhalb von zwei Stunden entwickelt.

Wann war Thomas Gottschalk zum ersten Mal bei *Wetten dass..?* zu sehen?

a) 6. 2. 1982
b) 26. 9. 1987
c) 15. 1. 1994
d) 30. 3. 1996

Antwort: a)
Allerdings war er damals nur zu Gast auf Frank Elstners Sofa.

Oft eingeladen war Elton John, der jedoch häufig gar nicht oder viel zu spät erschien. Dies hat sich inzwischen zu einem Running Gag der Show entwickelt.

In der dritten Sendung am 16. Mai 1981 aus Wien wettete Karlheinz Böhm (*1928, *Sissi*), dass nicht einmal jeder dritte Zuschauer eine Mark für die Sahelzone spenden würde. Böhm behielt recht, insgesamt kamen dennoch 1,7 Millionen Mark zusammen. Aus dieser Wette ging die Hilfsaktion Menschen für Menschen hervor, die sich seitdem in Äthiopien engagiert und u. a. für mehr Frauenrechte einsetzt.

Was war der berühmteste Wett-Fake?

a) die Farbe von Buntstiften zu erschmecken
b) die Farbe von Buntstiften zu erschnüffeln
c) die Farbe von Buntstiften zu ertasten
d) die Farbe von Buntstiften zu erahnen

Antwort: a)
In der 48. Sendung am 3. September 1988 schlich sich *Titanic*-Redakteur Bernd Fritz unter dem Pseudonym Thomas Rautenberg in die Sendung ein. Der wahre Rautenberg, ein Grafiker aus München, hatte zuvor *Wetten dass..?* seine Wette angeboten, um zu sehen, wie das ZDF reagiert. Er hatte behauptet, die Farbe von Buntstiften nur am Geschmack erkennen zu können. Fritz übernahm die Wette und gewann, indem er unter einer Brille, die ihm eigentlich die Sicht nehmen sollte, durchlinste. Danach wurden Taucherbrillen verwendet. Wettpate war damals der Schauspieler Jürgen Prochnow *(Das Boot)*. Gottschalks bittere Reaktion in der nächsten Show: „Das hätte er auch einfacher haben können. Ein Satz hätte genügt. Was macht er stattdessen? Schreibt 14 Seiten in einer Zeitschrift, die keiner liest."

Thomas Gottschalk hatte *Wetten dass..?* 1992 bis 1993 schon einmal verlassen, um sich an Late-Night-Formaten zu versuchen. Wer sprang damals neun Folgen lang für ihn ein?

a) Frank Elstner
b) Wolfgang Lippert
c) Markus Lanz
d) Hape Kerkeling

Antwort: b)
Der Berliner Wolfgang Lippert (*1952), genannt Lippi, war damit auch einer der ersten Ost-Entertainer, die nach dem Mauerfall den Sprung ins Westfernsehen schafften. 1991 war er zunächst Sofagast gewesen. 2002 meldete Lippert nach  einer Fehlinvestition Privatinsolvenz an. Seine Frau betreibt ein Restaurant auf Rügen, und er singt wie zu Anfang seiner Karriere Schlager.

Nach den Erfolgen seiner ersten drei Sendungen lud Elstner bei einer Audienz im Vatikan 1981 den damaligen Papst Johannes Paul II. als Wettpaten zu *Wetten dass..?* ein. Papst Johannes Paul II. war zwar zu keinem Besuch bereit, wollte sich aber per Liveübertragung zuschalten lassen. Elstner lehnte dies ab, um zu vermeiden, dass andere internationale Gäste diesem Beispiel folgen.

Wer war nie zu Gast bei *Wetten dass..?*

a) Michael Jackson   **b)** Madonna
c) Johnny Cash   **d)** Rolling Stones

Antwort: d)
Mick Jagger trat jedoch einmal solo auf. Die Gästecouch war in bisher 199 Folgen und über 30 Jahren stets gut gefüllt.

Stefan Raab versprach 2003, bei einer verlorenen Wette mit einem Wok eine Bobbahn hinunterzufahren.
Raab gewann die Wette zwar, setzte sich aber dennoch in den Wok. So entstand die mittlerweile jährlich stattfindende *Wok-WM*.

Wie viel verdiente Gottschalk pro Sendung?

a) 10.000 €   **b)** 50.000 €
c) 100.000 €   **d)** 500.000 €

Antwort: c)

Wer hatte die meisten Auftritte als Wettpate?

a) Iris Berben
b) Otto
c) Peter Maffay
d) Boris Becker

Antwort: a)
Peter Maffay hält dafür den Rekord mit den meisten Musikauftritten: 17-mal schwang er die Gitarre.

Ausgerechnet in der Live-Weihnachtssendung am 4. Dezember 2010 verunglückte Schauspielstudent Samuel Koch bei einem Sprung über fahrende Autos so schwer, dass er querschnittsgelähmt blieb. Daraufhin wurde die Sendung zum ersten Mal in ihrer Geschichte abgebrochen, und Gottschalk erklärte im Februar 2011 seinen Rücktritt von der Show.
Zum letzten Mal moderierte er am 3. Dezember 2011. Die Nachfolge übernahm 2012 der Österreicher Markus Lanz, den Birgit Schrowange für die Sendung *Extra* auf RTL entdeckt hatte.

Insgesamt wurden bis einschließlich der Sommerausgabe 2011 3851 Minuten, also ungefähr 64 Stunden, überzogen. In der ersten Sendung am 14. Februar 1981 überzog Elstner schon um 43 Minuten, machte aber am 8. Februar 1984 zwölf Minuten eher Schluss. Den Rekord schaffte Gottschalk am 8. Dezember 1996 mit 73 Minuten Überlänge.

Es gab 192 *Wetten-dass..?*-Shows, 884 Wetten (ohne Saal- und Stadtwetten), 1030 Wettpaten und 757 Showacts. Die beste Quote, die *Wetten dass..?* je erreichte, waren 23,42 Millionen Zuschauer – am 9. Februar 1985.

Die skurrilsten Wetten
1994: Köbi Schwitter kann eine Wärmflasche durch einen 90 Meter langen Feuerwehrschlauch aufblasen, auf dem sechs Personen stehen – bis sie platzt.
2002: Martin Levonyak fängt Fliegen nur mit dem Mund.
2005: Werner Kohlbecker lockt jede beliebige Kuhherde mit Trompetenspiel an.
2005: Zhao Ben Shui steht minutenlang auf brennenden Glühbirnen, hält mit den Zähnen ein Fahrrad und singt dabei ein Lied.

Die besten Wetteinlösungen
1982: Otto Waalkes schrubbt einen Elefanten.
1998: Harald Schmidt fährt in einem Eisschnelllaufanzug auf Rollschuhen durchs Studio.
2004: Bully Herbig arbeitet auf einem Flug von München nach Berlin als Flugbegleiter.

Wer war der einzige Gast, der auf dem Sofa rauchte?

a) Alain Delon
b) Mickey Rourke
c) Madonna
d) Joe Cocker

Antwort: b)
Am 3. März 1990 saß Rourke rauchend auf der Couch – außerdem soll er Schweißfüße gehabt haben. Weiterhin fand im Anschluss an die Sendung eine öffentliche Diskussion darüber statt, dass der Dolmetscher die derbe Sprache des Gastes deutlich abgeschwächt hatte.

Cher

In der 41. Sendung am 31. Oktober 1987 traten die Schauspielerin Brigitte Nielsen (*1963) und die Sängerin Cher (*1946) in einem fast gleichen Outfit auf, das viel nackte Haut zeigte. Bei einem weiteren Besuch durfte Cher nicht auf die Bühne, bevor das Kostüm (zwei schmale Lederstreifen, auch zu sehen im Musikvideo zu *If I Could Turn Back Time*) mit zwei kleinen Tüchern in der Hüftregion „entschärft" war. Das skandalumwobene Nacktoutfit von Sarah Connor (*1980) Anfang 2002 war dagegen hautfarben und wirkte nur durch die Beleuchtung transparent.

Das schwerste Buch der Welt ist *Das Buch der Apokalypse*, ein zwischen 1958 und 1961 mit der Beteiligung von Salvador Dalí entstandenes Kunstwerk. Es wiegt 210 Kilogramm. Die 300 Seiten bestehen aus großformatigem Pergament.

Das am häufigsten aus Leihbüchereien gestohlene Buch ist das *Guinnessbuch der Rekorde*. So steht es zumindest dort geschrieben …

Wie lange war das am längsten ausgeliehene Buch der Welt nicht in seiner Bücherei?

a) 1,5 Jahre   b) 12 Jahre
c) 35,7 Jahre   d) 82 Jahre

Antwort: d)
Es heißt *Sunshine Sketches of a Little Town* und stammt von Stephen Leacock. Eve Lettice aus Victoria in Kanada fand es 1998 beim Aufräumen ihres Dachbodens. Ein früherer Vormieter hatte es 1916 aus der örtlichen Leihbücherei ausgeliehen. Lettice brachte es nach 82 Jahren ordnungsgemäß zurück. Die Bibliotheksverwaltung erließ ihr die angefallenen Strafgebühren von 7200 kanadischen Dollar. Der Chefbibliothekar ließ verlauten, man sei einfach froh, das „verdammte" Buch endlich zurückzuhaben.

Abrogans

Das älteste deutsche Buch überhaupt ist der *Abrogans*, ein Glossar (Wörterverzeichnis, zumeist mit Erklärungen). Es wurde in der zweiten Hälfte des 8. Jahrhunderts, ungefähr um 750, in Freising oder Salzburg verfasst und beinhaltet etwa 3670 volkssprachliche Wörter. Seinen Namen erhielt das Buch nach dem ersten Wort der Liste (abrogans = humilis/bescheiden, demütig).

Die ältesten Vorläufer des Buches waren die Papyrusrollen der Ägypter, die seit dem 3. Jahrtausend v. Chr. nachgewiesen werden können. Im 1. Jahrhundert folgte der aus mehreren Lagen Pergament bestehende Kodex. Dieser wurde in der Mitte gefaltet und die einzelnen Lagen mit einem Faden aneinander befestigt. Erst später wurden die Seiten gebunden und mit einem festen Umschlag versehen. Der Kodex ist der unmittelbare Vorgänger unseres heutigen Buches.

Das erste Telefonbuch der Welt erschien mit lediglich 50 Einträgen 1878 in New Haven. Das erste deutsche folgte drei Jahre später und konnte bereits 185 Einträge vorweisen.

Warum brachte sich der Verfasser der ersten Autobiografie der Welt drei Tage vor seinem 75. Geburtstag um?

a) Ein Horoskop hatte seinen Tod an diesem Geburtstag vorausgesagt.
b) Er wollte im Interesse seiner Nachkommen die Buchumsätze steigern.
c) Er hasste es, alt zu werden.
d) Er hatte Angst vor der magischen Wirkung der Zahl 75.

Antwort: a)
Der mailändische Arzt Geronimo Cardano veröffentlichte die erste Autobiografie der abendländischen Literatur, die ersten Formeln zur Lösung von Gleichungen dritten Grades und das Konstruktionsprinzip der nach ihm benannten Kardanwelle. Weil sein Horoskop ihm ein Leben bis zum 75. Lebensjahr vorhersagte, brachte er sich drei Tage vor seinem Geburtstag um.

Die erste Beschreibung eines Panzers erschien bereits 13 Jahre vor dessen Erfindung. Das *Panzerschiff zu Lande*, über das der Schriftsteller H. G. Wells 1903 im *Strand Magazine* schrieb, ähnelt so sehr den ab 1916 gebauten Panzern, dass es vielen Zeitgenossen als Augenzeugenbericht erschien.

Wer oder was wurde „Inkunabel" genannt?

a) die Abnabelung des Buchs von der Presse
b) eine alte Illustrationstechnik
c) Wiegendruck
d) der Name des ersten Buchladens im Mittelalter

Antwort: c)
Die nach der Erfindung des Buchdrucks (ca. 1450) durch Johannes Gutenberg (1400-68) bis zum Jahr 1500 gedruckten Bücher werden „Inkunabel" oder „Wiegendruck" genannt, da sie aus einer Zeit stammen, in der der Buchdruck noch in der Wiege lag.

Die Bibel gibt es sogar auf Klingonisch und in Manx (ausgestorbene Sprache der Isle of Man).

Wo stand die erste Papiermühle Deutschlands?

a) 1260 in Potsdam
b) 1314 in München
c) 1390 in Nürnberg
d) 1472 in Darmstadt

Antwort: c)
Ab dem 14. Jahrhundert wurde Pergament allmählich durch das billigere und leichter zu produzierende Papier ersetzt. Die erste Papiermühle in Deutschland war die von Ulman Stromer in Nürnberg im Jahr 1390.

In Korea wurde rund 200 Jahre vor Johannes Gutenbergs Erfindung in Europa der Buchdruck mit beweglichen Lettern aus Metall entwickelt (vermutlich als Weiterentwicklung chinesischer Drucktechnik mit Tonlettern), blieb aber wenig genutzt.

Charles Darwin war nicht der Erste, der über die Gesetze der natürlichen Selektion schrieb. Wer hatte das 28 Jahre vor ihm schon getan, ohne von Darwin zitiert zu werden?

a) ein Tierarzt
b) ein Zoologe
c) ein Insektensammler
d) ein Gärtner

Antwort: d)
Der schottische Landbesitzer und Pflanzenzüchter Patrick Matthew hatte bereits 1831, 28 Jahre vor Darwins *Über die Entstehung der Arten*, ähnliche Erkenntnisse über die Gesetze der natürlichen Selektion publiziert. Da die Veröffentlichung aber im Anhang eines Buches mit dem Titel *Schiffsbauholz und Holzanbau* erfolgte, bemerkte sie niemand.

Künstler des Bauhauses, das 1919 von Walter Gropius gegründet wurde, schufen im 20. Jahrhundert Bücher von hohem gestalterischen Niveau, die dem Bereich Druckgrafik zuzurechnen sind. Diese Künstlerbücher erscheinen in kleinen, limitierten Auflagen.

Was ist ein Beutelbuch?

a) Kanguruliteratur
b) Kinderbücher mit zusätzlichen plastischen Elementen
c) eine mittelalterliche Sonderform von Büchern
d) ein besonders schweres Buch, das sich nur in einem Beutel transportieren ließ

Antwort: c)
Beutelbücher konnten wie ein Beutel getragen und am Gürtel befestigt werden

Wie groß ist das kleinste Buch der Welt?

a) 2,4 mm x 2,9 mm
b) 3,8 mm x 3,5 mm
c) 1 cm x 1 cm
d) 3 cm x 3 cm

Antwort: a)
Das kleinste Buch der Welt stammt aus dem Leipziger Verlag Faber & Faber. Mit 2,4 auf 2,9 Millimeter ist es vergleichsweise so groß wie ein Streichholzkopf. Die 32 Seiten sind mit Buchstabenbildern im Offset bedruckt und in Handarbeit ledergebunden.

Charles Darwin litt den größten Teil seines Lebens unter chronischer Müdigkeit und schweren Schwächeanfällen. Einige der Bücher, die er las, waren deshalb zu schwer, als dass er sie hätte halten können. Deshalb zerriss er sie in handlichere Einheiten.

Wie groß ist das größte Buch der Welt?

a) 1 m x 1 m
b) 1,52 m x 2,13 m
c) 2,3 m x 2,7 m
d) 3,07 m x 3,42 m

Antwort: d)
Im Jahr 2004 brachte der Autohersteller Mazda einen Bildband mit dem wohl größten Format der Welt heraus: 3,07 Meter mal 3,42 Meter. Davor wurde der Rekord von dem amerikanischen Wissenschaftler Michael Hawley gehalten, der Fotos von Bhutan in einem 60-Kilogramm-Wälzer im Format 1,52 Meter mal 2,13 Meter mit 2000 Dollar Herstellungskosten drucken ließ.

Was ist das älteste gedruckte Buch Europas?

a) Gutenberg-Bibel
b) *Missale abbreviatum* des Benediktinerstifts St. Paul in Kärnten
c) *I-Ging*
d) Luther-Bibel

Antwort: b)
Das älteste gedruckte Buch ist ein *Missale*, ein Altarbuch für den Gottesdienst, und wurde von Gutenberg schon um das Jahr 1450 gedruckt – vier Jahre früher als die berühmte Gutenberg-Bibel. Diese Ergebnisse zeigen neueste Untersuchungen des Drucks, des Holzschnitts und der Wasserzeichen. Die Abstände zwischen den Buchstaben sind noch nicht exakt, daher glauben die Forscher, dass Gutenberg vor seiner Bibelausgabe einen Probedruck gemacht hat, um zu prüfen, ob alles funktioniert. St. Paul besaß auch die 42-zeilige Gutenberg-Bibel, die aber infolge der Weltwirtschaftskrise der 1920er-Jahre verkauft werden musste.

Was ist das längste Buch der Welt?

a) *Tripitaka*
b) *Mahabharata*
c) *Yongle Dadian*
d) *Das dickste Buch des Universums*

Antwort: d)
Einigen Forschern zufolge befindet sich das längste Buch der Welt in Myanmar in der Kuthodaw-Pagode. Mit dem Bau wurde 1857 begonnen. Die 729 Marmortafeln mit dem vollständigen Wortlaut des *Tripitaka* (Lehre Buddhas), die um den zentralen Stupa herum angeordnet sind, werden auch das „größte Buch der Welt" genannt. Ein weiterer Konkurrent ist die allerdings nicht vollständig erhaltene chinesische Enzyklopädie *Yongle Dadian*, die 1408 von über 3000 Gelehrten fertiggestellt wurde und 11.095 Bände umfasste, die 40 Quadratmeter für sich beanspruchten. Ins Guinnessbuch einschreiben durfte sich jedoch 2010 die Aktion der deutschen Lesestiftung dickesbuch.de. *Das dickste Buch des Universums* wurde von 40.000 Kindern gestaltet, hat 50.560 Seiten und ist unglaubliche 4,10 Meter dick.

Zu den wertvollsten und teuersten Büchern zählt u. a. der *Codex Manesse*, welcher im Zuge einer Ausstellung 2006 für 50 Millionen Euro versichert werden musste. Der *Codex Manesse* ist das berühmteste und umfangreichste deutsche Liederbuch des Mittelalters. Der von Germanisten nur kurz C genannte Kodex wird in der Universitätsbibliothek Heidelberg aufbewahrt. C entstand um 1300 in Zürich und dokumentiert den Minnegesang wie kein anderes Werk. So sind die Lieder aller bedeutenden mittelalterlichen Dichter vertreten und durch aufwendig gestaltete Buchmalereien illustriert.

Als Goldgräber war Mark Twain wenig erfolgreich und berichtete bald lieber über seine ehemaligen Kollegen, bis er wegen Verleumdungsvorwürfen aus der Stadt Virginia City flüchten musste.

Wie wollte Mark Twain ursprünglich in seinem Buch *The Adventures of Huckleberry Finn* Rassismus anprangern?

a) mit einer persönlichen Widmung an Rassismusopfer
b) mit einer drastischen Lynchszene
c) mit der 700–800-maligen Verwendung des Wortes „Nigger"
d) mit einem Aufruf zu Protestaktionen und Demos

Antwort: c)
Damit hätte er sogar moderne Rap-Quoten von 50 Cent & Co. übertroffen ... Das Buch enthielt Alltagssprache und Kraftausdrücke, was ihm zunächst viel Kritik einbrachte.

Woher hatte der 1835 als Samuel Langhorne Clemens geborene Mark Twain seinen Künstlernamen?

a) von seinem Nachbarn
b) von seinem Kater
c) von Dampfschiffen auf dem Mississippi
d) von seinem verhassten Lehrer

Antwort: c)
Sein Pseudonym stammte von Dampfschiffen auf dem Mississippi, auf denen Twain lang gearbeitet hatte. Der Ruf „mark twain" signalisierte eine sichere Wassertiefe. Der Mississippi war trüb und flach, sodass man ständig messen musste, um nicht irgendwo festzustecken. Vor Mark Twain hatte er schon zwei andere Namen ausprobiert: Josh und Thomas Jefferson Snodgrass, die ihm aber beide nicht ernst genug klangen.

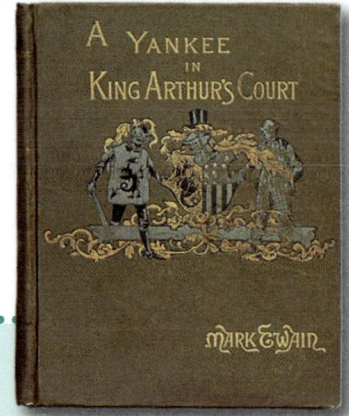

Den Begriff „New Deal" für seine Wirtschaftspolitik entnahm der US-Präsident Franklin D. Roosevelt dem Roman *Ein Yankee am Hofe des Königs Artus*, den Mark Twain 1889 veröffentlicht hatte.

Sowohl *Tom Sawyer* als auch *Huckleberry Finn* stehen auf der Liste der 50 meistverbannten Bücher in den USA ganz weit oben. Vordergründig schrieb er lustige und spannende Lausbubengeschichten, doch hintergründig kritisierte der Amerikaner Mark Twain (1835–1910) Gesellschaftsmissstände wie Rassismus und Sklaverei.

Was bedeutet „taking a Twain"?

a) einen Gartenzaun streichen
b) einen Streich spielen
c) im Sitzen pinkeln
d) über den Mississippi schippern

Antwort: c)
Wegen einer seltenen Krankheit konnte Mark Twain nicht im Stehen pinkeln. Die Sitzvariante heißt deshalb „taking a Twain".

Mark Twain war 1874 einer der ersten, wenn nicht der erste Schriftsteller, der eine Schreibmaschine besaß. Welcher Erfindung sagte er jedoch ein Scheitern voraus?

a) Flugzeug   b) Telefon
c) Fax   d) Foto

Antwort: b)
Bescheiden war Twain nicht. Er brüstete sich gern damit, der erste Mensch der Welt gewesen zu sein, der ein Telefon in seinem Haus hatte. Dennoch glaubte er nicht an dessen Zukunft, weil es zu viele Störgeräusche gab. Außerdem sei er noch der erste Mensch der Welt gewesen, der Literatur mit einer Schreibmaschine geschrieben habe. Nur das Internet hat er nicht erfunden – das war bekanntlich Al Gore ...

Als Schriftsteller wurde Mark Twain noch zu Lebzeiten zunehmend geehrt und geschätzt. So sagte Ernest Hemingway: „All of American literature comes from one book by Mark Twain called *Huckleberry Finn*. There was nothing before. There has been nothing as good since."

Mark Twain verbrachte mehrere Monate in Berlin und Heidelberg. Über was schrieb er ein aufgeregtes Essay?

a) *Das schreckliche deutsche Essen*
b) *Die schreckliche deutsche Mode*
c) *Die schreckliche deutsche Unfreundlichkeit*
d) *Die schreckliche deutsche Sprache*

Antwort: d)
Es entstand 1878 und hieß *The Awful German Language.*

Mark Twain musste drei seiner vier Kinder und seine Frau überleben, was ihn zwar im Alter zunehmend zynischer machte, doch in seiner Autobiografie, die erstmals 2010 ungefiltert erschien, ist davon keine Spur zu erkennen.

Was haben der Halley'sche Komet und Mark Twain gemein?

a) Beide erschienen 1835 und verschwanden 1910.
b) Twain entdeckte den Kometen.
c) Twains Cousin entdeckte den Kometen.
d) Der Komet taucht immer über Twains Geburtsort auf.

Antwort: a)
„I came in with Halley's Comet in 1835. It is coming again next year (1910), and I expect to go out with it." Das schrieb Twain und behielt recht: Er starb, einen Tag nachdem der Halley'sche Komet wieder von der Erde aus sichtbar war. Das geschieht alle 76 Jahre, der nächste Besuch steht erst 2061 an.

„Ein Pferd, ein Pferd, ein Königreich für ein Pferd!", steht zwar in Shakespeares *Richard III.*, stammt aber nicht von Shakespeare. Der Satz wurde erst 50 Jahre nach seinem Tod von Colley Cibber eingefügt, dem Direktor des Londoner Drury-Lane-Theaters.

Wie viele geschriebene Wörter Shakespeares (1564–1616) wurden zu seinen Lebzeiten veröffentlicht?

a) 0
b) 53
c) 1878
d) 200.772

Antwort: a)
Verfasst hat er allerdings über eine Million Wörter, davon 17.750 verschiedene. Erst nach seinem Tod veröffentlichten Schauspielkollegen 36 seiner Stücke.

Wie viele von Shakespeare selbst geschriebene Wörter wurden gefunden?

a) 0
b) 14
c) 8945
d) 306.330

Antwort: b)

Sogar ein Londoner Fußballklub wurde 1882 nach einer Shakespeare-Figur benannt: Die Tottenham Hotspurs basieren auf Harry Hotspur aus *Heinrich III.* und *Heinrich IV.* Auch alle Satelliten des Planeten Uranus sind nach Shakespeare-Charakteren benannt. Statistiker behaupten sogar, dass alle vier Stunden irgendwo auf der Welt eine *Macbeth*-Vorstellung beginnt.

Shakespeare bereicherte die englische Sprache um viele neue Wörter. Welches gehört nicht dazu?

a) assassination
b) bump
c) puke
d) toilet

Antwort: d)
Alles andere wird Shakespeare zugeschrieben. Er soll insgesamt über 1700 Wörter erfunden haben.

Ein Shakespeare-Stück, *Cardenio*, ist verschollen.

Um im Globe Theatre von Shakespeare auf einen Stehplatz zu gelangen, musste man einen Penny in eine Box werfen, die ein Mann hielt. Ein Sitzplatz kostete einen weiteren Penny. Nach Beginn der Show wurden die Boxen in einem Raum hinter der Bühne gesammelt – dem „Box Office".

Wie oft gibt es Selbstmorde in Shakespeare-Stücken?

a) nie
b) 2-mal
c) 5-mal
d) 13-mal

Antwort: d)

Da es noch kein Copyright gab und man Schauspielern nicht trauen konnte, erhielten sie meist kein Drehbuch, sondern sprachen die Worte nach, die ihnen vorgeflüstert wurden. Frauenrollen wurden von Männern, meist Knaben mit hellen Stimmen, gespielt.

Das Landhaus der Hathaways nahe Stratford

Wodurch erregte Shakespeares Hochzeit Aufsehen?

a) Die Braut war älter als er und schwanger.
b) Die Braut hatte nur drei Finger an der rechten Hand.
c) Die Braut war seine Schwester.
d) Die Braut war männlich.

Antwort: a)
Anne Hathaway war 26, William Shakespeare selbst erst 18, als die beiden 1582 in dem Dorf Temple Grafton heirateten, das acht Kilometer von ihrem Heimatort Stratford entfernt war. Anne war zu dem Zeitpunkt bereits im dritten Monat schwanger. Das Paar hatte drei Kinder: Susanna und die Zwillinge Hamnet und Judith. (Sie wurde mit 77 Jahren ungewöhnlich alt für diese Zeit.)

> Zu Lebzeiten hieß Shakespeare nicht Shakespeare, sondern Shakspere.

> Nachdem sich die Figur Falstaff in seinem Stück *Heinrich IV.* als sehr populär erwies, ließ der Dramatiker sie in *Die lustigen Weiber von Windsor* erneut aufleben. Was ganz wörtlich gemeint ist, denn in *Heinrich IV.* stirbt Falstaff eigentlich.

Shakespeare hatte in Immobilien investiert und starb nicht arm Was vererbte er seiner Frau?

a) 1 Mio. Pfund
b) Bauernhof
c) das Globe Theatre
d) das „second-best bed"

Antwort: d)
Die Töchter Susanna Hall und Judith Quiney erbten am meisten. Seiner Witwe Anne vermachte er dagegen sein „second-best bed" (was das gemeinsame Ehebett war – das „best bed" war für Gäste reserviert). Von Shakespeares eigenen sieben Geschwistern war zu dem Zeitpunkt nur noch seine Schwester Joan (1569-1646) am Leben, und 1670 starb mit Enkelin Elizabeth Barnard der letzte direkte Shakespeare-Nachkomme.

> Einige seiner Stücke sind so etwas wie Remakes jahrhundertealter Werke. Auch darin war er ein Trendsetter. Ein Beispiel dafür ist das Buch *Metamorphosen* des römischen Dichters Ovid (43 v. Chr.-17 n.Chr.). Darin spielen die unglücklich Liebenden Pyramus und Thisbe eine Rolle, die Shakespeare zu *Romeo and Juliet* inspirierten und auch im *Sommernachtstraum* Verwendung fanden.

Über Shakespeares Leben ist vieles nicht bekannt: wann genau er geboren wurde, wo und ob er überhaupt zur Schule ging, ob er gebildet war oder vielleicht gar nicht selbst geschrieben hat oder ob er nur ein Stallbursche und Hochstapler war. Einige Jahre werden sogar als „verloren" bezeichnet, weil es über sie gar keine Aufzeichnungen gibt.

Wie viele Stücke verfasste Shakespeare in seiner Schaffenszeit pro Jahr im Durchschnitt?

a) 0,5
b) 1
c) 1,5
d) 3

Antwort: c)
Angefangen mit dem Schreiben hatte Shakespeare im Alter von 24 oder 25 Jahren. Bis er mit 52 starb, verfasste er im Durchschnitt 1,5 Stücke pro Jahr.

Auf seinen Grabstein ließ Shakespeare eine Warnung schreiben, dass derjenige, der seine Knochen anrühre und woanders hinschaffe (was damals durchaus üblich war), verflucht sein solle. Bis heute ist das Grab unangetastet.

Man kennt das aus Fernsehserien: Wenn Nebencharaktere populär sind, bekommen sie irgendwann ihre eigene Show, wie Joey aus *Friends*. Das gab es auch schon ohne Fernsehen, denn Rosenkranz und Güldenstern sind eigentlich völlig unbedeutende Nebenfiguren in *Hamlet*, die beide sterben. Ein Schicksal, das ja auch Minirollen in *Star Trek* oft ereilt: Kaum hat man sie kennengelernt, schon sind sie wieder weg. Der britische Autor Tom Stoppard (*1937) jedenfalls fand die beiden Loser so inspirierend, dass er ihnen 1966 ein sehr witziges eigenes Stück widmete: *Rosencrantz and Guildenstern are Dead*. 1990 wurde es auch mit sehr guten englischen Schauspielern verfilmt: Gary Oldman und Tim Roth.

Warum handeln so viele Shakespeare-Stücke von Herrschern?

a) Man durfte so endlich ungestraft über sie lachen.
b) Es gab ja sonst keine Promis.
c) Jeder wollte gern adlig sein.
d) Jeder kannte mindestens einen der dargestellten Herrscher.

Antwort: b)
Da es meist um historische oder ausländische gekrönte Häupter ging, hatten auch die aktuell Herrschenden nichts dagegen.

Es gibt unzählige von Shakespeare inspirierte Filme und Bühnenstücke. Dazu zählt auch Disneys *Der König der Löwen*, der *Hamlet* zum Vorbild hat.

Im frühen 20. Jahrhundert war James Joyce so etwas wie ein Picasso der Literatur. Er gehörte zur modernistischen Avantgarde.

James Augustine Aloysius Joyce (1882–1941) war das älteste von wie vielen Geschwistern?

a) 2
c) 7
b) 4
d) 12

Antwort: d)
Joyce wurde in Dublin als irischer Katholik geboren.

Nach einem Biss hatte Joyce Angst vor Hunden, und nach Gruselgeschichten der Großmutter fürchtete er sich vor Gewittern. Mit neun Jahren schrieb er sein erstes Gedicht.

Worauf basiert *Ulysses*, das 1920 entstandene berühmteste Werk von James Joyce?

a) einer Pubgeschichte
b) den Irrfahrten des Odysseus
c) den Märchen der Gebrüder Grimm
d) einer klassischen römischen Sage

Antwort: b)
Es beruht auf der griechischen Sage des auf den Meeren herumirrenden Odysseus. Ähnlich wild geht es stilistisch zu. 18 Kapitel erzählen je eine Stunde eines bestimmten Tages – damit erfand er indirekt die spätere TV-Serie *24*. *Ulysses* spielt in Joyce' Heimatstadt Dublin, in der man keine Meerungeheuer und Sirenen braucht, um verloren zu gehen ... Das Buch hält sogar einen Rekord: Ein Satz umfasst 40.000 Wörter.

Eigentlich kennt man das ja andersherum, aber sowohl der Großvater als auch der Vater von James Joyce hatten in wohlhabende Familien eingeheiratet. Dennoch gelang es Vater John Joyce, einem Steuereintreiber, das vorhandene Vermögen zu verprassen.

Was „erfand" Joyce mit *Ulysses*?

a) den mehrfarbigen Druck
b) die Audiobücher
c) den Bewusstseinsstrom
d) die Ich-Perspektive

Antwort: c)
Joyce stellte erstmals mit dem „stream of consciousness" konsequent das Bewusstsein seiner Figuren dar.

Am 16. Juni 1904 traf James Joyce seine spätere Lebensgefährtin Nora Barnacle zum ersten Mal und ließ seinen berühmtesten Roman *Ulysses* später genau an diesem Tag spielen. Noch heute feiern Joyce-Fans nicht nur in Dublin diesen Tag als Bloomsday.

Weihnachten ist das Fest der Liebe, doch in England war das einige Jahrhunderte lang in Vergessenheit geraten. Ausgerechnet eine Gruselgeschichte erinnerte die Menschen daran, das Fest wieder besinnlich zu feiern und dabei auch an ihre Familien und Mitmenschen zu denken: *A Christmas Carol (Eine Weihnachtsgeschichte)* von Charles Dickens.

Welche prägenden Zitate stammen aus Charles Dickens' *A Christmas Carol*?

a) Merry Christmas
b) Merry Christmas and a Happy New Year
c) Jolly Good Time
d) Jumpin' Jack Flash

Antwort: a)
Das viktorianische England war gerade dabei, langsam alte Weihnachtstraditionen wiederzuentdecken und neue – wie den Weihnachtsbaum und Grußkarten – einzuführen. Da kam der vorher kaum benutzte Weihnachtsgruß „Merry Christmas" gerade recht.

Dickens hatte eine schwere Kindheit. Als er zwölf war, kam sein Vater ins Schuldengefängnis, und er musste seine geliebten Bücher verkaufen und in einer Lagerhalle arbeiten. Später wollte er sich politisch für arme Kinder engagieren, entschied sich dann aber, statt an den Verstand an die Herzen zu appellieren. In nur sechs Wochen schrieb er *A Christmas Carol*.

Warum verdiente Charles Dickens nichts an seinem Bestseller *A Christmas Carol*?

a) Er hatte kein Verhandlungsgeschick.
b) Seine Frau ließ sich teuer von ihm scheiden.
c) Er musste das Buch selbst drucken lassen, und ein anderer Verlag druckte das Buch einfach nach.
d) Er hatte einen schweren Unfall.

Antwort: c)
Nach einem Konflikt mit seinem Verleger zahlte Dickens den Druck selbst, und die Erstauflage von 6000 Stück war von Mitte Dezember bis Weihnachten 1843 schnell ausverkauft. Trotz 23 weiterer Auflagen verdiente Dickens jedoch aufgrund hoher Produktions- und Gerichtskosten nichts an dem Bestseller. Es gab noch kein Urheberrecht, und ein anderer Verlag hatte einfach eine eigene Version auf den Markt gebracht. Dickens gewann zwar seinen Prozess, doch der andere Verlag erklärte einfach Zahlungsunfähigkeit.

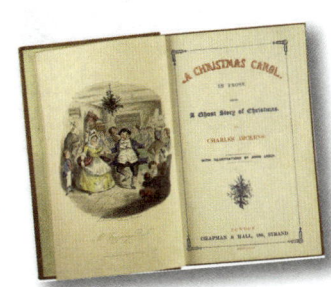

Der Erfolg der *Weihnachtsgeschichte* war dennoch nicht zu stoppen: Ein Jahr nach Erscheinen gab es 1844 schon acht verschiedene *Carol*-Theateraufführungen in London. Außerdem verzeichnete man einen Spendenboom und verstärkte Wohltätigkeitsaktivitäten. Nach der Lektüre des Buches schloss z. B. ein amerikanischer Unternehmer, ein Mr. Fairbanks, seine Waagenfabrik am ersten Weihnachtstag und spendierte jedem Angestellten einen Truthahn.

Was mutierte bei Stephen King nicht zu einer Horrorfigur?

a) Auto
b) Bernhardiner
c) Teddybär
d) Clown

Antwort: c)
Stephens Vater verließ die Familie, als er zwei Jahre alt war; die Mutter starb an Krebs, als er 20 war. Diese frühen Verluste verarbeitet er in Horrorgeschichten.

Kaum ein Autor verdient so viel wie Stephen King (*21.9.1947 in Portland, Maine, USA): ungefähr 40 Milliarden Dollar im Jahr. Er ist der meistverfilmte Schriftsteller der Gegenwart, der gern auch wie Vorbild Hitchcock in seinen Filmen auftaucht.

Stephen King hat Gründe, Autos nicht zu mögen: Er selbst wurde bei einem Spaziergang verletzt, und seine Lieblingskatze wurde überfahren.

Als was arbeitete Stephen King, bevor er zum Autor wurde?

a) Clown
b) Filmvorführer
c) Bademeister
d) Englischlehrer

Antwort: d)
King hatte zwar schon als Siebenjähriger erste Geschichten verfasst, studierte dann aber und heiratete eine Kommilitonin.

Kings unglückliche Kindheit mündete in vielen Süchten, und er dankte seiner Frau, ihn von Zigaretten, Drogen und Alkohol abgehalten zu haben. Ein Buch soll er sogar im Vollrausch geschrieben haben und sich an nichts mehr erinnern.

Womit vergleicht Stephen King, der durchaus Humor hat, sein literarisches Schaffen?

a) Big Mac und Fritten
b) Halloweenkostüm
c) B-Movies
d) Ketchup

Antwort: a)
In eigenen Worten: „I am the literary equivalent of a Big Mac and fries."

Biss zum Morgengrauen

Weltweit wurden von den vier *Twilight*-Romanen über 100 Millionen Exemplare verkauft und in 37 Sprachen übersetzt. Die US-Hausfrau Stephenie Meyer (*1973) war bei Erscheinen des ersten Buches 2005 gerade mal 32 Jahre alt. Die Idee dazu kam ihr im Schlaf, als sie von einem in ein normalsterbliches Mädchen verliebten Vampir träumte. Meyer ist seit 1994 verheiratet, lebt wie Bella ursprünglich in Phoenix, Arizona und hat drei Söhne.

Welche Musiker gibt Autorin Stephenie Meyer als Inspiration für die *Twilight*-Bücher an?

a) Linkin Park
b) Alice Cooper
c) Marilyn Manson
d) Muse

Antwort: hauptsächlich d) Muse lieferten auch den Titelsong der Sommerolympiade 2012 in London und performten ihn live bei der Abschlussfeier: *Survival*. Auch von Linkin Park ist Meyer begeistert, die ebenfalls auf

Stephenie Meyer

dem Film-Soundtrack zu hören sind. Muse dankt sie aber persönlich in ihren Büchern und schwärmt von ihnen als Rock Gods.

Fans und die Autorin selbst hatten den englischen Schauspieler Henry Cavill als Vampir Edward vorgeschlagen, doch mit 25 war er schon zu alt für die Rolle eines ewig 17-Jährigen ... Cavill wird 2013 Superman spielen, nachdem er schon 2005 als größter Pechvogel Hollywoods galt, der fast Hauptrollen als Batman, James Bond und nun Edward ergattert hätte.

In der Cafeteria lässt Bella einen Apfel fallen, den Edward (Robert Pattinson) aufhebt und in seinen Händen dreht — was an das Originalcover des ersten *Twilight*-Buches erinnert. Die Aufnahme musste 13-mal wiederholt werden.

Hauptdarstellerin Kristen Stewart hat eigentlich grüne Augen. Für die Rolle der Bella trägt sie braune Kontaktlinsen. Alle Darsteller der Cullens tragen dagegen topasfarbene Kontaktlinsen.

Warum heißt der Erlkönig „Erlkönig"?

a) Er entstammt einer Baumwurzel der Erle.
b) Übersetzungsfehler
c) Vogelname
d) Wortspiel

Antwort: b)
Goethes Gedicht *Erlkönig* von 1782 hätte eigentlich *Elfenkönig* heißen müssen. Denn das Wort „Erlkönig", das Johann Gottfried Herder 1778 erstmals verwendete, beruht auf einem Übersetzungsfehler aus dem Dänischen. Das Wort „elverkonge" für Elfenkönig wurde mit „ellerkonge" für Erlenkönig verwechselt.

Der Grundstein für Goethes späteren Erfolg als Bühnenautor wurde von seiner Großmutter gelegt, die ihm zu Weihnachten 1753 ein Puppentheater schenkte. Das für diese Bühne vorgesehene Theaterstück lernte er auswendig und führte es immer wieder mit Begeisterung gemeinsam mit Freunden auf.

1793 wollte Goethe seinem vierjährigen Sohn August zu Weihnachten eine Spielzeug-Guillotine schenken. Doch Goethes Mutter, die in Frankfurt die Miniaturköpfmaschine besorgen sollte, lehnte entrüstet ab: „Die Jugend mit so etwas Abscheulichem spielen zu lassen – nein, da wird nichts draus."

Was studierte der aus einer wohlhabenden Frankfurter Familie stammende Johann Wolfgang von Goethe?

a) Lehramt
b) Literatur
c) Jura
d) Medizin

Antwort: c)
Wie sein Vater studierte Johann Wolfgang Jura. Der Vater übte seinen Beruf jedoch nie aus und lebte vom Familienvermögen. Goethe selbst hatte vier Jahre lang eine kleine Anwaltskanzlei in Frankfurt, doch sie litt unter seinem geringen Arbeitseifer. Schreiben lag ihm mehr: So soll er über 15.000 Briefe verfasst haben – viele an seinen Freund Schiller.

1816 wollte Großherzog Karl August von Weimar in seinem Theater das Stück *Der Hund des Aubri* aufführen lassen. Hauptrolle: ein dressierter Pudel. Doch sein Intendant Johann Wolfgang von Goethe (1749–1832) weigerte sich: „Den Hund aufs Theater zu bringen heißt, das Theater auf den Hund zu bringen." Der Herzog blieb bei seinem Willen und Goethe kündigte.

Was ist der Werther-Effekt?

a) von Goethes Buch inspirierte Selbst-
   morde
b) die unglückliche Liebe zu einer ver-
   heirateten Frau
c) ein Bestseller eines jungen Autors
d) Weltschmerz

Antwort: a)
Die Nachahmungen der Werther-Figur im realen Leben,
die sich in Selbstmordversuchen und Suiziden zeigten, brachten eine Diskussion über Medienwirkungen
in Gang, die bis heute geführt wird. Seit den 1970er-
Jahren befasst sich die Psychologie mit dem Phänomen von „medial vermittelten Nachahmungs-Suiziden",
die unter dem Namen Werther-Effekt bekannt sind.

> Napoleon traf den von ihm verehrten Autor
> Goethe im Jahr 1808 und bekannte ihm gegen-
> über, dass er den *Werther* siebenmal gelesen
> habe und stets bei sich trage. Er habe die un-
> glückliche Liebe sehr ergreifend gefunden,
> die Gesellschaft sei ihm jedoch zu negativ dar-
> gestellt gewesen.

Was waren die Leiden des jungen Rechtspraktikanten Werther?

a) zu viel Arbeit
b) Liebeskummer
c) zu viele Ängste
d) chronische Magenschmerzen

Antwort: b)
Werther liebt Lotte, die jedoch mit einem anderen
Mann verlobt war. Am Ende begeht er Selbstmord.

Goethes Buch *Die Leiden des jungen Werther* wurde
1774 auf der Leipziger Buchmesse vorgestellt und
war gleich ein Bestseller, der zweite nach *Götz von
Berlichingen*. Vorbild für die Geschichte war Goethes
platonische Beziehung zu Charlotte Buff, die er auf
einem Tanzfest kennengelernt hatte. Das Buch wurde weltbekannt und löste eine Lesesucht besonders
unter jungen Leuten aus.

> An *Faust I* arbeitete Goethe rund 50 Jahre
> lang. Den zweiten Teil konnte er noch kurz
> vor seinem Tod fertigstellen.

Wovor hatte Goethe panische Angst (Kynophobie)?

a) Hunde
b) Katzen
c) Kritiker
d) Schiller

Antwort: a)
Das war also des
Pudels Kern: Goethe
hatte zeitlebens
eine panische Angst
vor Hunden. So
erschien Mephisto
Faust zunächst als
schwarzer Pudel.

> Ein Gespräch über die Urpflanze begründete
> im Sommer 1794 die Freundschaft zwischen
> Schiller und Goethe.

Seine ersten beiden Theaterstücke verfasste Friedrich Schiller (1759–1805) schon als 13-Jähriger: *Absalon* und *Die Christen*. Beide Werke sind nicht mehr erhalten.

Was war der große Dichter Schiller noch mit 15?

a) Daumenlutscher   b) Mamas Liebling
c) Bettnässer   d) Analphabet

Antwort: c)
Gegen den Willen seiner Eltern war der junge Friedrich vom zuständigen Herzog auf eine Militärakademie geschickt worden. Der harte Drill ließ den sensiblen Poeten lange Bettnässer bleiben, was seine Situation natürlich nicht verbesserte. Spaß gab es nur heimlich, wenn Schiller mit Mitschülern Tabak schnupfte und verbotene Schriften las – was die gesamte schöngeistige Literatur umfasste. Schiller las z. B. alle Werke von Shakespeare.

1776 begann Schiller die Arbeit an seinem ersten Bühnenstück, dem Freiheitsdrama *Die Räuber*. Gleichzeitig wurde ihm von seinem Herzog jedwede literarische Betätigung untersagt. 1782 floh der Dichter daraufhin mit seinem Freund, dem verwaisten Pianisten und Komponisten Andreas Streicher, aus Stuttgart. Dieser schrieb darüber später ein Buch: *Schillers Flucht von Stuttgart und Aufenthalt in Mannheim von 1782 bis 1785*. Streicher heiratete und freundete sich Ende des Jahrhunderts in Wien mit Ludwig van Beethoven in dessen letzten Jahren an.

Mit welcher Dissertation promovierte der Medizinstudent Friedrich Schiller 1779?

a) *Versuch über den Zusammenhang der thierischen Natur des Menschen mit seiner geistigen*
b) *Ode an die körperliche Freiheit*
c) *Versuch über die Auswirkungen der thierischen Vorlieben des Menschen*
d) *Warum Räuber längere Beine haben*

Antwort: a)
Schiller wurde damit zunächst Militärarzt.

Die Porträts, die Schillers Äußeres überliefern, sind so widersprüchlich, als hätte er seine Stiefbrüder zum Modellstehen geschickt. Gefallener Engel, Bohemien, Gewaltmensch, edler Räuber – Friedrich Schiller war seinen Mitmenschen unheimlich und seinen Anhängern heilig.

Vergesst die Spice Girls, Cyndi Lauper und andere Girl-Power-Nachahmer: Sie alle sind nur blasse Abbilder ihres Vorbilds – Pippi Langstrumpf. Schon seit 1945 treibt die Zopf-Piratin ihr Unwesen und war sogar Vorbild vieler Frauenrechtlerinnen.

Wie begrüßten sich Astrid Lindgren (1907–2002) und ihre Schwester Stina im hohen Alter immer am Telefon?

a) Hallo, alte Villa Kunterbunt!
b) Tod, Tod!
c) Lebst du auch noch?
d) Widdewiddewitt juchheirassa!

Antwort: b)
Damit hatten sie das lästige Thema gleich abgehakt und konnten sich erfreulicheren Dingen des Lebens zuwenden. Astrid Lindgren wurde 94 Jahre alt und starb wie ihre Schwester Stina im Jahr 2002.

Warum heißt Michel nur in Deutschland Michel?

a) Emil war schon vergeben.
b) Michel aus Lönneberga klang besser als der originale Name.
c) Der Sohn des deutschen Verlegers hieß Michel.
d) Schuld war ein Rechtsstreit.

Antwort: a)
Eigentlich heißt Michel Emil, doch durch Erich Kästners *Emil und die Detektive* von 1928 war der Name Emil im Kinderbuchbereich bereits etabliert und man wollte Verwechslungen vermeiden.

Kinderdetektiv Kalle Blomquist heißt im englischsprachigen Raum Bill Bergson. Pippi Langstrumpf ist bekannt als Pipi Longstocking.

Wie startete Astrid Lindgren ihre berufliche Laufbahn in den frühen 1920er-Jahren?

a) Sie jobbte in einer Bücherei.
b) Sie war Lehrerin.
c) Sie fuhr zur See.
d) Sie war Volontärin einer kleinen schwedischen Lokalzeitung.

Antwort: d)
Der Chefredakteur hatte der jungen Astrid Ericsson die Stelle angeboten, bei der sie das Journalistenhandwerk von der Pike auf lernte – allerdings auch mit 18 von ihm schwanger wurde. Eine Heirat lehnte sie jedoch ab, zog nach Stockholm und gab das Kind schweren Herzens 1926 für ein paar Jahre an Pflegeeltern.

Die Villa Kunterbunt

Pippis voller Name lautet: Pippilotta Viktualia Rollgardina Pfefferminz Efraimstochter Langstrumpf. Oder, im schwedischen Original: Pippilotta Viktualia Rullgardina Krusmynta Efraimsdotter Långstrump.

Obwohl ihr schon in der Schule eine Karriere als Schriftstellerin vorausgesagt wurde, weigerte sich Astrid Lindgren jahrelang, ein Buch zu schreiben. Warum?

a) Selbstzweifel
b) Sie konnte nicht gut lesen.
c) Sie wollte nicht zum Bücherberg beitragen.
d) Sie konnte nicht Schreibmaschine schreiben.

Antwort: c)
In der Schule mussten die Kinder so viel lesen, dass Astrid beschloss, es gebe mehr als genug Bücher auf der Welt.

1927 wurde Astrid Lindgren Nachfolgerin der später als Schauspielerin berühmten Zarah Leander als Sekretärin in der schwedischen Buchhandelszentrale in Stockholm. Dort lernte Astrid ihren späteren Ehemann Sture Lindgren (1898–1952) kennen, der Bürovorstand war. Außerdem war sie Stenografin für einen Kriminalistikprofessor und ab 1940 für die Abteilung Briefzensur des schwedischen Geheimdienstes.

Was gibt es im schwedischen Vimmerby, dem Geburtsort Astrid Lindgrens?

a) ein Pippi-Museum
b) ein Astrid-Lindgren-Museum
c) die echte Villa Kunterbunt
d) einen Astrid-Lindgren-Freizeitpark

Antwort: d)
In Vimmerby werden im Themenpark „Astrid Lindgrens Värld" (deutsch: Die Welt der Astrid Lindgren) Szenen aus ihren Kinderbüchern nachgebaut. Pro Jahr kommen rund 370.000 Besucher.

Dass Astrid Lindgren ihren jugendlichen Humor bis ins hohe Alter bewahrt hatte, zeigte sich auf der Preisverleihung Schwedin des Jahres 1997, als sie sich mit folgender Bemerkung an das Publikum wandte: „Ihr verleiht den Preis an eine Person, die uralt, halb blind, halb taub und total verrückt ist. Wir müssen aufpassen, dass sich das nicht rumspricht."

Die *Pippi-Langstrumpf*-Geschichten erfand Astrid Lindgren ursprünglich nur für ihre Tochter Karin, als diese im Winter 1941 krank im Bett lag und sich den Namen Pippi ausgedacht hatte.

Wie viele nach Astrid Lindgren benannte Schulen gibt es in Deutschland?

a) 15
c) 95

b) 50
d) 97

Antwort: d)
Europaweit sind es über 200. Lindgren setzte sich besonders aktiv gegen die wachsende Jugendgewalt ein sowie für Kinderrechte und den Tierschutz. 1995 suchte sie für eine schwedische Tageszeitung das Gespräch mit einem gewalttätigen Skinhead. 1950 schrieb Lindgren mit *Kati in Amerika* ein Buch gegen die Rassentrennung in den USA. Ihrem Einfluss wird auch ein 1988 in Schweden erlassenes Gesetz zu Tierrechtskontrollen bei der Massentierhaltung zugerechnet.

Astrid Lindgren zog es vor, ihre Bücher erst stenografisch zu Papier zu bringen. Das Abtippen übernahm sie lange Zeit selbst und änderte dabei mehrfach die Satzmelodie.

Von der Sozialhilfeempfängerin und alleinstehenden Mutter zur reichsten Schriftstellerin der Welt: Genau dies gelang der Britin Joanne K. Rowling (*1965) mit ihren siebenbändigen *Harry-Potter*-Romanen, die von 1997 bis 2007 erschienen. Rowling ist die erste Schriftstellerin der Welt, die mit ihren Werken über eine Milliarde Dollar verdiente.

Wofür steht das K. in Rowlings Namen?

a) Katarina
b) Kermione
c) Karry
d) Kathleen

Antwort: d)
Die Mittelinitiale hat die Autorin selbst ihrem Namen hinzugefügt – in Erinnerung an ihre Großmutter, die Kathleen hieß.

Während einer Zugfahrt von Manchester nach London erfand J. K. Rowling 1990 die Romanfigur Harry Potter. Rowling hatte zuvor im Büro von Amnesty International in London gejobbt und als Englischlehrerin in Paris und Portugal gearbeitet.

Die siebenteilige *Harry-Potter*-Buchserie wurde in acht Filmen fürs Kino umgesetzt. Bei der Verfilmung legte Rowling Wert auf britische Schauspieler. Deren Elite ist denn auch vertreten: Gary Oldman, Alan Rickman, John Cleese (als kopfloser Geist Nick), Maggie Smith und Emma Thompson.

Wovon handelte Rowlings erste selbst erfundene Geschichte?

a) einem Zauberlehrling mit abstehenden Ohren
b) einem Hund mit Schlappohren
c) einem Kaninchen, das an Masern erkrankt
d) einem Affen, der ständig pupst

Antwort: c)
Rowling las von ihrer Mutter gefördert viel und gern und hatte schon früh den Wunsch, Schriftstellerin zu werden. Ihre erste Geschichte erfand sie mit fünf oder sechs Jahren.

Nach dem Erfolg der *Harry-Potter*-Bücher wurden schnell Plagiatsvorwürfe laut. Von wem soll der Zauberlehrling abgekupfert worden sein?

a) Larry Potter   b) Harry Dotter
c) Garry Stotter   d) Mary Schnotter

Antwort: a)
Die US-Schriftstellerin Nancy Kathleen Stouffer hatte schon 1984 *The Legend of Rah and the Muggles* veröffentlicht sowie *Larry Potter and His Best Friend Lilly*. Larry, wie später Harry, war ein kleiner Junge mit großer, runder Brille und dunklem Haar. Vor Gericht bekam Stouffer allerdings nicht recht – dennoch blieben Zweifel an Rowlings Theorie der Zufälle …

Das erste *Harry-Potter*-Buch erschien unter dem Namen J. K. Rowling, weil befürchtet wurde, dass Jungen nicht gern Bücher lesen, die von einer Frau geschrieben wurden.

Sport

Die Front- und Heckflügel eines Formel-1-Renn-wagens erzeugen einen aerodynamischen Ab-trieb, der dabei hilft, das Fahrzeug auf der Straße zu halten. Bei steigendem Tempo wird dieser „Anpressdruck" so hoch, dass der Wagen ab 240 Stundenkilometern auch kopfüber an der Decke fahren könnte, ohne herunterzufallen.

Was bedeutet Gymnastik ursprünglich?

a) Beweglichkeit   b) Nachtturnen
c) Nacktturnen   d) Dehnen

Antwort: c)
Das altgriechische Wort „gymnos" bedeutet auf Deutsch „nackt". Ein Ort, an dem man sich nackt traf, um Sport zu treiben und zu erlernen, war daher ein sogenanntes „gymnasion". Das ein-gedeutschte Wort Gym-nasium für eine weiter-führende höhere Schule kommt genau daher. Das unbekleidete Be-treiben von Sport nannte man später folgerichtig Gymnastik.

Als der Australier Alan Jones 1977 überraschend den Formel-1-Grand-Prix von Österreich gewann, hatte niemand die australische Hymne parat, und die Kapelle spielte *Happy Birthday* – das war wenigstens englisch!

Wonach ist die Sportmarke Adidas benannt?

a) einem griechischen Gott
b) einem germanischen Gott
c) dem Firmengründer
d) einem keltischen Gott

Antwort: c)
Zum Glück heißt die Marke nicht „Adolfdas", denn der aus Herzogenaurach stammende Erfinder und Firmengründer Adolf „Adi" Dassler (1900-78) war ihr Namensgeber. Nach seiner Rückkehr aus dem Ersten Weltkrieg begann Dassler, in der Pantoffel-fabrik seines Vaters Turnschuhe aus Leinen her-zustellen. Bei den Olympischen Spielen 1936 trug u. a. schon Jesse Owen seine Schuhe. Adis jüngerer Bruder Rudolf gründete nach einem Streit die Sport-marke Puma, und die Ursprungsfirma hieß fortan adidas. Die Brüder sprachen nie wieder ein Wort miteinander, und auch ihre Nachkommen waren sich feind.

Kanada importiert täglich etwa 822 Hockey-schläger, welche in Russland angefertigt wurden.

Was bedeutet das Wort „Sport" seinem Ursprung nach?

a) bewegen   b) zerstreuen
c) messen   d) anstrengen

Antwort: b)
Das Wort wurde im 19. Jahrhundert aus dem Engli-schen übernommen, ist allerdings über das Franzö-sische bis zu einem lateinischen Ursprungsbegriff zurückzuführen: „disportare" bedeutet „sich zer-streuen".

Was ist der beliebteste Sport unter Nudisten?

a) Wasserball
b) Volleyball
c) Minigolf
d) Seilspringen

Antwort: b)

Muttermilch kann durch intensives Sporttreiben sauer werden.

Was beeinträchtigt Geschlechtsverkehr kurz vor einem Wettkampf?

a) Konzentrationsvermögen
b) Sehstärke
c) Schnelligkeit und Sprungkraft
d) Ausdauer

Antwort: c)
Laut einer Hamburger Studie aus dem Sommer 2012 wird besonders Leichtathleten und Gewichthebern davon abgeraten, bis zu 36 Stunden vor einem Wettkampf Geschlechtsverkehr zu haben. Als Ursache werden beim Orgasmus ausgeschüttete Hormone vermutet, die Aggressivität reduzieren. Für Konzentrationssportarten wie Schießen ist Sex bis zu vier Stunden vor dem Wettbewerb jedoch empfohlen, da er gelassener und ruhiger stimmt.

In Norwegen gibt es einen Wintersportort, der Geilo heißt.

Wie lange dauerten die Olympischen Spiele der Antike?

a) 1 Tag　　　　b) 5 Tage
c) 5 Wochen　　d) 4 Jahre

Antwort: b)
776 v. Chr. fanden die ersten dokumentierten Olympischen Spiele zu Ehren von Zeus statt. In Olympia stand ein bedeutender Zeustempel. Verheiratete Frauen durften nicht zusehen, alle Athleten traten nackt an und Sieger erhielten einen Kranz aus Ölzweigen.

Der New Yorker James Fuller Fixx, der Erfinder des Joggings, starb 1984 im Alter von 52 Jahren beim Joggen.

Statue des Zeus

Frauenpower[3]: Die Londoner Sommerolympiade 2012 war die erste, bei der jedes Land mindestens eine Sportlerin sandte. Zweitens fanden erstmals alle Wettbewerbe für beide Geschlechter statt, z. B. Frauenboxen. Zum Dritten traten die nur dafür wiedervereinten Spice Girls bei der Abschlussveranstaltung auf.

Was ist eine Olympiade eigentlich?

a) sportliches Festival
b) der Zeitraum zwischen aufeinanderfolgenden Olympischen Spielen
c) jede Veranstaltung, die alle vier Jahre stattfindet
d) ein seltener Event

Antwort: b)
Deswegen ist es eigentlich falsch, die Olympischen Spiele als Olympiade zu bezeichnen, doch der Begriff hat sich etabliert.

Das Handballspiel Island gegen Ungarn bei der Sommerolympiade 2012 in London hatte in Island einen Marktanteil von 85 Prozent.

Bis 1928 gab es einarmiges Gewichtheben als Disziplin bei den Olympischen Spielen.

Der französische Baron Pierre de Coubertin (1863–1937) gilt als Gründer der Olympischen Spiele der Neuzeit. Was war einer seiner Hauptbeweggründe dafür?

a) die mangelnde Fitness der französischen Soldaten im Krieg 1870/71 gegen Deutschland
b) Er war Medaillensammler.
c) Er wollte seine Landsleute endlich mal siegen sehen.
d) Er war mit einer Griechin verheiratet.

Antwort: a)
Deshalb führte er auch Turnunterricht an französischen Schulen ein. Ultimatives Ziel der Olympischen Spiele war jedoch, Kriege irgendwann ganz durch die Wettkämpfe zu ersetzen. Dennoch ließ Coubertin die Spiele 1936 in Berlin stattfinden und nahm eine großzügige Spende Hitlers an.

Die japanischen Hochspringer Nishida Shūhei und Ōe Sueo rührten 1936 in Berlin die Zuschauer. Ihr Kampf um die Silbermedaille dauerte mehr als fünf Stunden, Shūhei gewann aufgrund geringerer Fehlversuche. Wieder zurück in der Heimat teilten die beiden Sportler ihre Medaillen: Ein Juwelier schnitt sie entzwei und setzte sie so zusammen, dass jede einen silbernen und einen bronzenen Teil erhielt. Als „Medaillen der Freundschaft" sind sie noch heute in Japan Symbole des Sportsgeistes.

Nach Coubertins olympischem Idealbild sollten nur erwachsene männliche Einzelkämpfer teilnehmen wie in der Antike. Frauen von der Teilnahme auszuschließen, konnte er langfristig jedoch nicht durchsetzen.

Was gab es früher als olympische Disziplin?

a) Kirschkernweitspucken   b) Medizin
c) Literatur   d) Philosophie

Antwort: c)

Der erste Literatur-Olympiasieger war denn auch gleich der Erfinder der modernen Spiele selbst, Pierre de Coubertin, mit seiner *Ode an den Sport*. Diese hatte er unter den Pseudonymen Georges Hohrod und Martin Eschbach eingereicht. Kunstwettbewerbe in den Disziplinen Literatur, Architektur, Musik, Malerei und Bildhauerei waren seine Idee gewesen und hielten sich von 1912 bis 1948. Eingereichte Kunstwerke mussten vom Sport inspiriert sein. 1954 wurden sie endgültig aus dem olympischen Programm gestrichen.

1913 entwarf Pierre de Coubertin, der Erfinder der modernen Olympischen Spiele, höchstpersönlich die olympischen Ringe. Erst 1920 wurden sie das offizielle Symbol der Spiele, weil die für 1916 geplante Olympiade dem Ersten Weltkrieg zum Opfer fiel. Die fünf Ringe stehen für die fünf Kontinente. Ihre Verschlungenheit symbolisiert die Universalität der olympischen Idee sowie das Zusammenkommen von Sportlern aller Länder. Die fünf Farben der Ringe zusammen mit der Farbe Weiß des Hintergrundes stehen für zumindest eine Farbe aus jeder Nationalflagge der teilnehmenden Nationen.

Wie wurde Coubertin nach seinem Tod 1937 gewürdigt?

a) Er wurde mit einer Goldmedaille um den Hals beerdigt.
b) Seine Asche wurde im olympischen Feuer verbrannt.
c) Seine Asche ist in der Fackel eingeschlossen.
d) Sein Herz wurde in einer eigens für ihn in Olympia erbauten Gedenksäule beigesetzt.

Antwort: d)

Bei den antiken Olympischen Spielen durfte nur mitmachen, wer ein freier Grieche war, kein Verbrechen begangen hatte und keiner Gotteslästerung beschuldigt werden konnte. Zuletzt mussten die Teilnehmer auch per Eid beschwören, dass sie die Regeln der Spiele befolgen werden. Eine besondere Strafe drohte Frühstartern: Sie wurden ausgepeitscht.

80.000 Tweets pro Minute wurden verzeichnet, nachdem der Jamaikaner Usain Bolt in London 2012 Gold über 200 Meter gewonnen hatte.

Wie alt war der älteste olympische Medaillengewinner?

a) 55   b) 60
c) 73   d) 84

Antwort: c)

Der Brite John Copley war 73 Jahre alt, als er 1948 in der Kategorie „Gravur und Kupferstecherei" Silber gewann.

Olympische Winterspiele gibt es seit 1924. Im ewigen Medaillenspiegel der Winterspiele führt Deutschland mit 358 Medaillen (davon 128 goldenen) vor Russland, Norwegen, den USA und Österreich.

Wie viel Prozent der britischen Medaillengewinner weinten nach ihrem Erfolg bei den Olympischen Sommerspielen in London 2012?

a) 18 %
b) 27,3 %
c) 37,5 %
d) 53,4 %

Antwort: c)

Der kanadische Springreiter Ian Millar nahm in London 2012 an seinen zehnten Olympischen Spielen teil – das ist ein Rekord.

Wann fanden die ersten Olympischen Spiele der Neuzeit statt?

a) 1764
b) 1856
c) 1896
d) 1901

Antwort: c)
Vor 60.000 Zuschauern wurden am 6. April 1896 in Athen die ersten Olympischen Spiele der Neuzeit eröffnet, an denen 295 männliche Sportler (ausschließlich Amateure) aus 13 Nationen teilnahmen. Griechenland gewann die meisten Medaillen: 46.

33 ist die Zahl der aufeinanderfolgenden Tage bei Olympischen Spielen (2004, 2008, 2012), an denen China mindestens eine Goldmedaille gewann.

Was gewann der erste Marathon-Sieger der Neuzeit u. a.?

a) Hund
b) Esel und Ziege
c) 1 Million Dollar
d) eigenes Haus in Olympia

Antwort: b)
Der Grieche Spyridon Louis (1873–1940) war der erste Sieger des eigens für die ersten Olympischen Spiele der Neuzeit kreierten Marathonlaufs. Der griechische Kronprinz Konstantin war so begeistert, dass er die letzten Meter mitrannte und Louis einen Eselskarren schenkte. Das Olympische Komitee (IOK) legte eine Ziege drauf, der griechische Staat spendierte eine kleine Pension und sein Heimatdorf schenkte ihm einen Acker.

1908, Olympische Spiele in London: Der britische Läufer Wyndham Halswelle holte beim 400-Meter-Lauf die Goldmedaille – ganz ohne Konkurrenz. Eigentlich war er im Finale gegen drei amerikanische Gegner angetreten, von denen

einer aber die Ellenbogen eingesetzt hatte und disqualifiziert wurde. Das Rennen wurde wiederholt und die beiden anderen amerikanischen Läufer starteten aus Protest nicht. So lief Wyndham Halswelle die Strecke allein.

Woraus bestand das „natürliche Doping" von Spyridon Louis?

a) Schafskäse und Tomatensaft
b) Peperoni und Ouzo
c) Fisch und Milch
d) Ei und Rotwein

Antwort: d)

Tamara und Irina Press aus der Sowjetunion gewannen 1960 in Rom und 1964 in Tokio eine ganze Menge Medaillen: im Hürdenlauf, Diskuswerfen, Kugelstoßen und Fünfkampf. Weil die beiden Frauen wie Männer aussahen, nannte man sie die Press-Brüder. Als Geschlechtstests Pflicht wurden, beendeten sie ihre Karriere. So ist bis heute nicht geklärt, ob sie Mann oder Frau waren.

Der deutsche Läufer Fritz Traun war 1896 im Vorlauf ausgeschieden, wollte aber unbedingt weiter dabei sein. Er kaufte sich einen Tennisschläger, trat gemeinsam mit dem Iren John Pius Boland im Tennis an und wurde Olympiasieger. Die beiden waren das letzte internationale Team, das bei den olympischen Wettkämpfen antreten durfte.

Warum trägt Borussia (= Preußen) Dortmund diesen Namen?

a) Der Verein wurde in Potsdam gegründet und zog um.
b) Alle Gründungsmitglieder kamen aus Berlin.
c) Schuld waren eine Kneipe und das dort ausgeschenkte Bier.
d) Die Gründungsmitglieder wussten nicht, was Borussia bedeutet.

Antwort: c)
Borussia Dortmund verdankt seinen Namen nicht etwa Preußen (latinisiert „Borussia"), sondern der Dortmunder Gaststätte Zum Wildschütz. Dort fand im Dezember 1909 die Ver-

einsgründung statt, und gefeiert wurde sie mit dem Bier der Dortmunder Borussia-Brauerei, das dort ausschließlich ausgeschenkt wurde.

England und Schottland streiten sich darum, wer von beiden den modernen Fußball (inklusive Regelwerk) erfunden hat. Die eigentlichen Wurzeln des Spiels gehen aber über 2000 Jahre zurück ins antike China.

Warum wurde Fußball im 14. Jahrhundert in England verboten? Es galt als ...

a) zu unmoralisch.
b) zu weltlich.
c) zu obszön.
d) zu brutal.

Antwort: d)
Und das ausgerechnet im Mittelalter!

Franz Beckenbauer lebt im österreichischen Oberndorf bei Tirol, und zwar am Kaiserweg – mit Sicht auf den namensgebenden Berg Wilder Kaiser.

Franz Beckenbauer wurde im September 1945 in München geboren. Was war sein erster Fußball?

a) Wollknäuel
b) Tischtennisball
c) Luftballon
d) Papas Hut

Antwort: a)

In Österreich gibt es eine Briefmarke, die ein gemaltes Porträt von Franz Beckenbauer zeigt. Wer war der Künstler?

a) Joseph Beuys
b) Helmut Newton
c) Andy Warhol
d) Franz Beckenbauer

Antwort: c)
Beckenbauer spielte von 1977 bis 1980 in New York bei Cosmos. Dort wurde Warhol auf ihn aufmerksam.

Während seiner aktiven Karriere absolvierte Franz Beckenbauer 424 Bundesligaspiele, davon 396 für den FC Bayern München und 28 für den Hamburger SV. Alle seine 44 Bundesligatore erzielte er für die Bayern. Mit vier Eigentoren stand der Libero lange in der ewigen Eigentorschützen-Tabelle der Bundesliga auf Platz 3.

Das erste europäische Land, das eine Fußball-WM gewinnen konnte, war Italien, das aber sowohl das Turnier 1934 als auch 1983 für sich entscheiden konnte.

Mit Ausnahme von 1930 und 1950 war immer ein europäisches Land im WM-Finale.

Wie viele Rote Karten bzw. Feldverweise bekam „Uns-Uwe" Seeler in seiner Karriere?

a) 0   b) 1
c) 8   d) 18

Antwort: b)
Uwe Seeler (*1936) wurde nur einmal vom Platz gestellt: 1970 in einem Oberligaspiel gegen Bremerhaven 93. Unter den Fans am Rothenbaum löste die Schiedsrichterentscheidung Tumulte aus, der HSV erhielt eine Platzsperre.

Wer ist Edson Arantes do Nascimento (*1940)?

a) Ronaldo
b) Ronaldinho
c) Pelé
d) der Platzwart des FC Bayern

Antwort: c)
Der Brasilianer spielte in vier WMs, wurde zum Sportler des Jahrhunderts gewählt und erzielte bis zum Ende seiner Karriere 1977 über 1200 Tore.

Das erste Land, das eine Fußball-WM gewinnen konnte, war der damalige Gastgeber Uruguay 1930 – vor 300 Zuschauern.

Die größte Sensation der WM 1950 war die Niederlage Englands gegen die USA. Obwohl die Mannschaft von der Insel mit all ihren Stars antrat, verlor sie gegen die Amateurfußballer (der Torwart Frank Borghi war z. B. Leichenwagenfahrer) aus dem Fußballentwicklungsland USA mit 0:1. Das entscheidende Tor für die Amerikaner schoss der aus Haiti stammende Student Joseph Gaetjens, der einen deutschen Vater hatte. Die verbrecherische Geheimpolizei des haitianischen Diktators Francois „Papa Doc" Duvalier nahm Gaetjens gefangen und verschleppte ihn. Seither gilt er als verschollen.

Wie lang war die längste Nachspielzeit bei einem Fußballspiel?

a) 7 Minuten   b) 9 Minuten
c) 16 Minuten   d) 28 Minuten

Antwort: d)
Im Bezirksligaspiel zwischen Dostlukspor Bottrop und dem BW Wesel ließ der Schiedsrichter 28 Minuten nachspielen.

80 Prozent aller Fußbälle werden in Pakistan produziert.

Deutschland hält den Rekord über die meisten WM-Spiele mit 99, Brasilien hat 97 (Stand 2012). Außerdem gewann Deutschland mit vier von vier die meisten WM-Elfmeterschießen, und England verlor die meisten Elfmeterschießen bei WMs: drei von drei.

Ein Nervenkrimi ohnegleichen fand 1975 zwischen den argentinischen Fußballvereinen Argentinos Juniors und Racing Club Avellaneda statt: Das längste Elfmeterschießen der Geschichte entschieden Erstere schließlich mit 20 : 19 für sich.

Warum boykottierte Indien die Fußball-WM 1950?

a) Pakistan sollte erstmals auch teilnehmen.
b) Gandhi war gerade gestorben.
c) Sie konnten die Anreise nicht bezahlen.
d) Den indischen Spielern war untersagt worden, barfuß zu spielen.

Antwort: d)
Indien boykottierte die vierte, in Brasilien ausgetragene WM tatsächlich, weil die Spieler nicht barfuß spielen durften. Vielleicht sollten Schweißfußdüfte die Gegner lähmen ...

Wie hoch ist die Zahl der meisten von einem Spieler in einem Spiel erzielten Tore?

a) 9   b) 13
c) 16   d) 19

Antwort: c)
Der Franzose Stephan Stanis hält seit 1942 den Rekord, die meisten Tore in einem Spiel erzielt zu haben: 16.

Der Kalorienverbrauch beim Fußball ist vergleichbar mit Aerobic und liegt bei etwa 500 Kalorien pro Stunde.

Das Herzinfarktrisiko ist beim Verfolgen großer Fußballturniere um mehr als das dreifache erhöht.

In Madagaskar schoss Stade Olympique de l'Emyrne 2002 aus Protest gegen die Schiedsrichterleistung 149 Eigentore und sorgte so für ein Rekordergebnis. Nutznießer war der Klub AS Adema.

Was ist das größte Fußballstadion der Welt mit einer Kapazität von 150.000 Zuschauern?

a) Maracanã-Stadion (Rio de Janeiro)
b) Aztekenstadion (Mexiko City)
c) Stadion 1. Mai (Pjöngjang, Nordkorea)
d) Camp Nou (Barcelona)

Antwort: c)
In Nordkorea steht das größte Stadion der Welt, allerdings wird darin nicht oft Fußball gespielt. Barcelona hat das größte Stadion Europas (99.354) und Mexiko City das größte, regelmäßig für Fußball genutzte Stadion (105.064). Das Maracanã in Rio de Janeiro bietet nach Modernisierungen nur noch 79.000 Zuschauern Platz.

Uruguay hält den Rekord für den schnellsten Platzverweis der WM-Geschichte. Am 13. Juni 1986 wurde José Batista im Gruppenspiel gegen Schottland (0:0) bereits nach 56 Sekunden in die Kabine geschickt.

Wer ist das schlechteste Bundesligateam aller Zeiten?

a) TeBe Berlin
b) Turkyemsport Berlin
c) Hertha BSC
d) Tasmania Berlin

Antwort: d)
So viel zum Thema Hauptstadt-Fußball: Der 1973 aufgelöste SC Tasmania Berlin stieg in der Saison 1965/66 mit nur zwei Siegen und 15 : 108 Toren in die Zweite Bundesliga ab.

Nachdem Brasilien das erste WM-K.-o.-Spiel im eigenen Land 1950 gegen Uruguay verloren hatte, wurde das von den brasilianischen Spielern getragene weiße Trikot verbannt. Torhüter Barbosa wurde 1993 sogar der Zugang zum Trainingsgelände verwehrt, weil man befürchtete, er würde Unglück bringen.

In der Saison 1981/82 blieb der Hamburger SV eine Spielzeit lang ungeschlagen.

Die Rasenplätze des Wimbledon Cricket Club waren ursprünglich für Crocket angelegt worden. Dies wurde Ende des 18. Jahrhunderts unpopulär und die Felder blieben ungenutzt, bis Major Walter Clopton Wingfield 1873 das Tennisspiel erfand und patentieren ließ. Er zog mit einem Holzkoffer durch die Lande, der alle Tennisutensilien enthielt. Heute wird nur noch ein wichtiges Turnier auf Rasen gespielt: Wimbledon, wo 2012 auch das Olympia-Turnier stattfand.

Wie nannte Major Walter Clopton Wingfield seine Erfindung?

a) Wingfieldball
b) Clopton Court
c) Sphairistike
d) Tennis

Antwort: c)
Sphairistike ist das griechische Wort für Ballspiel. Ein weniger formeller Name war „lawn tennis".

Bei der Olympiade 1920 trug die Französin und 19-fache Wimbledon-Gewinnerin Suzanne Lenglen als erste Frau überhaupt ein kurzes ärmelloses Kleid beim Tennis, entworfen von Designer Jean Patou. 1905 hatte die erste amerikanische Wimbledon-Siegerin May Sutton noch einen Proteststurm ausgelöst, weil sie es gewagt hatte, ihre Ärmel hochzukrempeln ... Bis heute müssen 90 Prozent der Kleidung von Wimbledon-Teilnehmern übrigens weiß sein.

Von 1925 bis 1988 war Tennis nicht olympisch, weil es zu viele und zu gut verdienende Profis gab und eigentlich nur Amateure teilnehmen sollten.

Womit machte sich Tennis-Hase Henry „Bunny" Austin unsterblich? Er war ...

a) der Erste, der einen Tennisaufschlag zeigte.
b) der Erste, der einen Ball auf die Nase bekam.
c) der Erste, der in Wimbledon Shorts trug.
d) der Erste, der den Grand Slam gewann.

Antwort: c)
1932 war das Entsetzen groß. Eigentlich waren nur lange Hosen oder lange Röcke erlaubt.

Jedes Jahr werden 24 Tonnen Erdbeeren aus Kent für das Wimbledon-Turnier bestellt.

Was ist der Golden Slam?

a) In zwei aufeinanderfolgenden Jahren den Grand Slam zu gewinnen
b) nicht nur alle vier großen Einzel-, sondern auch die dazugehörigen Doppeltitel zu gewinnen
c) den Grand Slam mit Werbedeals zu vergolden
d) in einem Jahr alle vier Grand-Slam-Turniere sowie auch die Goldmedaille bei Olympischen Spielen zu gewinnen

Antwort: d)
Bisher gelang dies nur einer einzigen Tennisspielerin: Steffi Graf – und das mit 19 Jahren. 1988 gewann sie den Grand Slam und dazu noch olympisches Gold im Einzel und – als Bonus – auch im Doppel.

Im Englischen wird ausgerechnet der Spielstand 0 mit dem Wort „Love" (Liebe) bezeichnet. Der Ursprung dieses Ausdrucks liegt im Dunkeln. Vielleicht stammt der Begriff vom ähnlich klingenden französischen „l'œuf" (das Ei), was als Beschreibung der Ziffer 0 gedeutet werden kann. Andere Quellen legen nahe, der Begriff komme von der Redewendung „to be love" (umsonst sein). Ein Spiel, bei dem der Gegner null Punkte erzielt, heißt daher auch „Love Game".

Wer hält den Rekord der besten Jahres-Match-Bilanz der Damen und Herren?

a) Steffi Graf, Boris Becker
b) Martina Navrátilová, John McEnroe
c) Chris Evert, Björn Borg
d) Serena Williams, Roger Federer

Antwort: b)
86 Siege und nur eine Niederlage – diese Jahres-Match-Bilanz hatte Martina Navrátilová (*1956) im Jahr 1983. Die einzige Niederlage erlitt sie gegen die Amerikanerin Kathy Horvath (*1965, damals Weltranglistenposition 33) in der vierten Runde der French Open im Mai 1983. Bei den Herren war es John McEnroe (*1959), der 1984 eine Bilanz von 82 : 3 erzielte.

Das kürzeste Tennismatch aller Zeiten bestritten Lamine Ouahab und Omar Abounnour am 19. Februar 2012 bei einem Challenger-Turnier im marokkanischen Meknès. Ouahab gewann nach 30 Minuten und 36 Sekunden mit 6 : 0 und 6 : 0. Steffi Graf benötigte für den French-Open-Sieg 1988 auch nur 32 Minuten.

Welche Farbe hatten Tennisbälle ursprünglich?

a) schwarz oder weiß
b) gelb
c) rot
d) grün

Antwort: a)
Tennisbälle waren
ursprünglich weiß
oder schwarz, ab-
hängig von der
Farbe des Tennis-
courts. Gelbe
Bälle gibt es in
Wimbledon
erst seit 1986!

Wie lange dauerte das bisher längste Tennisspiel der Welt?

a) 3 Stunden   b) 7 Stunden
c) 11 Stunden   d) 9 Tage

Antwort: c)
Das Match zwischen John Isner und Nicolas Mahut
begann am 22. Juni 2010 und zog sich über drei Tage
hin. Mit einer Länge von insgesamt elf Stunden und
fünf Minuten reiner Spielzeit ist es die längste Begeg-
nung der Tennisgeschichte. Das Endergebnis lautete:
6:4, 3:6, 6:7 (7:9), 7:6 (7:3) und 70:68 für Isner.
Dabei schlugen sie auch die meisten Asse in einem
Match: Isner 112, Mahut 103. In der zweiten Runde verlor Isner in nur 74 Minuten. Die International Tennis
Hall of Fame nahm die Schläger der beiden Kontra-
henten in ihre Sammlung auf.

Wer war der erste Italiener, der 100 Meter Freistil unter einer Minute schwamm?

a) Eros Ramazotti
b) Adriano Celentano
c) Sergio Leone
d) Bud Spencer

Antwort: d)
Bud Spencer (*1929 in Neapel als Carlo Pedersoli) war
tatsächlich der erste Italiener, der am 19. September
1950 100 Meter Freistil unter einer Minute schwamm. Die
italienische Meisterschaft gewann er siebenmal in Folge.

> Über 400 Meter Lagen gewann der Schwede
> Gunnar Larsson in München 1972 mit nur zwei
> Tausendstelsekunden Abstand vor Alexander
> McKee (USA) Gold. Die folgenden Kontroversen
> führten zu der Regelung, nur noch Hundertstel-
> sekunden zu registrieren und ansonsten zwei
> Medaillen zu vergeben.

Wie hieß 1538 das erste, von Nikolaus Wynmann verfasste Schwimmlehrbuch?

a) *Schwimmen thut gut*
b) *Fortbewegung im feuchten Element*
c) *Zug um Zug*
d) *Der Schwimmer oder ein Zwiegespräch über die Schwimmkunst*

Antwort: d)
Wynmann war eigentlich Professor der Sprach-
wissenschaft.

Der erste Olympiasieger im Schwimmen war der Ungar Alfred Hajos, der die 100 Meter gewann und 28 Jahre später in Paris mit der Goldmedaille für Architektur in den Kunstwettbewerben ausgezeichnet wurde.

Welcher Filmstar war wie Michael Phelps ein berühmter Schwimmer?

a) Tarzan Johnny Weissmüller
b) Batman Michael Keaton
c) Superman Christopher Reeve
d) Spider-Man Tobey Maguire

Antwort: a)
Johann Peter Weißmüller wurde 1904 in Freidorf, Österreich-Ungarn geboren und starb 1984 in Mexiko. Vor seiner berühmten Rolle als Tarzan, den er zwölfmal verkörperte, war er fünffacher Olympiasieger im Schwimmen und Bronzemedaillengewinner im Wasserball für die USA – und das, obwohl die Ärzte dem kränkelnden Kind vorausgesagt hatten, keine 30 Jahre alt zu werden. Er war auch der erste Mensch überhaupt, der 100 Meter unter einer Minute schwamm. Legendär ist sein Liveauftritt im *Aktuellen Sportstudio* 1971, als ein Schimpanse seiner Frau die Perücke klaute.

Der Surf-Pionier Duke Paoa Kahanamoku, Schwimm-Medaillengewinner zwischen 1912 und 1924 und Konkurrent von Weissmüller, stammte aus der Königsfamilie von Hawaii und der volle Name Seiner Majestät lautete: Duke Paoa Kahinu Makoe Hulikohola Kahanamaku.

Schwimm-Olympiasieger Johnny Weissmüller nahm an verschiedenen Jodelwettbewerben teil, was den Grundstein für seinen später berühmten Tarzanschrei legte. Im Schwimmen entwickelte er auch einen eigenen Stil: den American Crawl.

Wie viele Goldmedaillen konnte Michael Phelps in vier Olympiaden gewinnen?

a) 12   **b)** 15
c) 18   **d)** 21

Antwort: c)
Damit hält er den absoluten Rekord. Mit Bronze und Silber kommt er auf insgesamt 22 Olympiamedaillen – ebenfalls ein Rekord! Wenn Phelps ein Land wäre, läge er damit im ewigen Medaillenspiegel auf Platz 22 – gleichauf mit Österreich!

Bei den antiken Griechen galt als ungebildet, wer weder lesen noch schwimmen konnte. Bei den alten Römern musste das Militär in Rüstung schwimmen können. Die Germanen waren hervorragende Schwimmer und beherrschten sogar einen Schwimmstil, der dem heutigen Kraulen ähnelt. Erst im Mittelalter wurde Schwimmen verachtet, weil es mit Nacktheit verbunden war. Da ohnehin verpönt, wurden viele Badehäuser zu Bordellen.

Wie viel Prozent des eigenen Körpergewichts „verliert" man im Wasser durch den Auftrieb?

a) 17 %
b) 28 %
c) 59 %
d) 90 %

Antwort: d)
Der Körper wiegt im Wasser durch den Auftrieb nur noch etwa zehn Prozent seines eigentlichen Gewichts. Daher ist Sport im Wasser besonders gelenkschonend.

Welche Geschwindigkeit erreichen Topschwimmer im Durchschnitt?

a) 3 km/h
b) 7 km/h
c) 12 km/h
d) 23 km/h

Antwort: b)

Gertrud Enderle (USA), Bronzegewinnerin in Paris 1924, durchquerte zwei Jahre später als erste Schwimmerin der Welt den Ärmelkanal zwischen England und Frankreich und war sogar um zwei Stunden schneller als der bis dahin schnellste Mann.

Ein guter Schwimmer kann in Eiswasser maximal 200 Meter zurücklegen, ehe er stirbt.

Wo entstand das erste deutsche Seebad?

a) 1765 am Timmendorfer Strand
b) 1793 in Heiligendamm
c) 1805 in St. Peter Ording
d) 1912 auf Sylt

Antwort: b)
Weltweite Bekanntheit verdankt Heiligendamm, ein Stadtteil von Bad Döberan an der Ostsee, dem G-8-Gipfel von 2007.

Als Vorläufer von Golf gelten das altrömische Spiel „paganica", das japanische „tagu" und das chinesische „chuiwan". Aus diesen Vorgängern entwickelten sich auch Hockey, Crocket, Baseball und Billard. Das schottische Wort „golf" entstammt wahrscheinlich dem holländischen „kolv" (Schläger). Der Sport Golf stammt aus Schottland, wo er 1457 im Parlament verboten wurde und King James II. stattdessen Bogenschießen anordnete.

Das Vorbild für den heutigen Standard des 18-Loch-Golfplatzes ist der Royal and Ancient Golf Club of Saint Andrews in Schottland. Dieser hatte ursprünglich 22 Löcher, wurde aber am 4. Oktober 1764 auf 18 Löcher verkleinert, um die einzelnen Spielbahnen länger und so auch schwieriger zu machen.

Wie viele Golfbälle liegen auf dem Mond?

a) 0
b) 1
c) 2
d) 3

Antwort: c)
Al Shepard (1923-98) aus New Hampshire war 1961 der erste US-Astronaut im Weltall und 1971 der fünfte Mensch auf dem Mond – und mit 47 Jahren zugleich der älteste. Shepard ging als erster Golfspieler auf dem Mond in die Geschichtsbücher ein. Er hatte zwei Bälle und einen Schläger auf die Apollo-14-Mission mitgenommen.

Ein Golfball, der auf einem Platz in ca. 2000 Meter Höhe abgeschlagen wird, fliegt zehn Prozent weiter als auf Meereshöhe.

Wie heißen die kleinen Dellen auf einem Golfball?

a) dimples (Grübchen)
b) holes (Löcher)
c) freckles (Sommersprossen)
d) cheese (Käse)

Antwort: a)
Auf jedem Golfball gibt es 300 bis 450 Dimples, die 1905 eingeführt wurden, um den Flug des Balles zu beeinflussen. Vorgeschriebene Muster dafür gibt es nicht, sodass jeder Hersteller die Anzahl und Position variiert.

Der nur vier Gramm leichte Golfball von Michail Tjurin, den er am 23. November 2006 um 1.47 Uhr mitteleuropäischer Zeit von der ISS-Raumstation abschlug, verglühte in der Erdatmosphäre. Dazu verwendete er ein vergoldetes Sechser-Eisen. Ursprünglich sollte auch der Ball vergoldet sein, aber man entschied sich letztendlich doch für den Klassiker.

Der Smash, die Berührung des Balls mit dem Schläger, trägt zur Vergrößerung der Geschwindigkeit bei. Gute Golfspieler erreichen 250 Stundenkilometer. Der Rekord liegt bei 328 Stundenkilometern.

Harrison Hagan „Jack" Schmitt (*1935), ein Astronaut der Apollo-17-Mission von 1972 sowie der zwölfte und bisher letzte Mann auf dem Mond, empfahl den Mond als ideales Skigebiet. Außerdem gab er Skilanglauf als perfektes Training für das Bewegen auf dem Mond an. Mit einer ähnlichen Technik habe er sich am schnellsten auf dem Mond fortbewegen können.

Wer oder was ist Uller?

a) der nordische Gott des Winters
b) der erste Skispringer von Weltruhm
c) der Erfinder der Skibindung
d) der Erfinder der Skibrille

Antwort: a)
Der attraktive Stiefsohn des Thor und Sohn eines Eisriesen (auch als Ull oder Holler bekannt) war bei den nordischen Göttern für den Winter, das Bogenschießen, die Jagd und den Zweikampf zuständig. Sein Name bedeutet u. a. Glanz und Ruhm. Eine Darstellung von ihm auf Skiern und mit Bogen in der Hand war bei Wintersportlern lange Zeit stark verbreitet. Zahlreiche Orte in Schweden und Norwegen sind nach ihm benannt.

Als anspruchsvollste Piste gilt der Hahnenkamm in Kitzbühel. Dort finden seit 1931 Skiwettbewerbe und seit 1967 Weltcuprennen statt, auf denen Durchschnittsgeschwindigkeiten bis zu 103 Stundenkilometer erreicht werden. Immer wieder kommt es auch zu schweren Stürzen.

Wie hieß der Vorläufer des Snowboards und wann wurde er erfunden?

a) Monogleiter, 1900   b) Solobrett, 1921
c) Uniski, 1952   d) Einboard, 1974

Antwort: a)
Obwohl Snowboarden ganz modern wirkt, wurde ein Vorläufer doch schon 1900 vom Österreicher Toni Lenhardt erfunden. Sein Monogleiter kam so gut an, dass es ab 1914 Wettbewerbe gab. Skier sind noch um einiges älter: Die ersten Skibrettfunde sind sage und schreibe etwa 10.000 Jahre alt.

1998 wurde Snowboarden erstmals olympisch. Inzwischen gibt es weltweit Millionen begeisterter Snowboarder und kaum ein Skigebiet, das nicht mindestens eine Snowboardpiste oder einen Funpark anbietet.

In den USA wurden Snowboards perfektioniert. Woraus bauten zwei Surfer die ersten echten Snowboards?

a) Surfboards   b) Skiern
c) alten Türen   d) alten Klavieren

Antwort: c)
In den USA war surfen sehr beliebt. Besonders zwei Surfer, Tom Sims und Jake Burton Carpenter, wollten auch im Winter nicht auf ihr Surf-Feeling verzichten und bauten 1963 eigenwillige Bretter aus alten Türen und großen Holzbrettern.

2000 war Snowboarden in den USA der Sport mit der größten Wachstumsrate und 7,2 Millionen Anhängern.

Ungefährlich ist Snowboarden nicht: Die Verletzungsquote ist etwa doppelt so hoch wie bei Skifahrern.

Wie hieß der Prototyp des Snowboards?

a) Smurfer b) Snowie
c) Snurfer d) Snuffer

Antwort: c)
Sherman Poppen entwickelte den Snurfer (aus snow und surfen) 1965 in Muskegon, Michigan für seine Kinder. Der Snurfer verfügte über ein Seil zum Steuern und noch keine Bindungen. In den 1970ern entstanden erste Verkaufsmodelle und Snowboardfirmen wie Burton (von Jake Burton Carpenter).

Seit seiner Einführung hat sich Zumba zum erfolgreichsten Tanzfitnessprogramm der Welt entwickelt. Über zwölf Millionen Menschen aller Fitnessstufen, Größen und Altersgruppen nehmen wöchentlich an Zumba-Kursen an über 110.000 Standorten in mehr als 125 Ländern teil – Trend steigend.

Wann und wo wurde Zumba erfunden?

a) 1912, Brasilien b) 1949, Argentinien
c) 1996, Kolumbien d) 2001, USA

Antwort: c)
Cali, Kolumbien: Aerobictrainer Alberto „Beto" Perez vergaß einmal die Musikkassette mit dem Aerobic-Programm zu Hause und musste improvisieren. Er legte einfach Tapes aus seinem Auto ein – mit lateinamerikanischen Rhythmen. Die nun nicht mehr ganz passenden Übungen variierte er zu den Klängen von Salsa oder Merengue. Ein voller Erfolg: Seit 2001 vermarktet er seine selbst entwickelte Latino-Aerobic als „Zumba", was so viel bedeutet wie „sich schnell bewegen" oder „Spaß haben".

Der neueste Fitnesstrend Zumba verbindet nicht nur Aerobic und lateinamerikanische Tänze, sondern auch Hip-Hop-, Bauchtanz-, Kampfkunst- und Bollywood-Elemente. Kniebeuge trifft auf Hüftschwung und Ausfallschritt auf kreisenden Bauch. Mittlerweile ist Zumba überall: im biederen Shoppingkanal, auf der Spielekonsole und in der Tanzschule, wo es sogar Senioren-Zumba gibt ...

Wer ist kein bekennender Zumba-Fan?

a) Victoria Beckham b) Jennifer Lopez
c) Shakira d) Paris Hilton

Antwort: d)
Dafür ist ihre Schwester Nicky Hilton mit von der Tanzpartie ...

Stadt, Land, Fluss

Am 16. Oktober 1757 wurde Berlin von österreichischen Truppen besetzt. Das 7000 Mann star-
ke Heer unter dem Oberbefehl von Feldmar-
schallleutnant Andreas Hadik hielt die Stadt
jedoch nur einen Tag und zog danach ab — mit
215.000 Talern Tribut sowie zwei Dutzend Da-
menhandschuhen für Kaiserin Maria Theresia.

Wie heißt eine Stadt in Australien?

a) ABC
b) Känguru
c) Down Under
d) 1770

Antwort: d)
Die Stadt 1770 wurde nach dem Jahr benannt, in
dem der Entdecker Kapitän James Cook in Queens-
land landete.

Um die Wasserspiele des Schlossparks von Ver-
sailles zu speisen, wurde Ende des 17. Jahrhunderts an der Seine eine Wasserradanlage in Be-
trieb genommen, die aus 14 Wasserrädern von
je elf Metern Durchmesser bestand.

Das Ortsschild von Deppenhausen ist das
meistgeklaute Ortsschild Süddeutschlands.

In welcher Stadt gab es die erste Autobahn der Welt?

a) New York, 1907
b) Berlin, 1921
c) London, 1929
d) Barcelona, 1938

Antwort: a)
Bereits 1907 entstand der Bronx River Parkway in
NYC. 1921 folgte die AVUS (Automobil-Verkehrs- und
Übungsstraße) in Berlin, die ausschließlich auf vier
Rädern befahren werden durfte.

Wie heißt der erste Platz in Barcelona, der 24 Stunden am Tag videoüberwacht wurde?

a) 1984-Platz
b) George-Orwell-Platz
c) Big-Brother-Platz
d) Amigo-Platz

Antwort: b)

Die Hafenstadt Kiel ist deutlich hügeliger als
die bayerische Hauptstadt München. Dort ist
es dank Isartal fast ganz flach.

Während der Ausschreitungen in London 2011 stieg die Zahl der über Amazon.co.uk bestellten Baseballschläger um 5000 Prozent. Schwarze Kapuzenpullover verkauften sich um 200 Prozent mehr.

In der Türkei gibt es eine Stadt, die „Batman" heißt. Hüseyin Kalkan, der Bürgermeister, plante 2009, Klage gegen Regisseur Christopher Nolan einzureichen, wegen des angeblich widerrechtlichen Gebrauchs des Stadtnamens für seinen Film *The Dark Knight*.

Wie heißt eine Stadt in Nigeria?

a) Porno   b) Busen
c) Tölpel   d) Reeperbahn

Antwort: a)

Was ist einer der Hauptgründe für Verspätungen der New Yorker U-Bahn?

a) Selbstmordversuche
b) Fahrer, die verschlafen haben
c) Stromausfälle
d) Fahrgäste, die wegen Diäten in Ohnmacht fallen

Antwort: d)

Normalerweise konsumieren die Kölner rund 21 Millionen Liter Kölsch pro Monat. Aber während des Straßenkarnevals trinken die Pappnasen mehr als 30 Millionen Liter.

Wie oft gibt es in Tokio durchschnittlich ein Erdbeben?

a) an jedem 2. Tag
b) an jedem 4. Tag
c) an jedem 9. Tag
d) an jedem 12. Tag

Antwort: b)

In New York leben achtmal so viele Ratten wie Menschen.

Unglaublich, aber wahr: Statistisch gesehen gehört der Vatikan weltweit zu den Städten mit der höchsten Kriminalitätsrate. Jedoch werden die Verbrechen fast ausschließlich von Touristen begangen.

An manchen Häusern in norditalienischen Städten sind abgeschrägte Steinplatten in etwa einem Meter Höhe angebracht, welche als Antipinkelsteine dienen. Durch die Schräge spritzt das gelbe Nass auf den Missetäter zurück.

Welche Stadt hatte als erste einen öffentlichen Nahverkehr?

a) New York
b) Paris
c) Berlin
d) Zürich

Antwort: b)
1662 versuchte Ludwig XIV., den ersten öffentlichen Nahverkehr der Welt in Paris zu etablieren: mit achtsitzigen Pferdekutschen, einem festen Fahrplan und einem Fahrpreis von 25 Centimes. Die Pariser nahmen das Angebot jedoch nicht an. 161 Jahre später erfolgte ein weiterer Versuch – wieder in Paris, aber diesmal mit Pferde-Omnibussen.

Wie heißt eine Stadt in Texas?

a) Ring Ring   b) Tick Tack
c) Dalli Dalli   d) Ding Dong

Antwort: d)

1993 verdammte die chinesische Regierung Aprilscherze als schädlichen westlichen Einfluss. Grund hierfür war ein weltweit verbreiteter Aprilscherz der staatlichen Zeitung *China Youth Daily*, die gemeldet hatte, die harte Ein-Kind-Politik des Landes werde in Zukunft nicht mehr für Akademiker gelten.

Was war der Auslöser für die Gründung des Staates Bangladesch?

a) Wirbelsturm
b) Erdbeben
c) Tsunami
d) Vulkanausbruch

Antwort: a)
Am 13. November 1970 verwüstete ein Wirbelsturm das damalige Ostpakistan, etwa 300.000 Menschen kamen ums Leben. Die pakistanische Zentralregierung leistete nur zögernd und spärlich Hilfe. Die Betroffenen empörten sich, es kam zum Bürgerkrieg und 1971 zur Loslösung von Pakistan und der Gründung von Bangladesch.

In Japan stellen sich Chefs in Sitzungen gern mal schlafend, damit ihre Angestellten offener reden.

Satellitenbild Islands im Winter

Ende des 18. Jahrhunderts wurde auf Island ernsthaft diskutiert, den Inselstaat dauerhaft zu evakuieren. Vulkanausbrüche hatten 1783 die Fische vertrieben und die Sonne verdunkelt. Die folgende Hungerkatastrophe kostete 49.000 Isländern das Leben.

Was ist eine montaña rusa (russisches Gebirge)?

a) Haufen von Pistolenkugeln
b) Achterbahn
c) BH in Übergröße
d) Wodkaabteilung in spanischen Super-
märkten

Antwort: b)
Achterbahnen sind eine russische Erfindung. Im 17. Jahrhundert rutschte man dort mit einem Schlitten von einem Holzturm aus übers Eis. Später bekamen die Schlitten Rollen und zur Platzersparnis wurde die Achterform eingeführt, von der der deutsche Name herrührt. In Spanien jedoch heißt die Achterbahn immer noch „montaña rusa" – russisches Gebirge.

Warum heißt die Leibgarde der englischen Königin Beefeater?

a) Sie mussten Fleisch vorkosten.
b) Sie aßen ausschließlich Rindfleisch, um stärker zu sein.
c) Englischer Humor: Sie durften alles außer Rindfleisch essen.
d) Ihre Mützen erinnerten an Kühe.

Antwort: a)
Zu den Aufgaben der legendären Beefeaters gehörte auch das Vorkosten bestimmter Fleischsorten, da sie die Monarchen so vor Giftanschlägen beschützen konnten. Andere Quellen geben an, dass die Beefeaters mit dem wertvollen Nahrungsmittel bezahlt wurden.

Im Jahr 1974 wurde unter dem Codenamen „Operation Smiling Buddha" die erste indische Atombombe zu Testzwecken gezündet.

Welchen Immobilienwert hatte ganz England im Jahr 1086?

a) 10 Pfund   b) 16.000 Pfund
c) 73.000 Pfund   d) 174.000 Pfund

Antwort: c)
1086 ließ der Normanne William der Eroberer den Wert des gerade besiegten England schätzen, um die Beute gerecht aufteilen zu können. Das im *Doomsday Book* bis heute erhaltene Inventar ergab für ganz England einen Immobilienwert von 73.000 zeitgenössischen Pfund.

Welcher Staat war der letzte, der die Sklaverei offiziell abschaffte?

a) Kanada, 1865
b) Griechenland, 1903
c) USA, 1954
d) Mauretanien, 1980

Antwort: d)
Die Sklaverei ist zwar bis heute nicht vollständig ausgemerzt, aber zumindest in allen Ländern der Welt gesetzlich verboten.

In China gibt es dreimal so viele Pyramiden wie in Ägypten.

Die keltischen Sprachen werden in die q-Sprachen und die p-Sprachen aufgeteilt — je nachdem, wie sie den indoeuropäischen kw-Laut aussprechen. Die q-Kelten leben in Irland, Schottland und auf der Isle of Man, die p-Kelten in Wales, Cornwall und der Bretagne.

In welchen europäischen Ländern herrscht Schulpflicht?

a) Italien   b) Spanien
c) Schweiz   d) Deutschland

Antwort: nur d)
In ganz Europa gilt für Kinder und Jugendliche eine Unterrichts- bzw. Bildungspflicht. Diese ist aber nicht an den Besuch einer Schule gebunden. Eltern dürfen, wenn sie vorher von den Behörden eine entsprechende Genehmigung einholen, ihre Kinder stattdessen daheim unterrichten. Die einzige Ausnahme ist Deutschland. Dort schrieb Adolf Hitler 1938 den verpflichtenden Besuch von Schulen vor, nachdem der bereits in der Weimarer Verfassung festgeschrieben worden war.

In Afghanistan gilt die Straßenverkehrsordnung der DDR.

Wie heißt eine Gemeinde in Belgien?

a) Kokai   b) Hasc
c) Deale   d) Drogenbos

Antwort: d)

Wie viel Prozent aller Vietnamesen heißen mit Nachnamen Nguyen?

a) 10 %   b) 22 %
c) 38 %   d) 57 %

Antwort: c)
Aufgrund einer kaiserlichen Verordnung aus der Zeit der Nguyen-Dynastie, die besagte, dass alle den Namen des Kaisers tragen sollen.

Wie heißt die Nationalhymne der Republik Vanuatu, eines Inselstaats im Pazifik?

a) Yummy, Yummy, Yummy
b) Yumi, Yumi, Yumi
c) Yippie, Yippie, Yippie
d) Yuppie, Yuppie, Yuppie

Antwort: b)

Worunter leiden über 50 Prozent der Briten?

a) Minderwertigkeitskomplexe
b) Platzangst
c) Angst vor Wasser
d) Angst davor, nicht erreichbar zu sein

Antwort: d)
Die britische Post fand in einer Studie heraus, dass die Mehrheit der Briten an Nomophobie leidet – der Angst davor, nicht erreichbar zu sein.

Welches Land ändert seine Flagge, wenn es Krieg führt?

a) Afghanistan
b) Schweiz
c) Philippinen
d) Katar

Antwort: c)
Die philippinische Flagge hat in der oberen Hälfte einen blauen Streifen, der die Einheit des Staates symbolisiert, und unten einen roten Streifen, der für die Bereitschaft steht, das Vaterland zu verteidigen. Im Kriegszustand wechseln die beiden Streifen ihre Position.

62 Prozent der weltweiten Verkehrstoten sterben in lediglich zehn Ländern: Indien, China, USA, Russland, Brasilien, Iran, Mexiko, Indonesien, Südafrika und Ägypten. Allein in Indien verloren im Jahr 2008 118.000 Menschen ihr Leben auf der Straße. Ursachen für die horrenden Zahlen seien primär schlechte Straßenverhältnisse und die fehlende Durchsetzung und Kenntnis der Verkehrsregeln.

Was war der turkmenische Staatschef Gurbanguly Berdimuhamedow (*1957)?

a) der uneheliche Bruder seines Vorgängers
b) der Zahnarzt seines Vorgängers
c) der Friseur seines Vorgängers
d) der Mörder seines Vorgängers

Antwort: b)

Um sich nach China durchzugraben, müsste man in Argentinien anfangen.

Die Bewohner Borneos nennen die dort heimischen Nasenaffen Kera Belanda – Holländeraffen –, weil sie meinen, die großen roten Nasen ähneln denen sonnenverbrannter Europäer.

Was ist der zweitgrößte See der Welt nach dem Kaspischen Meer?

a) Oberer See
b) Bodensee
c) Titicacasee
d) Unterer See

Antwort: a)
Der zweitgrößte See der Welt ist der Obere See in Nordamerika. Mit einer Fläche von 82.414 Quadratmetern ist er so groß wie Österreich und einer der fünf großen Seen. Das Kaspische Meer in Westasien ist ein See und fast fünfmal so groß.

Ein Gesetz verbietet es dem Arkansas River, höher als bis zur Brücke der Hauptstraße in Little Rock, Arkansas, zu steigen.

Im Mittelalter gab es keine formale Trennung zwischen den Worten „See" und „Meer" in Bezug zu den verschiedenen Gewässertypen. Worte wie „Nordsee" (eigentlich ein Meer) und „Seefahrer" zeugen noch heute davon.

Wann wurde Nessie angeblich zum ersten Mal gesichtet?

a) 1487
b) 1527
c) 1673
d) 1815

Antwort: b)
Duncan Campbell war der Erste, der angeblich Nessies Bekanntschaft machen durfte. Leider gab es zu der Zeit noch keine Fotoapparate ... Seither sind dem schottischen Seeungeheuer zwölf Spielfilme und unzählige, unterschiedlich gefälschte Fotos gewidmet. Im Jahr 2000 gelang allerdings der Rekordfang einer 7,5 Kilogramm schweren Forelle. Mit einer maximalen Tiefe von 220 Metern und einer Durchschnittstiefe von 130 Metern ist Loch Ness der tiefste See Großbritanniens.

Oberhalb von Loch Ness liegt das berüchtigte Anwesen Boleskine House. Dort wohnte von 1899 bis 1913 der Okkultist Aleister Crowley (1875–1947). Von Anfang der 1970er-Jahre bis 1991 gehörte es dem Led-Zeppelin-Gitarristen Jimmy Page (*1944) und wurde auch für einige Szenen des 1973 gedrehten Konzertfilms *The Song Remains The Same* verwendet.

Loch Ness

Eine Reihe von Erdbeben ab dem 16. Dezember 1811 ließ den Mississippi streckenweise über kurze Zeit rückwärtsfließen.

Wie viel Wasser enthält Loch Ness im Vergleich zu allen anderen britischen Seen?

a) mehr
b) gleich viel
c) weniger

Antwort: a)
Mit mehr als 60 Millionen Liter Fassungsvermögen enthält Loch Ness mehr Wasser als alle anderen Seen Schottlands, Englands und Wales' zusammen.

Die im Amazonas auf 6448 Kilometern transportierte Wassermenge ist größer als die der nächsten sieben längsten Flüsse der Welt zusammen.

Wie hoch ist der höchste (Einzel-)Wasserfall der Welt?

a) 184 m
b) 565 m
c) 779 m
d) 978 m

Antwort: d)
Der höchste Wasserfall der Welt befindet sich im Südosten Venezuelas und heißt Salto Angel. Er hat eine Höhe von 978 Metern und ist 150 Meter breit. Am Fuß der Felswand mündet er in einen Fluss, der kurz darauf eine im Urwald gelegene weitere Steilwand herunterstürzt. Rechnet man also beide Stufen zusammen, kommt er sogar auf eine Fallhöhe von fast 1200 Metern.

Wie alt ist der Rhein?

a) 30.000 Jahre   b) 500.000 Jahre
c) 5 Mio. Jahre   d) 15. Mio. Jahre

Antwort: d)
Im August 2012 wurden Forschungsergebnisse der Universitäten Tübingen und Frankfurt vorgestellt, nach denen der Rhein mit 15 Millionen Jahren sogar älter ist als bisher angenommen. Diese Erkenntnis beruht auf Untersuchungen von Fossilien.

Dem Nibelungenlied nach soll Hagen den Schatz der Nibelungen im Rhein versenkt haben. Was viele jedoch nicht wissen, ist, dass im Rheinsand auch natürliches Gold zu finden ist. Schon die Römer und Kelten vor mehr als 2000 Jahren wuschen an den Ufern des Flusses Gold. Später entwickelte sich vor allem am Oberrhein in Baden eine ausgeprägte, professionelle Goldwäschertradition, die ihre Blütezeit im 18. und 19. Jahrhundert hatte.

Rheinschleife bei Boppard

Schule, Beruf und Hobby

Wann und wo gab es eine erste organisierte Betreuung von Kleinkindern?

a) 1775 in Brandenburg b) 1780 in Straubing
c) 1832 in Chicago d) 1875 in Freiburg

Antwort: b)
Das Straubinger Ursulinenkloster hatte eine Betreuung für vier- bis fünfjährige Mädchen eingerichtet, die nach zwei Jahren schon von 00 Kindern besucht wurde. Unterwiesen wurden die Mädchen von zwei Klosterfrauen u. a. in Arbeit und Gesang, Unterhaltungen über Gott, biblische Erzählungen, Übungen des Verstandes und Handarbeiten.

> In der Schweiz ist der Kindergarten Teil des Schulwesens. Deswegen spricht man dort auch von Kindergartenschülern.

Auf wen geht die Bezeichnung Kindergarten zurück?

a) Friedrich Fröbel
b) Johann Pestalozzi
c) Johann Gottfried Herder
d) Franz Friesel

Antwort: a)
Der deutsche Landmesser, Pädagoge und Pestalozzi-Schüler Friedrich Wilhelm August Fröbel stiftete 1840 den ersten Allge-

meinen Deutschen Kindergarten im thüringischen Bad Blankenburg. Heute steht dort ein Museum. Fröbel führte die Freiarbeit in die Pädagogik ein und stellte das Spiel in den Mittelpunkt. Die von ihm entwickelten Spiel- und Lernmaterialien wie Flecht- und Faltarbeiten sind auch heute noch anerkannt.

> Schon am Verhalten im Kindergarten lässt sich oft ablesen, wie erfolgreich ein Jugendlicher später die Schule abschließen wird. Einer kalifornischen Studie zufolge haben zappelige und unaufmerksame Kinder am Ende der Schulzeit deutlich schlechtere Zeugnisse, unabhängig davon, wie intelligent sie sind. Dabei müssen unkonzentrierte Kinder nicht zwangsläufig an der Aufmerksamkeitsdefizit-Hyperaktivitätsstörung (ADHS) leiden. Auch eine ungesunde Ernährung, Angst oder Schlafstörungen können Unaufmerksamkeit auslösen.

Wo wurden Kindergärten vorübergehend verboten?

a) Bayern
b) England
c) Preußen
d) Österreich

Antwort: c)
Der preußische Staat rief im August 1851 ein Kindergartenverbot aus. Der Grund war die 1851 von Friedrich Fröbels Neffen veröffentlichte Schrift *Weibliche Hochschulen und Kindergärten*. Erst 1860, acht Jahre nach Fröbels Tod, wurde das Kindergartenverbot aufgehoben. Allerdings ging es in Fröbels Kindergärten auch hoch her: Es wurden Spottlieder auf Fürsten gesungen, alle waren per Du und trugen lange Haare.

In Ungarn hatte eine Adlige schon 1828 Kindergärten gegründet. Mit wem war sie befreundet?

a) Beethoven   b) Mozart
c) Schiller   d) Goethe

Antwort: a)
Gräfin Therese Brunsvik (1775-1867) entstammte einem alten ungarischen Adelsgeschlecht. In ihre Schwester Josephine war Beethoven unsterblich verliebt. Am 1. Juni 1828 gründete sie in Buda die erste Kleinkinderbewahranstalt Ungarns unter dem Namen Engelsgarten. Bis zu ihrem Tod stieg die Zahl der vorschulischen Einrichtungen in Ungarn auf 80. Sie forderte die Regierung zur Regelung der Bildung von Kindergärtnerinnen auf und schrieb mehrere Fachbücher über die Bedeutung frühkindlicher Erziehung. Seit 1837 gibt es in Ungarn Ausbildungen für Kindergärtnerinnen, seit dem 1. September 1959 als Hochschulstudium.

Ab wann gab es öffentliche Schulen in Europa?

a) 9. Jahrhundert   b) 11. Jahrhundert
c) 13. Jahrhundert   d) 15. Jahrhundert

Antwort: c)
Im mittelalterlichen Europa gab es zunächst nur Klosterschulen, an denen der Unterricht im Lesen und Schreiben ausschließlich Priestern und Mönchen bzw. Adeligen vorbehalten blieb. Erst ab dem 13. Jahrhundert wurde die Schule langsam einem größeren Teil der Bevölkerung geöffnet. Holztafeln oder Wachsplatten dienten als Schreibutensilien.

Wie wurden die Lehrer in den ersten Schulen der Welt genannt?

a) Väter   b) Meister
c) Vertreter   d) Dozenten

Antwort: a)

Auch Mädchen besuchten im alten Ägypten die Schule, was allerdings seltener vorkam als bei Jungen. Generell war ein Schulbesuch jedoch nur Wohlhabenden möglich, da andere Kinder ihren Eltern schon früh bei der Arbeit helfen mussten.

Was ist die Ursprungsbedeutung des Wortes „Schule"?

a) Hinrichtungsstätte b) Schlafplatz
c) Müßiggang, Nichtstun d) Lernen, Üben

Antwort: c)
Das lateinische Wort „schola" hat einen griechischen Ursprung, der tatsächlich „Nichtstun" und „freie Zeit" bedeutet.

Im Kampf gegen den Kriegsschuldvorwurf an Deutschland finanzierte Rudolf Steiner 1919 eine von seinen Vorträgen inspirierte, verschwörungstheoretische Schrift des extremen Esoterikers Karl Heise, in der besonders Freimaurern und Juden die Schuld am Ersten Weltkrieg angelastet wurde.

Nach Angaben vom März 2011 existieren weltweit 1001 Waldorfschulen, davon 889 in Europa. Die meisten befinden sich in Deutschland (225), gefolgt von den USA (130) und den Niederlanden (92). Die erste Waldorfschule entstand 1919 in Stuttgart.

Der Gründer der Waldorfschulen war der Österreicher Rudolf Steiner (1861–1925). Welchen Beruf übte er aus?

a) Bäcker
b) Esoteriker und Philosoph
c) Pädagoge
d) Bahnvorsteher

Antwort: b)
Von 1884 bis 1897 war Steiner Herausgeber der naturwissenschaftlichen Schriften Goethes. Schon früh und bald mit zunehmender Schärfe wurde dabei bemängelt, dass Steiner in seinen Einleitungen nicht Goethes Weltanschauung darstellte, sondern seine eigene. Bei der *Weimarer Ausgabe* unterliefen ihm viele Fehler. Um anderweitig Geld zu verdienen, arbeitete Steiner als Erzieher. Äußerst umstritten sind seine Rassentheorien.

Wortlisten aus Sumer lassen vermuten, dass es Schulen schon seit dem 4. Jahrtausend v. Chr. gibt. Schultexte aus dem 3. Jahrtausend v. Chr. als direkte Belege wurden im sumerischen Schuruppak (im heutigen Irak) gefunden. Die sumerischen Schulen, in denen die Schulbänke aus Lehmziegeln bestanden, wurden als „Tafelhäuser" bezeichnet. Als Fächer lassen sich Rechnen, Zeichnen und Sumerisch, d. h. Lesen und Schreiben, nachweisen.

Welches Land hat laut PISA-Studien das weltweit beste Schulsystem?

a) Indien
b) Deutschland
c) USA
d) Finnland

Antwort: d)
Laut PISA-Studien hat Finnland das weltweit erfolgreichste Schulsystem. Eines der Vorbilder soll dabei überraschenderweise das Schulsystem der DDR gewesen sein. In heutigen Tagen suchen finnische Bildungspolitiker jedoch nach neuen Vorbildern, um Kosten zu sparen und eine effektivere Selektion in Finnland einzuführen. 90 Prozent der finnischen Schüler besuchen im Alter von sechs Jahren eine qualifizierte Vorschule, die Schulpflicht beginnt erst mit sieben Jahren. Ein großer Vorteil sind kleine Klassen mit ca. 20 Schülern.

In Papua-Neuguinea glauben die Ureinwohner, dass es der Gesundheit schadet, wenn man an zwei aufeinanderfolgenden Tagen arbeitet.

Wie alt ist die älteste Prostituierte der Welt?

a) 50
b) 69
c) 88
d) 100

Antwort: d)
Doris Borg aus Malta wurde 2012 100 Jahre alt – und ist noch aktiv in ihrem Beruf, den bereits ihre Mutter und Großmutter ausübten. Doris hat sogar eine Facebook-Seite.

Im Jahr 2009 blieben in Deutschland Straßenkehrer durchschnittlich 32 Tage krank der Arbeit fern. Der Durchschnitt aller Berufsgruppen betrug nur 27 Tage.

Was ist der gefährlichste Job der Welt?

a) Fischer
b) Stuntman
c) Polizist
d) Fensterputzer

Antwort: a)
Täglich kommen bis zu 70 Fischer bei der Arbeit um.

Wie viele Bauern verrichten ihre Arbeit weltweit ohne Maschinen?

a) 17 % b) 38 %
c) 53 % d) 98 %

Antwort: d)

Drei von vier Männern haben sexuelle Fantasien von Menschen, mit denen sie arbeiten.

Welchen Beruf gibt es nicht?

a) Golfballtaucher b) Geldzähler
c) Baumdoktor d) Zielspucker

Antwort: d)
Seit 2004 ist Helmut Lange als Ich-AG unterwegs, der die geborgenen Bälle (bis zu 400 pro Wasserhindernis) verkauft. Geldzähler wäre sicher Dagobert Ducks Traumberuf. Sie zählen und prüfen Münzen und Banknoten. Baumdoktoren sind spezialisierte Gärtner, die unter Naturschutz stehende Bäume wieder aufpäppeln, wenn sie beschädigt oder krank werden.

Sänger Rod Stewart jobbte auf einem Friedhof. Rambo Sylvester Stallone war Löwenkäfigputzer. Popstar Boy George wurde von einem englischen Supermarkt gefeuert, als er in dessen Plastiktüten gekleidet zur Arbeit erschien.

Was bedeutete das Wort „Hobby" ursprünglich?

a) Freizeit
b) Steckenpferd/Pony
c) ohne Bezahlung
d) kleine Beschäftigung

Antwort: b)
Der Begriff leitet sich vom englischen „hobbyhorse" ab und bezeichnete ein kleines Pferd oder Pony, aber auch das Kinderspielzeug Steckenpferd.

Liebe geht durch den Magen! Die Umfrage eines Partnervermittlungsinstitutes 2008 ergab, dass knapp 80 % der befragten Singlefrauen Kochen als das attraktivste Hobby bei Männern ansehen. Theater (63 %) und Fitness (55 %) folgten auf Rang 2 und 3 der attraktivsten Männerhobbys. Weniger fühlt sich die Singlefrau zu Fahrzeugtunern (6 %) und PC-Spielern (3 %) hingezogen. Das Lieblingshobby deutscher und österreichischer Männer, Fußball, schaffte es mit gerade einmal 14 % auf Platz 8. (Mehrfachnennungen waren möglich.)

Die Vogeleierkunde wird Oologie genannt und bezeichnet ein Untergebiet der Ornithologie.

Wie wird ein übereifriger Sammler im norddeutschen Raum bezeichnet?

a) Rammler   b) Eichhörnchen
c) Zedler   d) Raffer

Antwort: c)
Seinen Ursprung hat das Wort in der Zedlerei, einer mittelalterlichen Berufsbezeichnung für die Sammler wilden Honigs.

> Mit dem Aufkommen des Absolutismus, der mit einer starken Aufwertung der Organisation in allen Lebensbereichen verbunden war, breitete sich die Vorstellung aus, dass Sammelleidenschaft nicht nur zu Chaos, sondern auch zu Ordnung führen könne.

Welches ist das einzige Land, das seinen Namen nicht auf seine Briefmarken druckt?

a) Bundesrepublik Deutschland
b) Tschad
c) Vereinigte Arabische Emirate
d) Großbritannien

Antwort: d)
Immerhin wurde dort die Briefmarke erfunden: 1840 erschienen die ersten gummierten Briefmarken.

> Der Microsoft-Jingle wurde vom Produzenten Brian Eno auf einem Mac komponiert.

Was sammelte Goethe, der seine Leidenschaft in *Der Sammler und die Seinigen* karikierte?

a) Kunst   b) Bücher
c) Autogramme   d) Theatervorhänge

Antwort: a)
Johann Wolfgang von Goethe soll über 25.000 Kunstwerke besessen haben.

> Die Suchmaschine Google ist nach der Zahl Googol benannt – einer 1 mit 100 Nullen (10 hoch 100). Nach der nicht ausschreibbaren Zahl Googolplex (10 hoch 10 hoch 100 bzw. 10 hoch Googol) wiederum heißt das Hauptquartier Googleplex.

Wie lange würde es dauern, alle YouTube-Videos direkt nacheinander anzusehen?

a) 17 Jahre   b) 580 Jahre
c) 1700 Jahre   d) 2354 Jahre

Antwort: c)
Es würde über 1700 Jahre dauern, bis alle derzeit existierenden YouTube-Videos (Stand 2012) nonstop nacheinander abgespielt wären.

Fehlermeldung bei einer älteren Version von Microsoft Windows: „Nicht genügend Speicherplatz auf A, um Dateien zu löschen. Bitte löschen Sie nicht mehr benötigte Dateien von Ihrem Datenträger, um mehr Speicherplatz zum Löschen freizugeben."

Woher kommt der Begriff „Spam"?

a) Apfelanbau
b) Computerherstellung
c) Monty-Python-Sketch
d) Name des am häufigsten von Hunden gebissenen englischen Postboten

Antwort: c)
Die Spammail verdankt ihre Bezeichnung einem gleichnamigen Monty-Python-Sketch von 1970. Die englischen Komiker hatten „ Spiced Ham " zu „Spam" kombiniert.

Was erscheint, wenn man in der Adresszeile www.weter.de aufruft?

a) Hier entsteht demnächst das große deutsche Legasthenikerportal.
b) Das Wetter wird so, wie Sie tippen!
c) wetter.de
d) Gewinnen Sie ein iPad!

Antwort: a)

Im Jahr 2008 stellte der deutsche Programmierer Armin Heinrich aus Salzgitter eine iPhone-App mit folgenden Funktionen in den Appstore: Nach dem Start erscheint das Bild eines roten, fünfeckigen Edelsteins. Tippt man das Bild an, erscheint der Text: „I am rich, I deserve it. I am good, healthy & successful!" Mehr Funktionen hatte die App nicht. Heinrich verlangte dafür 999,99 US-Dollar bzw. 799,99 Euro und verkaufte acht Stück.

Essen und Trinken

Warum heißen Wiener Würstchen in Wien Frankfurter Würstchen?

a) Wiener beißen nicht gern in ihre eigenen Würstchen.
b) Frankfurt ist eine Partnerstadt Wiens.
c) Frankfurt ist in Wien aus historischen Gründen sehr beliebt.
d) Das ist ihr ursprünglicher Name.

Antwort: d)
Der fränkische Fleischergeselle Johann Georg Lahner erfand im Mai 1805 während eines Aufenthalts in Wien eine neue Wurstmischung, die er in Erinnerung an seine Lehrzeit in Frankfurt „Frankfurter Würstchen" nannte. Die Wurst wurde schnell berühmt – allerdings als Wiener Würstchen. Nur in Wien hat sie noch den ursprünglichen Namen.

Warum heißen Hamburger so?

a) Deutsche Auswanderer aus Hamburg verbreiteten Frikadellen in den USA.
b) Ein Hamburger Spitzenkoch erfand den ersten Hamburger der Welt.
c) Die Eltern des Firmengründers von McDonald's stammten aus der Hansestadt.
d) Nicht wegen der Stadt: „Ham" heißt auf Englisch Schinken, ursprünglich wurden Hamburger damit gemacht.

Antwort: a)
Die klassische deutsche Frikadelle wurde 1906 erstmals unter dem Namen Hamburger verkauft – auf der Weltausstellung in St. Louis. Namensgeber waren deutsche Auswanderer aus Hamburg, die dieses Produkt mit nach Amerika gebracht hatten.

Weil eine Möwe am Zürichsee seinem Architekten ein Stück Brot aus der Hand gepickt hatte, nannte der Schweizer Unternehmer Ueli Prager (1916–2011) sein erstes Restaurant 1948 Möwenpick.

Wer hat das Fürst-Pückler-Eis erfunden?

a) Fürst Pückler
b) der Koch von Fürst Pückler
c) ein Untertan von Fürst Pückler
d) Langnese oder Schöller

Antwort: c)
Das Fürst-Pückler-Eis (halbgefrorenes Schoko-, Erdbeer- und Vanilleeis) soll von einem Konditor aus der Lausitz namens Schulz erfunden worden sein, der den Eisklassiker nur aus Marketinggründen nach dem nahebei residierenden Hermann Fürst von Pückler-Muskau (1785-1871) benannte.

Was passiert mit in Früchten enthaltenen Bakterien, wenn man Obst zuckert?

a) Sie schrumpfen.   b) Sie wachsen.
c) Sie mutieren.   d) Sie wandern aus.

Antwort: a)
Zuckert man Obst, so entzieht der Zucker nicht nur den Früchten Wasser, sondern dank des hygroskopischen Effekts auch den darin enthaltenen Bakterien. Sie schrumpfen und sterben ab, das Obst bleibt dadurch länger haltbar.

Eine Cola hat mit 42 Kalorien je 100 Milliliter etwa einen genauso hohen Brennwert wie ein Bier (41) oder ein Latte macchiato (43). Eine Stufe darunter liegen das alkoholfreie Bier (29), die Apfelschorle (25) und der Cappuccino (26) in etwa gleichauf. Erstaunlicherweise steht die Vollmilch mit 67 Kalorien pro 100 Milliliter ganz weit oben auf der Liste.

Salzarmes Essen gilt eigentlich als gesund. Was leidet jedoch darunter?

a) der Körpergeruch
b) die Libido
c) die Fitness
d) die Verdauung

Antwort: b)
Salzarmes Essen kann die Lust auf Sex verringern und sogar Erektionsstörungen verursachen.

Wie entstand das Croissant einer Legende nach?

a) zur Feier der beendeten Belagerung Wiens durch die Türken
b) speziell für verliebte Paare
c) durch ein Missgeschick
d) für den ersten Staatsbesuch Australiens in Frankreich in Form eines Bumerangs

Antwort: a)
Angeblich verdanken wir das Croissant der Belagerung Wiens durch die türkische Armee im Jahr 1683. Nachdem Polenkönig Sobieski und Herzog Karl von Lothringen in letzter Minute die Türken zurückgeschlagen hatten, schufen die Wiener Bäcker zur Feier des Sieges ein halbmondförmiges Gebäck. Jedoch gibt es für diese Geschichte keinerlei historische Belege.

Halbfettmargarine war in Deutschland bis 1974 verboten, da das Margarinegesetz von 1897 für Margarine einen Mindestfettgehalt von 80 Prozent vorschrieb. Das Gesetz zur Änderung der Margarineregelung ließ erst am 28. Mai 1974 Halbfettmargarine zu – aber nur mit einem Fettgehalt zwischen 39 und 41 Prozent.

Was war 1869 Bestandteil der ersten Margarine?

a) Ochsenhoden　　b) Hasenfüße
c) Kuheuter　　d) Löwenzahn

Antwort: c)
Die erste Margarine der Welt enthielt Rindertalg, Magermilch und tatsächlich eine Prise klein gehacktes Kuheuter. Sie wurde von dem Chemiker Hippolyte Mège-Mouriès 1869 in Paris zum Patent angemeldet. Den Namen für seinen Butterersatz entlehnte er dem Griechischen (margaron – Perle), weil die Margarine so schön glänzte.

In amerikanischen Einkaufszentren werden jährlich 627 Milliarden Dollar für Lebensmittel ausgegeben.

Woraus bestanden die ersten industriell hergestellten Kaugummis?

a) Kunststoff
b) Fichtenharz und Bienenwachs
c) Honig und Bienenwachs
d) Kiefernharz und Honig

Antwort: b)
Die ersten in den USA von einem John Curtis hergestellten Kaugummis bestanden aus einer Mischung aus Fichtenharz und Bienenwachs. Produzent war der Amerikaner John Curtis. Kommerziell erfolgreicher war 1870 sein Landsmann Thomas Adams, der den Saft des Breiapfelbaums verwendete – wie schon Jahrhunderte früher die Azteken.

Schwarze Pfefferkörner sind eigentlich grüne Pfefferkörner, die in der Sonne getrocknet wurden. Grüner Pfeffer ist unreif und bleibt grün, weil er u. a. frisch in Salzwasser eingelegt wird. Weißer Pfeffer wiederum besteht eigentlich aus reifen Pfefferkörnern, denen die Schale entfernt wurde. Sehr selten gibt es auch roten Pfeffer, der aus reifen, ungeschälten Pfefferfrüchten besteht. Rosa Pfeffer wiederum kommt von einer anderen Pflanze (Brasilianischer Pfefferbaum) und ist mit dem schwarzen Pfeffer nicht verwandt.

Wie alt sind die ältesten Nudeln der Welt?

a) 250 Jahre
b) 4000 Jahre
c) 7200 Jahre
d) 8415 Jahre

Antwort: b)
In Lajia, einem großen prähistorischen Dorf (200.000 m²) am Gelben Fluss im Nordwesten Chinas, wurden bei Ausgrabungen 4000 Jahre alte Nudeln (Ausmaße: 500 mm x 3 mm) aus Rispenhirse und Kolbenhirse in einer versiegelten Steingutschale geborgen.

Der Verkauf von Tiefkühlpizza stieg in Deutschland rasch an: 1973 wurden 2800 Tonnen hergestellt, zwei Jahre später 3200. 1975 waren es schon 23.000 Tonnen, im Jahr 2000 rund 160.000 Tonnen und 2007 schließlich fast 253.000 Tonnen – das entspricht rund 768 Millionen Pizzas.

Nach wem ist die berühmte Pizza Margherita benannt?

a) der Frau des Pizzabäckers, der sie kreierte
b) der Liebhaberin des Pizzabäckers
c) der Schwiegermutter des Pizzabäckers
d) der italienischen Königin

Antwort: d)
1889 machte Königin Margherita Maria Teresa Giovanna di Savoia (1851–1926, auch Margarethe von Italien) einen Besuch in Neapel. Während ihres Aufenthalts wurde zu Ehren der Königin u. a. von dem Pizzaiolo Raffaele Esposito eine Pizza in den drei Farben der italienischen Fahne zubereitet: rote Tomaten, weißer Mozzarella, grünes Basilikum. Die Pizzeria Brandi in Neapel wirbt noch heute mit einem Brief der Königin an Esposito. Übrigens trägt auch der höchste Gipfel des Ruwenzori-Gebirges in Ostafrika, der Pic Marguerite, den Namen der Königin.

Wie viel Prozent seines Umsatzes macht das schwedische Möbelhaus Ikea mit seinen Restaurants?

a) 5 %
b) 10 %
c) 25 %
d) 32 %

Antwort: a)

Besonders beliebt sind die Fleischbällchen Köttbullar, die – Vorsicht! – in Schweden auch schon mal aus Elchfleisch bestehen können! Erfunden wurde Ikea übrigens von einem Teenager: Der damals 17-jährige Ingvar Kamprad (*1926) gründete das Unternehmen 1943 in Schweden. Das Akronym IKEA setzt sich aus den Anfangsbuchstaben von **I**ngvar **K**amprad, des Bauernhofs, auf dem er aufwuchs, **E**lmtaryd, und seines Heimatdorfes **A**gunnaryd zusammen. Zunächst verkaufte die Firma nur diverse Konsumgüter, darunter Kugelschreiber, Brieftaschen, Bilderrahmen, Tischdecken, Uhren, Streichhölzer, Schmuck und Nylonstrümpfe. Der längst in der Schweiz lebende Kamprad gehört zu den reichsten Menschen der Welt, hält sich aber für einen Geizkragen.

Das Wort „Bistro" für ein Schnellrestaurant oder Café kommt nicht aus dem Französischen: Napoleons Soldaten nahmen es 1812 aus Russland mit (russisch bystro = schnell).

Was gibt es nicht?

a) Grünkohl mit Pinkel
b) G'selchtes und G'wichstes
c) 1000-jährige Eier
d) Pimmelken piss'

Antwort: d)

Pinkel ist eine geräucherte, grobkörnige Grützwurst. G'selchtes und G'wichstes ist eine bayerische Spezialität aus Schwarzgeräuchertem mit Knödeln. 1000-jährige Eier sind eine chinesische Delikatesse.

Die südspanische Stadt Cádiz hat eine ureigene Halloweentradition am Tag vor Allerheiligen: Obst, Gemüse, Fisch und Fleisch werden in der Markthalle bunt kostümiert und humorvoll in Szene gesetzt. Dann starren als Superman verkleidete Schweinchen von der Wursttheke; Fische sind als Schlachtenbummler des heimischen Fußballklubs maskiert, und fröhliche Männchen mit Orangen- oder Kaki-Gesichtern schauen hinter den Obstauslagen hervor. Vielerorts wird aus der merkwürdigen Verkleidungsaktion fast wie im Karneval ein Wettbewerb, in dem die aufgebauten Situationen lokale Politiker und aktuelle Ereignisse satirisch aufs Korn nehmen. Außerdem wird den Toten gedacht, indem man süße Heiligenknochen (huesos de santo) aus Marzipan, gefüllt mit zuckersüßem Eigelb, isst.

Laut einer kanadischen Studie vom August 2012 soll Eigelb ähnlich gesundheitsschädigend sein wie Zigaretten! Das darin enthaltene Cholesterin verstopft Blutgefäße, was zu Infarkt und weiteren Herzproblemen führen kann. Arteriosklerose wurde mit zunehmendem Alter der Probanden vom Eidotterkonsum um etwa zwei Drittel so stark beschleunigt wie durch Rauchen. Dies traf vor allem bei Personen zu, die für gewöhnlich drei oder mehr Eidotter pro Woche verzehren – egal ob roh oder gekocht.

Was sind Kinder-Eier?

a) das chinesische Pendant zu Überraschungseiern
b) Eier von seltenen asiatischen Vögeln, die sie schon als Babys legen
c) eine chinesische Spezialität: in Kinderurin eingelegte und gekochte Vogeleier
d) extrem kleine Hühnereier, die von Pygmäen-Hennen stammen

Antwort: c)
Tong zi dan, auch Frühlingseier genannt, sind speziell zubereitete, hart gekochte Vogeleier. Für die lokale Spezialität der chinesischen Stadt Dongyang werden die Eier samt Schale in den Urin von Kindern eingelegt und darin gekocht. Angeblich schmecken sie am besten, wenn Urin kleiner Jungen von unter zehn Jahren dafür verwendet wird. Nachdem das Eiklar geronnen ist, werden die Eier ohne Schale weitergekocht. Immer wieder wird frischer Urin nachgegossen. Rund einen Tag verbringen die Eier im Urin. Sie sollen gegen Müdigkeit helfen, vor Hitzeschlag schützen, den Blutkreislauf fördern und gegen einen Mangel an Yin wirken. Der Urin für die Zubereitung im großen Stil wird unter anderem in den Schulen von Dongyang gesammelt.

Wie werden 1000-jährige Eier hergestellt?

a) Sie werden 1000 Jahre lang liegen gelassen.
b) Rohe Enteneier werden zwischen 3 Monaten und 3 Jahren in einen Teig gehüllt und ungekühlt gelagert.
c) Rohe Eier werden eingebuddelt und erst nach 5 Jahren gekocht verzehrt.
d) Fischeier werden von Pekinesen gefressen und wieder erbrochen.

Antwort: b)
In China unterscheidet man zwei Arten dieser Eier: mit festem oder nur halbfestem Dotter. Die festen Dotter haben einen anhaltenden Nachgeschmack. Die Eier sind grün bis kohlrabenschwarz. Der Teig wiederum besteht aus Anis, Szechuanpfeffer, Teeblättern, Piniennadeln, Fenchelkörnern, Holzasche und Sägespänen.

Das Ithaa (Perle) der Hiltons auf den Malediven ist seit 2005 das erste voll verglaste Unterwasser-Restaurant der Welt. Es bietet Platz für neun Personen und liegt fünf Meter unter dem Meeresspiegel.

Ein Restaurant ist im wörtlichen Sinn eine Wiederherstellungsstätte. Bis 1765 speiste man in Tavernen, Gasthäusern etc. Dann eröffnete in Paris das Champs d'Oiseau (Vogelland). Über der Eingangstür stand das lateinische Motto: „Venite ad me, omne qui stomacho laboratis, et ego restaurabo vos", oder auf Deutsch: „Kommt zu mir, alle deren Magen knurrt, und ich will euch wiederherstellen."

Was ist der Unterschied zwischen Grapefruits und Pampelmusen?

a) Pampelmusen sind grün und weniger saftig.
b) Es gibt keinen.
c) Pampelmusen sind gelb und saurer.
d) Grapefruits enthalten mehr Vitamin C.

Antwort: a)
Grapefruits werden zwar oft auch Pampelmusen genannt, doch das ist falsch. Bei Grapefruits handelt es sich um eine Kreuzung aus Pampelmusen und Orangen. Echte Pampelmusen sind grün, werden bis zu zwei Kilogramm schwer und sind nicht so saftig wie Grapefruits.

Ein Glas frisch gepresster Orangensaft enthält genauso viel Vitamin C (Ascorbinsäure) wie ein viertel Kilogramm Wurst.

Wozu gehören Pflaumen und Kirschen?

a) zu den Beeren
b) zu den Nachtschattengewächsen
c) zu den Mandelgewächsen
d) zu den Sammelnussfrüchten

Antwort: c)

Zu den Beerenfrüchten im botanischen Sinn gehören die eher unbeerig wirkenden Bananen, Paprikas, Auberginen und Zitrusfrüchte. Erdbeeren und Himbeeren sind hingegen keine Beeren. Erdbeeren sind Sammelnussfrüchte, Himbeeren Sammelsteinfrüchte.

Obst von Gemüse zu unterscheiden ist manchmal gar nicht so leicht. Obst stammt von mehrjährigen Pflanzen, d. h., Bäume oder Sträucher blühen mehrere Jahre hintereinander und bilden jedes Jahr neue Samen oder Früchte. Gemüse kann man höchstens zwei Jahre ernten, danach stirbt die Pflanze. Kürbis z. B. zählt deswegen zum Gemüse.

Nach einer 1671 von Antonius Faustus Naironus in seinem Buch *De saluberrima potione cahve* niedergeschriebenen Legende soll Hirten aus Kaffa (Äthiopien) im 9. Jahrhundert aufgefallen sein, dass ein Teil ihrer Ziegenherde, die von einem Strauch mit weißen Blüten und roten Früchten gefressen hatte, bis tief in die Nacht hinein munter umhersprang, während die anderen Tiere wie üblich schliefen. Aus den Früchten wurde von Mönchen der erste Kaffee gebraut.

Was war der Versicherungsmarkt Lloyd's of London in England ursprünglich?

a) eine Teestube b) ein Kaffeehaus
c) eine Metzgerei d) ein Bauernhof

Antwort: b)
Bevor die Engländer berühmte Teetrinker wurden, waren sie Kaffeeliebhaber. Im 17. Jahrhundert gab es kaum eine Straße ohne Kaffeehaus, wo besonders Kaffee mit Alkohol beliebt war.

Ist es wahr, dass Koffein eigentlich ein Pestizid ist?

a) ja
b) nein

Antwort: jein!
Es ist ein natürliches Insektizid: Kaffeepflanzen produzieren es, um Insekten fernzuhalten. Koffein ist auch eine psychoaktive Droge und sogar in geringen Mengen in Kakao enthalten. Das Tein in Tee ist übrigens nur eine andere Bezeichnung für Koffein.

Friedrich der Große von Preußen (1712–86) hasste Kaffee, weil er dachte, das Getränk mache Männer feminin und Frauen unfruchtbar. Er erhob hohe Kaffeesteuern und forderte von seinen Untertanen, lieber Bier zu trinken.

Wo startete der Bubble-Tea-Boom?

a) Asien
b) USA
c) Europa
d) Australien

Antwort: a)
Momentan bubbelt es überall. Ausgehend von Asien schwappte die Erfolgswelle der kleinen Kügelchen über Australien und die USA nach Europa.

Wörtlich übersetzt heißt Bubble Tea Blasentee.

Wozu wurde Bubble Tea ursprünglich erfunden?

a) um reich zu werden
b) um Kinder an Tee zu gewöhnen
c) für einen Kindergeburtstag
d) für eine Anime-Filmpremiere

Antwort: b)
In den 80er-Jahren wurde Bubble Tea in Taiwan erfunden, um Schulkindern das Teetrinken näherzubringen – ursprünglich noch ohne Perlenzusatz, aber mit Fruchtsirup oder -püree. Erst später kamen Milch und kleine, mit Flüssigkeit gefüllte Kügelchen hinzu.

Im Sommer 2012 wurde bekannt, dass Bubble Tea Giftstoffe enthält, die Krebs oder Allergien auslösen können.

Woraus bestehen die Kugeln im Bubble Tea?

a) Stärke der Maniokwurzel und Sirup
b) essbarem Plastik und Tee
c) Gelatine und Zuckerwasser
d) Kartoffelstärke und gefärbtem Fruchtsaft

Antwort: a)
Es handelt sich um Tapiokakugeln, die ursprünglich schwarz waren, mittlerweile aber bunt sind. Sie erinnern an Fruchtgummi und bestehen aus Stärke, die aus der Maniokwurzel (der Kartoffel der Tropen) hergestellt wird.

Ein großer Becher Bubble Tea ist ein echter Dickmacher – mit etwa 500 Kilokalorien –, vergleichbar mit einer Hauptmahlzeit! Doch noch weitere Gefahren lauern in dem boomenden Modegetränk: Kleinkinder können an den Kugeln ersticken, wenn sie bei schnellem Trinken unzerkaut in die Lunge gelangen.

Geschichte

Welchen Monatsnamen gab es nicht im attischen Kalender?

a) Hekatombaion   b) Boedromion
c) Maimakterion   d) Kassiokaiaion

Antwort: d)
Der attische Kalender aus dem antiken Griechenland ist der am genauesten überlieferte. Es gab aber noch viele mehr. Die Monate wurden weitestgehend nach Festen oder Göttern oder Naturerscheinungen benannt. In welchem Jahr man sich befand, wurde mit einer Angabe zum Herrscher festgelegt.

Die wissenschaftlichen Erkenntnisse des Claudius Ptolemäus galten im Mittelalter als bahnbrechend, obwohl er angeblich die meisten astronomischen Beobachtungen den Werken des 300 Jahre älteren Hipparchos von Nicäa entnommen haben soll.

Wie viele Tage hatte die römische Woche?

a) 5   b) 7
c) 8   d) 9

Antwort: c)
Die römische Woche bestand aus acht Tagen. Die sogenannten Nundinae, eigentlich die neunten Tage, wenn Anfang und Ende mitgerechnet werden, waren Markt- und Gerichtstage.

Die älteste bekannte Verwendung von Eisen als Baumaterial liegt fast 2500 Jahre zurück. Um 470 v. Chr. wurde in einem Tempel der griechischen Kolonialstadt Akragas auf Sizilien ein fünf Meter langer Eisenträger eingebaut.

Wer oder was war Pharmakos?

a) Apotheker   b) Arzt
c) Klassenclown   d) Sündenbock

Antwort: d)
Es handelte sich dabei um eine als Opfer ausgewählte Person, die im Falle von Krisen oder Gefahren für die Stadt vertrieben oder getötet wurde.

Die Geschichtsschreibung im klassischen Sinne nahm ihren Anfang im antiken Griechenland. Jedoch wurde nur ein geringer Anteil der Werke überliefert: Etwa 97,5 Prozent der namentlich bezeugten Texte sind im Laufe der Jahrhunderte verloren gegangen.

Welche antike Kultur gab Frauen die wenigsten Rechte?

a) Griechenland   b) Ägypten
c) Persien   d) Babylon

Antwort: a)
Von allen antiken Hochkulturen gewährte die griechische Frauen die wenigsten Rechte. In Ägypten, Persien oder Babylonien durften Frauen Vermögen besitzen, Geschäfte machen und manchmal sogar den Thron besteigen – bei den alten Griechen durften sie nur Kinder kriegen.

Im alten Rom begann das religiöse Jahr am 1. Januar. Das bürgerliche Jahr hingegen begann zwei Monate später, am 1. März. Erst im Jahr 154 v. Chr. wurde der Jahresanfang vereinheitlicht. Danach konnten sowohl Bürger als auch Priester am 1. Januar Neujahr feiern.

Das längste Jahr aller Zeiten gab es 46 v. Chr., als der julianische Kalender eingeführt wurde. Julius Cäsar verordnete deshalb zwei Zusatzmonate und verlängerte den Februar um 23 Tage. Insgesamt dauerte das Jahr aufgrund der Kalenderreform 445 Tage.

Wofür wurde Urin im alten Rom genutzt?

a) Eier kochen
b) baden
c) Bestecke putzen
d) Zähne reinigen

Antwort: d)
Der hohe Ammoniakgehalt vom Urin wirkt desinfizierend. Es gab aber auch Zahnpasta aus Salz, Glasstückchen und
Honig.

Was sagte Julius Cäsar, als er 44 v. Chr. ermordet wurde?

a) Auch du, mein Sohn Brutus!
b) nicht schon wieder
c) die Iden des März
d) nichts

Antwort: d)
Die römischen Historiker Sueton und Cassius Dio berichten in ihren Beschreibungen der Ermordung Cäsars übereinstimmend, dass Cäsar wortlos starb. Der Satz „Auch du, mein Sohn Brutus" gilt bis heute als seine letzten Worte, wurde aber erst später hinzugedichtet.

Im alten Griechenland gab es einen Fruchtbarkeitsgott namens Priapos, der mit einem gewaltigen Phallus dargestellt wurde.

Die Gründung Roms wurde auf das legendäre Jahr 753 v. Chr. datiert. Dabei sollten die Götter durch ein Orakel verkünden, wer der beiden Zwillinge Romulus und Remus die Stadt beherrschen dürfe. Remus erschienen zunächst sechs Adler, während etwas später zu Romulus zwölf Adler flogen. Doch was war entscheidend – der Zeitpunkt oder die Anzahl? Dem Mythos nach entschied man sich für die höhere Anzahl und legte Romulus als Herrscher der neuen Stadt fest.

Was wurde früher mit radioaktiven Zusätzen verkauft?

a) Zahnpasta   b) Waschmittel
c) Seife   d) Geschirrspüler

Antwort: a)
Anfang des 20. Jahrhunderts galt die gerade entdeckte Radioaktivität noch als Wundermittel. Sogar Hersteller von Zahnpasta und Abführmitteln reicherten ihre Produkte mit radioaktivem Thorium an. Erst 1938 wurden derartige Zusätze in Konsumgütern verboten.

Der griechische Mathematiker und Philosoph Pythagoras verbot seinen Schülern angeblich das Essen von Bohnen, da er der Überzeugung gewesen sei, dass die menschlichen Seelen in den Früchten wiedergeboren würden.

Wie hätte der Neandertaler eigentlich heißen müssen?

a) Ötzi   b) Flachface
c) Engis   d) Venezolaner

Antwort: c)
Bereits 1829, also 27 Jahre vor dem ersten Fund im Neandertal, waren Skelettteile dieser Urmenschen in einer Höhle bei Engis in Belgien entdeckt worden. Zum damaligen Zeitpunkt verkannte die Wissenschaft jedoch das Alter der Funde.

Offiziell waren dies die letzten Worte des britischen Staatsmanns William Pitt des Jüngeren: „O mein Vaterland! Wie verlasse ich mein Vaterland!" Tatsächlich aber berichtete ein Diener, der Pitt am 23. Januar 1806 als Letzter lebend sah, er habe etwas ganz anderes gehört: „Ich denke, ich könnte doch eine von Bellamys Pasteten essen."

Warum lehnte Mata Hari bei ihrer Erschießung eine Augenbinde ab?

a) um die Schützen zu verwirren
b) um zu sehen, wer sie erschießt
c) um noch mit dem Kommandanten zu flirten
d) weil die Augenbinde farblich nicht zu
    ihrem Outfit passte

Antwort: d)
Mata Hari war die berühmteste Spionin aller Zeiten. Geboren wurde sie in den Niederlanden; für den deutschen Geheimdienst trug sie den Decknamen H 21. Hingerichtet wurde sie von den Franzosen am 18. Oktober 1917. Dazu trug die exotische Tänzerin einen langen schwarzen Samtmantel mit Pelzkragen über einem schweren Seidenkimono, weiterhin einen schwarzen Filzhut, schwarze Glacéhandschuhe und schwarze Seidenstrümpfe. Augenzeugenberichte lassen die Interpretation zu, dass sie die Augenbinde ablehnte, da sie weiß war.

Wer erfand den Molotow-Cocktail?

a) Russen
b) Wjatscheslaw Michailowitsch Molotow
c) Finnen
d) Lenin

Antwort: c)
Den Molotow-Cocktail haben die Finnen erfunden. Als sowjetische Truppen im Winter 1939/40 Finnland überfielen, schleuderten die Verteidiger benzingefüllte, mit brennenden Stofffetzen versehene Flaschen gegen die Panzer der Russen – deren Außenminister hieß Molotow.

Als ältestes dokumentiertes Beispiel für Lohnfortzahlung im Krankheitsfall gelten die Manufakturen der altpersischen Könige vor etwa 2500 Jahren. Dort arbeitende Frauen hatten sogar Anspruch auf Mutterschaftsurlaub und kostenlose Betreuung durch Hebammen.

Warum ging der Rotweinkonsum 1810 in Kassel rapide zurück?

a) Ein Weißwein-Weinberg wurde eröffnet.
b) Die Farbe Rot war außer Mode geraten.
c) Es gab einige Giftmorde mit Rotwein.
d) Es hatte sich herumgesprochen, dass der dort lebende König von Westfalen in Rotwein badete.

Antwort: d)
Der in Kassel residierende König Jérome Napoleon von Westfalen pflegte in Rotwein zu baden – und die Kasseler Bürger argwöhnten, dieser Wein würde nach seinem Bad in der Stadt verkauft.

In der ersten Schlacht des Ersten Weltkrieges auf afrikanischem Boden (bei Tanga im heutigen Tansania) siegte am 5. November 1914 Paul von Lettow-Vorbeck mit ca. 950 Mann gegen eine fast zehnmal größere britische Truppe. Die Entscheidung beeinflussten einige Dutzend Bienenschwärme, die zwischen die Fronten sowie in Wut geraten waren.

Der berühmteste aller Franzosen – Napoleon – musste erst Französisch lernen. Was war seine Muttersprache?

a) Italienisch
b) Korsisch
c) Französisch – er war Legastheniker
d) Deutsch

Antwort: a)
Bevor der Korse Napoleon Bonaparte seine Ausbildung an der Militärakademie von Brienne beginnen durfte, musste er zunächst auf einem Internat Französisch lernen. Seine Muttersprache war nämlich Italienisch, und eigentlich hieß er Napoleone di Buonaparte.

Der Einsatz von Giftgas im Ersten Weltkrieg brachte den Durchbruch für die Rasierapparate von Gillette. Weil die Gasmasken nur bei exakter Rasur dicht hielten, bestellte die US-Armee 3,5 Millionen Gillette-Rasierer.

Auf dem Bild des Malers Jacques-Louis David überquert Napoleon hoch zu Ross den St.-Bernhard-Pass. Tatsächlich bewältigte dieser den Anstieg weit weniger heldenhaft auf einem Maultier. Zu Tal rutschte Napoleon dann mit einem Schlitten.

Warum musste der junge Gandhi (1869–1942) seine erste Gerichtsverhandlung als Anwalt schon nach einem Tag abgeben?

a) Er hatte einen Sitzstreik auf der Anklagebank veranstaltet.
b) Er war so aufgeregt, dass er kein Wort herausbrachte.
c) Er setzte sich für die Gegenseite ein.
d) Er hatte seine Brille vergessen und konnte die Akten nicht lesen.

Antwort: b)

Was war der Tower In London nie?

a) Künstleratelier
b) Zoo
c) Observatorium
d) Gefängnis

Antwort: a)
Der früher „White Tower" genannte Bau wurde 1078 für Wilhelm den Eroberer errichtet. Heute beherbergt der Tower die Kronjuwelen und verschiedene Waffen. Den Zoo gibt es nicht mehr, aber sechs Raben, die für den Fortbestand des Königreiches stehen. Pünktlich um 22 Uhr wird der Tower jeden Abend in einer feierlichen Zeremonie verschlossen.

Zwischen 1872 und 1885 ließ sich Ludwig II. von Bayern im Residenz- und im Nationaltheater in München insgesamt 209 Schauspiele, Lustspiele und Opern vorführen, bei denen das Publikum einzig und allein aus ihm bestand. Im Parkett allerdings hatte jeweils eine Kompanie Soldaten bewegungs- und geräuschlos zu sitzen, um die Akustik zu verbessern.

Wie lange dauerte der kürzeste Krieg der Geschichte?

a) 38 Minuten
b) 2,5 Stunden
c) 7 Stunden
d) 1 Tag

Antwort: a)
Der kürzeste Krieg der Geschichte wurde zwischen der Inselrepublik Sansibar und England 1896 geführt. Sansibar ergab sich nach 38 Minuten.

Wie lang war die kürzeste Amtszeit eines US-Präsidenten?

a) 1 Tag   b) 1 Monat
c) 1 Jahr   d) 3 Jahre

Antwort: b)
Der neunte Präsident der Vereinigten Staaten, William H. Harrison, verstarb, nur einen Monat nachdem er sein Amt angetreten hatte. Er zog sich bereits drei Wochen nach dem Beginn seiner Amtszeit eine Lungenentzündung zu. Harrison war somit nur vom 4. März 1841 bis zum 4. April 1841 Präsident der Vereinigten Staaten.

Telefonnummern wurden 1879 in Lowell im US-Bundesstaat Massachusetts erfunden. Eine schwere Epidemie machte dort auch die Telefonistinnen arbeitsunfähig. Der örtliche Arzt schlug deshalb vor, jedem Telefonanschluss eine Nummer zuzuordnen, damit auch ungeübte Arbeitskräfte aushelfen könnten.

Was war seit 1850 der erste Werbespruch der deutschen Sparkassen?

a) Sparst du in der Frühe, so hast du am Abend.
b) Schaffe, schaffe, Konto baue.
c) Sparen ist eine deutsche Tugend.
d) Spare in der Zeit, so hast du in der Not.

Antwort: d)
1924 wurde das Motto aus dem Verkehr gezogen – die Hyperinflation von 1923 mit der Entwertung aller Sparguthaben hatte leider bewiesen, dass der Spruch nicht stimmte.

1848 wurde die erste gesamtdeutsche Reichsflotte gegründet, um den Kampf der Schleswig-Holsteiner gegen die Dänen zu unterstützen. Die Dänen siegten trotzdem. Nach dem Scheitern der Revolution von 1848/49 wurde die Kriegsmarine wieder aufgelöst sowie Schiffe und Inventar öffentlich versteigert. Im Oktober 1853 kam das letzte Objekt unter den Hammer – ein Sarg.

Mit was beschäftigte sich 1900 der erste wissenschaftliche Aufsatz von Albert Einstein?

a) Luftballons
b) Strohhalmen
c) Mona Lisa
d) Lachgas

Antwort: b)
Einen seiner ersten Aufsätze versuchte Albert Einstein (1879-1955) im Jahr 1900, bei der Fachzeitschrift *Annalen der Physik* zu publizieren. Thematisch setzte er sich mit den physikalischen Verhältnissen von Flüssigkeiten in Trinkstrohhalmen auseinander.

Angeblich begann der spätere Physiknobelpreisträger und Friedensaktivist Albert Einstein erst im Alter von drei Jahren zu sprechen. So soll er mit seinen ersten Worten die Temperatur seines Getränks kritisiert haben: „Die Milch ist zu heiß."

dpa Picture-Alliance, Frankfurt: 6 u. l., 101 u. r., 120, 135, 138, 148, 151, 157 u. r., 164, 195, 198, 203, 207

iStockphoto.com: OSTILL 30 o. l.; kycstudio 31

fotolia.com: N-Media-Images 3, 231; somenski 5; xy 6 o. l.; inarik 7 o. r.; Unclesam 7 u. r.; James Steidl 7 m. r.; rphotos 7 (Ameise); Shestakoff 8; SergiyN 9 o.; oksun70 10; Dan Race 11; detailblick 12; Gunnar Assmy 13; Eric Isselée 14, 25 m. r., 123; Uwe Annas 15; sasel77 16; korni007 17; Kimsonal 18; jacekbieniek 22; Caricature by J.J., SVG file by Gustavb 23; Janina Dierks 24; itardiusz 26; Knut Wiarda 27; steplet 29; contrastwerkstatt 30 u. r.; Maridav 34; Franco Deriu 35; Eugen Wais 39 m. l.; Goinyk Volodymyr 39 o. r.; foaloce 43 o. l.; jagodka 43 u. r.; Sabimm 45 o. l.; biglama 45 u.; artburger 47; Kitty 49; suzannmeer 51; Truthenne 52 u. r.; Jeanette Dietl 56 u. r.; Springfield Gallery 57; Leonid Nyshko 58 o. r.; fotomaster 67; Gudellaphoto 85; julien tromeur 86 u. r.; Oscar Brunet 88 u. l.; Anterovium 94 m. r.; Taalvi 94 u. l.; razihusin 95; bobofoto 110; Pixelspieler 124 u. r.; samott 199; LanaK 200; creativedoxfoto 209; picsfive 211; fotopak 213; mr.markin 215 o. r.; Kalle Kolodziej 215 u. l.; Ray 217 u.; dell 219; Robert Kneschke 220; Anibal Trejo 221; snfotos 222; Alena Ozerova 233; Sandra Cunningham 234 u. l.; Otto Durst 235; goodluz 237; monticellllo 239; Svenja98 240; victoria p. 241; emmi 242; Marzia Giacobbe 243; Marén Wischnewski 244; photocrew 245; MaxWo 246; Marco Mayer 247 o. r.; Food&More 248 o. r.; svl861 249; Printemps 252 o. l.; babimu 255

Gruppo Editoriale Fabbri, Mailand: 115

Sonstige:
Lizenz cc-by-sa: MatthiasKabel 6 m. r.; Wilfredor 9 m. l.; Ildar Sagdejev 20 o. l.; Gregory F. Maxwell 24; ArnoldReinhold 28; Luis García 33; Jean-François Le Falher 36 o. l.; Silke Baron 36 m. r.; Richard Bartz, Hubert Seibring 37 o. l.; Citron 37 m. r.; refractor 38 o. l.; Daniel Schwen 41 o. l.; FokusNatur 42 o. l.; Snottywong 44 o. l.; Camillo 60 46; AngMoKio 48; NackteElfe 50; Wolfgang Hägele 52 o. l.; KENPEI 53; Polarqueen 54 o. l.; 3268zauber 55; Dagur Brynjólfsson 56 o. l.; Asiir 58 m. l.; Mdf 59; NatalieK 61; Entomolo 62 m. l; Cyron Ray Macey 62 o. r.; Norbert Potensky 63 m. l.; Faucon 63 u. r.; Benjamint444 64; fir0002|flagstaffotos.com.au 65 u. l.; nickandmel2006 65 u. r.; Duncan Noakes 66; Wellington Grey 68; Ray eye 69 o. l.; Henning Leweke 69 u. r.; Crusier 71; J. Patrick Fischer 72; Alvesgaspar 73; Henrik Hansson Globaljuggler 74; Bilby 75 o. l.; Freier Denker 76; Annick MONNIER 77; Bernd Haynold 78 u. l.; Carsten Niehaus 78 m. r.; Thomas Rosenau 79 u. l.; Stan Shebs 79 o. r.; Joachim Müllerchen 80 u. l.; Michel Sautel 80 o. r.; Giancarlo Dessì 81 o. l.; Stu Phillips 81 m. r.; Petr Dlouhý 82; André Karwath 83 u. l.; RoFra 84; Reinhard Jahn 87; Fir0002 89 m. l.; Wolfgang Beyer 90; IlyaHaykinson 93; Daniel Åhs Karlsson 97; Prolineserver 98 o. l., 99; Daniel Åhs Karlsson 98 o. r., 98 m. l.; AVRO 98 u. l.; Stephen Carlile 100; Hmaag 101 o. l.; Kronos 102 u. l.; David Shankbone 103, 104, 121; Yves Lorson 105; Kevin Aranibar 106; Dein Freund der Baum 107; http://www.flickr.com/photos/dephisticate 108; Lander777 111; Raymond Arritt 113; Fiona 114; Seher Sikandar for rehes creative 124 o. l.; Nathan 125; Sara Collaton 126; http://www.thesimpsons.com 128; Sörn 131; DAVID ILIFF 132 o. l.; Eva Rinaldi 133 o. r.; yaaaay 133 u. r.; Morn the Gorn 137; Gerald Geronimo 139; Allan warren 145 u. l.; SpreePiX 149; Alan Light 152, 155, 156, 165; nicolas genin 153; Lokionly 154; matt klein 157 m. l.; Michael Neel 158 o. l.; Kelly Walker 158 u. r.; Marshall Astor 159; moviestore.com 167; Dallas, TNT 168, 169; Andreas Tusche 170; Thomas Richter 172; Stuart Mentiply 173; Daniel Kruczynski, César 174 m. l.; Siebbi, César 174 o. r.; Ian Smith 175; Richard Peat 186; GraceKelly 187; bunkosquad/Michael Femia 190; Gage Skidmore 191 u. l.; Sue Lukenbaugh 191 o. r.; Belinda 193; Christian Koehn 196; Daniel Ogren 197; George Shuklin 201; Kura.kun 202; Florian K. 208; Chris Eason 212; Luc Viatour/www.Lucnix.be 216 u. r.; Nicolas Kaiser 218; Paulo Barcellos Jr. 223; Andrew Dunn 224 u. l.; Belinda Hankins Miller 228; Raayab 230; Ralf Roletschek 236; Matthew W. Jackson 238; liwe-photos Photography 248 u. l.